卷壹
YE BOOK

洞 见 人 和 时 代

论世衡史
- 丛书 -

人文精神与未来世界

陈方正 著

四川人民出版社

图书在版编目（CIP）数据

人文精神与未来世界/陈方正著.--成都：四川人民出版社，2024.3
（论世衡史/谭徐锋主编）
ISBN 978-7-220-13581-1

Ⅰ.①人… Ⅱ.①陈… Ⅲ.①社会科学—文集 Ⅳ.
①C53

中国国家版本馆CIP数据核字（2024）第027919号

RENWEN JINGSHEN YU WEILAI SHIJIE
人文精神与未来世界
陈方正 著

出 版 人	黄立新
策划统筹	封 龙
责任编辑	冯 珺
责任校对	舒晓利　申婷婷
版式设计	张迪茗
封面设计	周伟伟
责任印制	周 奇
出版发行	四川人民出版社（成都市三色路238号）
网　　址	http://www.scpph.com
E-mail	scrmcbs@sina.com
新浪微博	@四川人民出版社
微信公众号	四川人民出版社
发行部业务电话	（028）86361653　86361656
防盗版举报电话	（028）86361661
照　　排	四川胜翔数码印务设计有限公司
印　　刷	成都东江印务有限公司
成品尺寸	145mm×210mm
印　　张	10.75
字　　数	260千
版　　次	2024年3月第1版
印　　次	2024年3月第1次印刷
书　　号	ISBN 978-7-220-13581-1
定　　价	78.00元

■版权所有·侵权必究
本书若出现印装质量问题，请与我社发行部联系调换
电话：（028）86361656

序

将近二十年前我出版第一本文集的时候，自觉内容庞杂，五十多篇文章要分为不同性质的七辑。此后精力逐渐集中到科学史研究，十年前出版的文集减为五辑。如今年届耄耋，这第三本文集篇幅减半，却仍然有四辑，可见兴趣泛滥无所归依的习性未改，这恐怕是前半生沉浸于理论物理学，后半生回到自幼向往的文史领域的大转变使然。出入穿行于两者之间其实大非易事，试图在分隔斯诺所谓"两种文化"的天堑上架设桥梁更属痴心妄想，停杯投箸不能食，拔剑四顾心茫然之际，每每打个寒噤，想起海明威笔下那只冻僵于乞力马扎罗高山上的豹子来。

虽然如此，上天待我委实不薄。念大学时认识了长我十岁的余英时，20世纪70年代短暂重逢，在中文大学商讨校政改革的委员会中共事一年，此后远隔重洋，动如参商，却一直保持联系，屈指算来，如今已经有一个甲子交谊。另一方面，我在80年代初放下物理学，却因缘际会，反而得到机会和经常来中大访问的杨振宁交往，此后日渐相熟，虽然辈分有别，居然也无话不谈。在当今华人学界他们的地位罕有比肩，但两人专业迥异，见解河汉，相对矗立有如并峙的两座玉山高峰，我不知天高地厚，多年来自由往来于其间，实为难得的缘分和幸运。

本书第一辑开头两篇杨先生文集的"读后"都是在他老人家好意督促下写出来，虽然很惭愧，对他划时代的物理学成就无法详细讨论，自觉还是颇能够了解他对于家国生命的看法与期待，因而得到他首肯。至于丘成桐，无疑是中大培养出来至今名气最大的学者，我和他仅有数度同场发言之谊，不料年前被邀为他的祝寿论文集撰稿，踌躇再三，终于以我所认识的多位数学家为题，写了一些切身感受以应命。狄拉克（Dirac）是20世纪物理学的传奇人物，杨先生把狄拉克夫人的悼词发给我看，由是触发兴趣，发现了好些意想不到的故事。此辑其他七篇散文都是追忆、悼念之作，其中马临和我相识于回到香港教学之初，他对我处处关照，我两度事业转变都是由他促成。我们相处多年，情谊和相知都深，虽然性格和追求不一样，后来分道扬镳，但想起他来，总有"渭北春天树，江东日暮云"的依依之感。饶公才大如海，我有幸识荆，有过些名义上的合作，他身后备极哀荣，辑中短文只是从侧面谈谈个人观感而已。至于中国文化研究所则是我近数十年来安身立命之地，同事中既有匆匆过客，也不乏英华焕发的大才，更多则是努力踏实、默默耕耘的同人，但转眼都已各散东西，徒留泥上指爪而已，此篇写来委实不胜感慨。此外我和国内许多学者得以相识、交往都是通过中国文化书院，他们之中汤公一介和元化老两位认识多年，对我都特别亲切照顾。如今物换星移，在记忆中这一切不断地模糊远去，思之但觉惘然。

英时兄为人古道热肠，我和朋友创办《二十一世纪》后向他组稿，无不欣然应命，但彼此却罕有文字交往。记忆中拜读其巨著《朱熹的历史世界：宋代士大夫政治文化的研究》后曾作简短介绍，他得克鲁格奖又为文祝贺，那都已是十几年前的事。本书第二辑两篇评论《论天人之际：中国古代思想起源试探》的文章要算是对他论著的首度响应了。此书十年前已经有机会拜读原稿，其溯源直至远古的执着勾起极大兴趣，而多年来拜读英时兄的其他相关著作，也积聚了不少疑问和想法，故借此难得良机就教于高明。讨论西方地理大发现的长文源于困扰我多年的一个谜，即到底为何中国人虽然有无数良机却始终没有做出具有同样决定性意义的壮举。这是个复杂、牵涉广泛，而又迷人的大问题，浩如烟海的资料令人望洋兴叹，本文浅尝辄止，更深入探究只能够俟诸异日了。

另一个长期挑动我神经的问题是科学哲学，为此三十年来写过不少文章。这开始于1992年在报上发表"不可爱的真理"随笔系列，其后在期刊发表，也收入文集。十年后我在北京大学"蔡元培讲座"讨论相同问题，讲稿结集出版。再过十余年（2013），在科学院自然科学史研究所庆祝《科学文化评论》创刊十周年的研讨会上，我以波普尔和库恩的思想为题作专门讨论，讲稿经修订后发表，那就是本书第三辑中的《科学进步的历史有规律吗？》。我本有意为此写成专书，但其后逐渐发觉问题其实不难索解，也不那么重要，只不过大多数人都不愿认真思考其中关键而受迷惑罢了，遂打消此意。十多年前出版《继承与叛逆：现代科学为何出现于西方》之后，我经英时兄介绍得以认识吴以义兄。在科学史领域他是极少数受过西方正规专业训练的中国人，而且非常认真地写了多本西方科学史专著，令我颇感吾道不孤，所以用心为他的近著写了《好的故事》。至于有关诺贝尔科学奖的讨论则是兴到之作，它卑之无甚高论，但能够那么清楚地显示英国科学的长期优势，以及第一次世界大战对于法国以及尼德兰地区科学的沉重打击,却颇出乎意料。

前面三辑所关注和讨论的都是过去,第四辑则以未来为主,而强烈冲击神经,激发出它开头四篇文章的,就是阿尔法围棋之横空出世。它所产生的惊讶、兴奋、怀疑、恐惧之情,都灌注到翌年发表在《财新周刊》的那篇短文之中了。此文的缘起十分偶然。阿尔法围棋挑战李世石是2016年3月的事情,那几天我几于废寝忘餐,每天花四五个小时在网上观看直播,和各地棋迷一同承受空前的紧张、兴奋、惊讶、沮丧,也实实在在感到一个崭新时代的来临,以及由此产生的空虚和晕眩。翌年3月阿尔法围棋在三局决赛中完胜柯洁,从而完全证实这个翻天覆地的大变化,再无任何疑问或者悬念。然而,一年多以来,我的脑筋好像已经因这个巨变而瘫痪,每天日常工作照旧,完全没有想到要为此写点什么。到了5月底,有如神差鬼使,围棋高手江铸九通过中大出版社的甘琦来找我,那是因为他读到了我三十年前在中大荣誉学位颁授仪式上称颂吴清源的文章,而我对于这位在早期中日围棋擂台赛中一马当先,独力挑落日方五员大将的九段高手也久闻大名,所以两人一见如故,谈得非常投契,话题很自然地就转到阿尔法围棋上去。此时一起用餐的作家徐晓抓紧时机,撺掇我为《财新周刊》写稿。我答应写篇短文,几天后用半个晚上两千字一挥而就,那就是第四辑首篇《阿尔法围棋随想》的由来。跟着清华大学的高等研究院庆祝成立二十周年,它是杨先生和聂华桐兄推动成立的,我被邀讲话,于是顺理成章,探究大致相同意念,但扩充视野并且作较为深入的讨论,讲稿成为发表在《科学》杂志上的《所过者化,所存者神》一文。

但这个"未来世界"的问题在心中委实是挥之不去,因此在随后几年间,又陆陆续续再写了三篇文章,分别从人文关怀、中国近四十年的发展,以及五四运动的底蕴三个不同角度对此作进一步探讨。2018年刘梦溪兄在中国艺术研究院开设"艺术与人文讲座",邀请我在春夏间主持首讲。他是90年代初认识的老朋友,其后办《中国文化》半年刊,影响很大,我借重他们的篇幅发过不少文章,自然欣然应命,以"论人文精神与未来世界"为题开讲,引起颇为热烈的讨论。这个题目翌年在浸会大学的饶宗颐国学研究院又再讲了一遍,但所论颇为复杂,自己也不能够完全把握,所以是斟酌再三,经过多番修订方才发表的。

这样,就来到去年也就是2020年了,它既是改革开放政策推行的四十二周年,又是《二十一世纪》创刊的三十周年,所以,在构思为庆祝特刊撰文的时候,就决定较全面地讨论一下中国过去四十余年翻天覆地巨变的意义和前景。由于涉及的问题不但广泛复杂而且相当敏感,又需要翻查一些数据,此文花了足足一个半月时间方才完成。其间陈越光兄提出了不少宝贵意见,而且出乎意料,他认为应该扩充最后有关未来的部分,这使得我对于全文的整体平衡增加不少信心,而以此文标题作为这本集子的书名也就顺理成章了。

最后,对于中国知识分子来说,五四运动是每十年必然要开会,要写文章纪念的大事,我多次参加这类活动,所讲的都以比较五四与启蒙还有其他相类似运动为题,此辑收入的一篇本来是提交给2019年中国社科院近代史所纪念五四百周年研讨会的发言稿,直到去年他们决定结集出版方才重新补充和整理成文。它是承接写于1999和2009年的那两篇五四论文而来,但谈得比以前详细和深入得多。它不但涉及中西文明发展史的比较，而且同样展望未来，所以作为这个五四论文系列的总结以及本集的结束，应该都是适当的吧。

三年前我将历年探讨世界各国现代化问题的文章结集出版，当时在序言末了这样讲："到了21世纪，在科技不断加速丕变的影响下……对于中日俄土乃至印度、巴西等国家而言，问题已非复追求现代化以求立足，而变为如何在全球化的新格局中……与欧美也同时在彼此之间相互竞争，以在未来逐渐融合为一体的人类社会中力争上游。"那也就是说，我可以为过去部分工作画上句号了。这本集子的前三辑也有大致相同意义，但最后一辑不一样，它可能显得冲动而不成熟，却是引领我走向不可知的未来的。

2021年2月20日于用庐

目 录

第一辑

落日照大旗,马鸣风萧萧
　　——冬日怀马临 / 003

唤回四十一年梦
　　——记中国文化研究所同人 / 011

大地山河一担装
　　——怀念饶公 / 019

十年辛苦不寻常
　　——《饶宗颐甲骨书札》序 / 022

因缘际会起风云,萧条异代不同时
　　——《八十年代的中国文化书院》序 / 025

恂恂儒者，不知老之将至
　　——岁暮忆汤公 / 029

相逢于人生拐点上
　　——怀念元化老 / 035

上天所特别眷顾的
　　——《杨振宁论文选集续编》读后 / 038

革命、保守与幸运
　　——杨振宁、翁帆《晨曦集》读后 / 045

天外有天，人外有人
　　——记我所认识的几位数学家 / 050

一位腼腆天才的内心世界
　　——从狄拉克夫人的悼词谈起 / 056

第二辑

究天人之际，通古今之变
　　——余英时《论天人之际：中国古代思想起源试探》读后 / 065

试论两种"超越世界"观念暨其近代演变 / 074

  一、内向超越观念的提出 / 075

  二、儒家"内向超越"的终极依归问题 / 077

  三、老庄是否属"内向超越"的问题 / 079

  四、"内向超越"观念的演变 / 080

  五、"外向超越"观念的演变 / 084

  六、结语 / 086

试论西方地理大发现的文化与历史渊源
  ——兼及与中国的比较 / 089

  一、绪论 / 089

  二、古代因素：神话、冒险精神与地理科学 / 092

  三、地理探索在中古的发展 / 108

  四、为了十字架与黄金：亨利的梦想 / 118

  五、奔向世界：从非洲到亚洲 / 127

  六、从新大陆到环航世界 / 134

  七、总结：为何西方作出地理大发现 / 144

第三辑

科学进步的历史有规律吗？
  ——波普尔与库恩学说评析 / 155

  一、波普尔学说评析 / 156

二、库恩学说评析 / 168
　　三、结语：对科学哲学的反思 / 179

好的故事
——吴以义《从哥白尼到牛顿：日心学说的确立》读后 / 181
　　一、读书人之书 / 182
　　二、与西方同类著作比较 / 184
　　三、伽利略对开普勒：如何评价？ / 187
　　四、本书的独特框架 / 190

从诺贝尔奖看科学发展
　　一、基本问题和解决方案 / 196
　　二、诺奖得主点算与诺奖指数计算 / 201
　　三、诺奖点算能够告诉我们些什么？ / 206
　　四、结论 / 211

第四辑

阿尔法围棋随想 / 217

所过者化，所存者神
——论人工智能与未来世界 / 219
　　一、赫胥黎的美丽新世界 / 220
　　二、科技的颠覆性 / 221

三、智能机械人的来临 / 223

　　四、科技颠覆社会：过往历史 / 226

　　五、科技对社会的冲击：在未来 / 228

　　六、天下恶乎定？ / 231

　　七、世界融合的大趋势 / 233

　　八、遥望22世纪 / 236

　　九、所过者化，所存者神 / 237

论人文精神与未来世界 / 241

　　一、文艺复兴与宋代新儒学 / 242

　　二、存在主义、社会批判思潮与当代新儒家 / 251

　　三、人文领域与科技的互动关系 / 263

　　四、人类文明演化的展望 / 273

　　五、结语 / 282

论今日中国与未来世界
——庆祝《二十一世纪》创刊三十周年 / 284

　　一、中国的巨大变化 / 285

　　二、中国为何能够走向富强？ / 287

　　三、巨变为中国带来了什么？ / 290

　　四、改革开放的终极意义 / 293

　　五、倏忽卅年如电抹 / 294

　　六、遥望未来新天地 / 296

思考五四、启蒙与未来

　　——纪念五四运动百周年 / 300

　　一、五四与启蒙的时期划分 / 302

　　二、中国的近代思想变革运动 / 303

　　三、欧洲的近代思想变革 / 305

　　四、五四和启蒙的初步比较 / 308

　　五、启蒙运动的渊源 / 309

　　六、外来冲击对于近代欧洲的影响 / 312

　　七、中国在历史上所受的外来文明冲击 / 316

　　八、中华文明坚韧性从何而来？/ 319

　　九、余论：从启蒙和五四看未来 / 322

来源说明 / 326

第一辑

落日照大旗，马鸣风萧萧

——冬日怀马临

10月底去薄扶林道圣士提反礼拜堂，参加马校长的追思礼拜，为他扶灵的人先到会议室聚集。他的大女儿怡芳来了，负责接待的人要为我介绍，怡芳说："不用吧，很熟的，都是老战友了！"这寥寥三个字顿时勾起无数往事，和半个世纪的回忆。

初识马临，是我刚回中文大学教书的时候。那时联合书院还在港岛，规模很小，理学院只有数、理、化三系，主任分别是周绍棠、乐秀章和马临，他们都是从香港大学转过来的，号称"三剑客"。周少年白头，诙谐突滑；乐海派作风，不拘小节；马却谨言慎行，深思熟虑，和他们显得很不一样。理学院只有十几位同事，大家熟络，但记忆中我们交谈不多。初次碰触，是在庆祝书院十周年（1966）的研讨会上。轮到我发言时，马临作为主持人笑眯眯地走过来说，时间还有呢，你多讲些不妨。事后同系冯润棠兄不解，发牢骚说："怎么你就能讲那么久？"我也不明白，无言以对。

六年后我们搬进马料水中大校园，不同书院的理科学系各自整合，分别进驻新落成的科学馆南、北两栋大楼，一时就很少有机会碰头了。但不旋踵，大学发动体制改革，李卓敏校长设立工作小组研究方案。马临作为理学院院长，我作为年轻教师代表，都先后卷进去，每周六相聚，整天开会。兹事体大，大家反复论辩，弄得头昏脑涨，马临却默守一旁，很少发言。其实，他和余英时、邢慕寰是一起主持大局的。英时兄从哈佛回来出掌新亚书院又兼任大学副校长，顺理成章是会议主席；邢公从"中研院"来，是李校长门生和研究院院长。他们盱衡全局，和李校长商讨会议进展，都很自然。马临却不一样，他和李校长并无渊源，是在本港成长，从教师底层升上来的本地学者，所以能够进入小组的内圈，乃至后来被委以重任，完全是凭个人背景、学历、气质和修养——当然，因缘际会也同样重要。

工作小组呈交报告之后，政府邀请富尔顿（John Fulton）勋爵负责改制事宜。他先去拜访其时已经返回哈佛的余英时，然后来港与政府磋商，最后约见大学有关人士。想不到，我居然在邀谈之列，而事后马临又不知道为什么，紧张追问谈话内容。大半年后，我休假到牛津大学进修去。一天马临来电话，说港府要李校长退休，全校骚动不安，着我找富尔顿想办法。这自是义不容辞，我于是匆忙北上拜访老人家，孰料他表面客气，其实老谋深算，将我的说辞批驳得体无完肤。我只有唯唯诺诺，铩羽而归，向马公禀告辱命经过，并将详情函告小组中的老友金耀基兄。这时我对李校长倚赖马临之重还懵然不觉。

翌年返港，我惊觉山中方七日，世上已千年，中大改制条例已正式通过，李校长退休，马临接替也成定局——后来耀基兄告诉我，"黄袍加身"完全出乎马公意料，为此他惶恐不安多日，经邢公反复分析劝说，才释除疑虑，下决心担起大旗。其时新亚书院反对改制最为剧烈，闹得不可开交，大学起用年少老成、胸有韬略的耀基兄去收拾这个摊子，为马公解决老大难题，也消弭了后顾之忧。翌年马公上任，恰逢沙田马场落成启用，"马年马临马料水"遂成脍炙人口、难以为继的半边对联。跟着大学秘书长辞职，马公来劝说再三，我无法拒绝，又一次义不容辞，终于改行，搬到行政楼上班。此去为时不短，前后六年。

秘书处是全校行政枢纽，承上启下，案牍劳形理所当然，其他大小事务则早有建制仪文，只需萧规曹随，因革损益而已。要为马公筹划和分忧的，主要在于应付港府的压力，和因应急速变化的政治环境。那是一段充满挑战的日子，由于耀基兄和我得到马公的充分信任，三人合作无间，所以紧张中其实也蛮充实愉快。

港府不断施加压力，是为迫使中大"四改三"，即是将本科学习年期从传统的四年改为三年，以与英国体制接轨。这是个节骨眼儿，港府不依不饶，势在必行，中大则上下齐心，坚决反对。在这点上，港府其实是看错了人，以为马临早年在香港就读英皇书院，后来负笈利兹大学（Leeds University），然后任教香港大学的经历，必然会影响他的观念，甚至误以为他谦谦君子、木讷寡言的作风是出于软弱。事实上，他出身传统中国知识分子家庭，父兄都是中文系教授，抗战时期就读成都华西协合大学，所以国家民族观念既深且强，我就多次听到过他对港大当局歧视中国教师，特别是图书馆馆长陈君葆之受压迫，表示愤慨。出任校长后，他虽然不常发表言论，维护中大学制的决心却和李校长如出一辙，从来没有动摇过。

我到秘书处之后，立刻就碰上"医委会"事件。起因是中大新成立了医学院，港府以英联邦执业资格的要求为由，要改变医科生的入学点和课程要求，从而颠覆大学学制。大学不察，没有反对，于是学生将矛头指向大学，一度包围马校长，气氛非常紧张。我知道后劝他发表正式声明，维持全校所有学生的通识和语文课程要求不变，从而平息了事件。港府于是改用迂回策略，成立委员会检讨中学教育，企图通过升学程序来影响大学收生制度。此会由教育司陶健（Kenneth Topley）出任主席，大学司库利国伟是重要成员。马公派我代表大学去应付，经过一年唇枪舌剑，据理力争，总算不辱使命，没有让港府计谋得逞。经此一役，利公对我增加了了解。他是个银行家，头脑敏锐，决断麻利，从不拖泥带水。不久他出任大学校董会主席，经常直接找我谈问题，省下马公很多麻烦。

周旋两个回合之后，港府决定用强，在1984年由掌握大学财政命脉的资助委员会UPGC正式来函，指责我们在医学院收生问题上不合作，浪费公帑，要求解释和纠正。马公忧心忡忡，问我怎么办。我草拟了措辞强硬的回信，根据他们发布的资委会指引，反过来指控他们越权，因为收生属大学自主范围。马公虽然紧张，却没有退缩，带我去会见一众委员，当众把信宣读，然后交给主席。如此激烈反应完全出乎他们意料，主席立刻打退堂鼓，把信收下，说会好好研究，跟着散会。港府只好把问题抛给利公，他照例问我，你们到底要怎样？我也只有直话直说，告诉他我们在此问题上绝无商量余地。此后数年间，问题就僵在那里，马临始终没有丝毫退让，英国人也仍然在等待时机。

不过，对马公来说，应付"四改三"只是工作的一小部分。他花精力的，主要是人事问题，特别是把分散在各书院的个别学系加以集中，搬到一起工作。这得照顾许多特殊情况，平衡各方利益，所以必须逐步缓慢推进。在这方面我帮不上忙，倒是耀基兄能为他筹谋策划，排除障碍。经过好几年不懈努力，此事终于大功告成，至此新的大学中央集权体制才得以落实。除此之外，医学院成立伊始，在众多教授之间，学院和大学之间，都需要耐心和时间来磨合，这同样消耗他大量精力。

校长住宅号"汉园"，位于大学对面小山坡上。宅内客厅与饭厅间的过道，放有一张小小镶黑皮的红木矮圆桌，李校长公余之暇最爱在此独酌沉思，品尝威士忌。马公同样能饮，也有此习惯。那天怡芳说到"老战友"，也提起这张矮圆桌，指的就是马公经常找上耀基兄和我三人在此商讨问题，议论局势，度过许多难忘时光。马公自称没有什么长处，很少出错的缘故是每遇重大问题，必然反复思考，仔细揣摩各方心理，然后作决定。其实，他为人忠厚，不忘故旧，所以能得人心。他见到港大几位高班同学从不怠慢，例如称老上司、联合书院院长郑栋才为"郑老校"，至于从伦敦大学礼聘回来的刘殿爵教授则被尊为"学长"，对中学校长罗怡基（B. M. Kotewall）也同样毕恭毕敬。想来，这当是受他尊翁马鉴教授家风熏陶所致吧。他曾经提到，自己性格拘谨，处事小心翼翼，和父亲治家严谨颇有关系。

80年代是个剧变的大时代，中大很早就感受到这股新风了。回想起来，1979年叶剑英在庆祝中华人民共和国成立30周年大会上的讲话中，代表党中央否定了"文化大革命"是第一个信号。经常访问大陆的杨振宁在1981年来信提议访问中大物理系，又是个信号。此后他每年回国都必然以中大为落脚点，我于是提议邀请他出任访问教授，马公肯首，他也欣然同意，自此和中大建立密切关系，令中大声誉顿然飙升。但最强烈的信号，自然是1982年马公突然受邀赴北京见邓小平。行前他照例问我意见，我灵机一动，说大概是有关收回香港之事，不过只是通报，而非咨询。这都猜对了，但我们是象牙塔中人，都没有想到这惊人消息有何等迫切的现实意义，遂令利公错失良机，顿足不已。后来中英谈判结束，香港回归成为定局，马公兴高采烈，认为"四改三"不再是问题。不料港府锲而不舍，他退休之后仍然把中大学制改掉，香港回归之后十几年这问题才彻底解决。

中英谈判展开之后，内地访客络绎于途，热闹非凡，内地大学也纷纷邀请我们出访。马公出身浙江鄞县学者世家，20世纪30年代父辈有多人在北京发展，赫赫有名，因此对这些往来酬酢总是谈笑风生，挥洒自如，正所谓无入而不自得。当时内地大学亟待发展工商管理和社会科学，这两个领域是中大强项，闵建蜀和李沛良两位同事对此十分热心，到处举办培训计划，不久就门生遍布神州了。在这场文化气息转变的浪潮中，我也有小小贡献，那就是在1984年说服马公，把荣誉文学博士颁发给巴金。起初他不了解巴老在"文化大革命"后的转变，有点犹豫，待看到巴老刚出版的《随想录》和《创作回忆录》之后方才被打动。在当时，颁发荣誉学位给内地作家是创举，更何况，巴老的小说家喻户晓，所以他之来港，成为轰动一时的大新闻。那几天，校园内洋溢着一片欢笑热闹，大家都感到，一个新的时代正在来临。

热闹过后不久，我就感到，自己在秘书处的日子应该结束了，因为我的志趣仍然是在学术领域，教育行政或者实际政治对我都没有吸引力。为难的是，此意向马公说明之后他很不高兴，甚至变得消沉沮丧。这令我感到非常内疚，犹如临阵脱逃，于是勉为其难，再留一年，缓解了他在中英谈判关键时刻挂冠求去的危机。这样，我在1986年盛夏终于告别秘书处，转到近在咫尺的中国文化研究所去，开始新的工作和事业。

那年深秋马公和我作了一趟难忘的怀旧之旅。我们在伦敦会合，一道驱车北上，首先重访他的母校利兹大学，和北边不远的小镇哈罗盖特（Harrogate），陪他缅怀昔日游踪和旧识。跟着去十年前我到过的约克郡桑顿谷（Thornton-le-Dale）富尔顿旧宅，探望他的遗孀——此番重来，斗转星移，物是人非，老人家已经身故半年了。最后我们南返，到老人家手创的萨赛塞克斯大学（University of Sussex）参加他的追思会。回到香港之后，紧跟着就是围棋传奇人物吴清源的荣誉文学博士颁授典礼，那也是我向马公推荐的，也同样引起了轰动。那当是马公和我的最后一次合作了。

过一年，马公退休，但并没有放下工作。他上任伊始，主要工作是落实大学新体制，和把新成立的医学院办起来；到行将离任，则把全副精力放到逸夫书院上面去。马公是位笃实君子，邵爵士捐出巨款建立此书院，他便义无反顾担任书院董事会主席，推动其发展不遗余力。邵爵士为神州大地众多大学捐赠馆舍，马公也风尘仆仆，为之筹划奔波多年。在这两方面我深知他亦有所待，惜乎生也有涯，缘分不再实属无可奈何。

马公爱游泳，也喜欢开车，退休后仍然自驾返回逸夫书院视事，顺便到近在咫尺的沙田马会游泳，多年来风雨不改。我退休后彼此年纪都大了，来往日稀，只偶尔相约饮茶，和新岁到他家拜贺而已。三年前惊闻他陡然昏迷住院，赶往探望，则已经表情呆板，话语碍滞，显然大脑受损了。医生说是患脑膜炎所致，但医治多月未见进步，倒是归家后，得夫人陈萌华医生和在港女儿怡芳、元芳悉心呵护调理，渐有起色。今年新春和杨振宁教授一道去探望时，觉得他虽口不能言，神气却比前更为清朗生动。月前在北京，忽地噩耗传来，一时茫然，回港出席他的丧礼和追思礼拜，更是思潮澎湃，五十年旧事一齐涌到心头。俱往矣，马公这辈子跑过了好长的路，打过了许多美好的仗，你好好安息吧！

唤回四十一年梦

——记中国文化研究所同人

初次对中国文化研究所有点印象，应该是1976年左右。那年刘君若到香港中文大学休假，在所里挂单。她是姊姊的好朋友，从小相熟，后来到明尼苏达大学教书，难得来香港，自然要借此机会经常见面。这样，也连带认识了所里的一些前辈学者，像来自俄亥俄的李田意、来自堪培拉的柳存仁、从"中研院"历史语言研究所来中大担任讲座教授的周法高等，至于本校的李棪和王德昭则是联合书院同事，早已经认识的。哥伦比亚大学的胡昌度那时已经卸任研究所所长，但也还不时回到中大。君若姐姐是女中豪杰，为了记录佛曲和地方戏，经常背上照相机和录像设备，跑新界的偏僻村落庙宇，不时也参加研究所的宴游聚会，怡然自得。我辈分小，又不同行，却因为有熟人，遂也混迹其间。不久我赴牛津进修，游山玩水看书访友，颇逍遥自在。归来后大家茶聚，胡昌度问我此行有何心得，我一时感触，信口答曰，岁月蹉跎，都觉得来到夕阳时分了。大家一听，哈哈大笑不止，我也跟着起哄。但他们此笑是何心情，则要多年后方才体会。世纪之交我为研究所编辑图史，初尝"访旧半为鬼"滋味，不过当时还能找到胡昌度写忆旧文章，刘君若追述"采风"往事，和为她的西南联大老师李田意作小传。如今则风流云散，故人已矣，真正是夕阳西下，只剩半天晚霞了。

说来，那时研究所成立已将近十载，里面还有好些其他人物。严耕望治学精严，但几乎从不来所，后来在二十五周年宴会上露脸，真有惊鸿一瞥之感。孙述宇是翻译研究中心创始主任，也是家庭朋友和羽毛球伙伴，相熟甚早。他出身北大、新亚和耶鲁，才气纵横，颇为自负，但不知何故，短短两年后中心主任便改由校长特别助理宋淇担任了。此后宋和老朋友高克毅共同创办《译丛》杂志，旨在将中国文学翻译成典雅英文，这可以满足西方大学课程需要，也能打响中大的国际知名度，所以大为成功。我到大学秘书处之后开始和宋相熟——其实，在中学时因为经常看《人人文学》，早已经听过林以亮（宋淇）和夏侯无忌（孙述宇的兄长孙述宪）的大名了。高克毅以诙谐和英文精辟知名。有一趟我请他参加联合书院午餐会，他看着杯中白葡萄酒有感，调侃说："Such high life!"我随口答曰："But we are not high."他有点意外但很高兴，回应道：哎呀，这种口吻可是我的专利哟！

研究所的房子由利希慎家族捐资兴建，推动其事的是利荣森。他早年就读金文泰中学，颇受辛亥革命后来港的前清遗老影响，其后北上进燕京大学，醉心文物考古和传统文化，因此所内最庞大的单位就是文物馆。开馆展览在1971年举行，当时联合书院还未曾迁入沙田校园，所以我对此盛典毫无印象。馆长屈志仁是利公亲自物色的，他年少英发，很有作为。但十年后我到秘书处不久他就辞职赴美，另谋发展去了。我为他饯别，不料他却大发牢骚，所为何事，始终不得其解。最近他重访文物馆，虽是载誉归来，却垂垂老矣，无复当年风采。他之后馆长由艺术系主任高美庆兼任。高是中大毕业生，斯坦福大学艺术史博士，父亲高岭梅则是张大千挚友和收藏家。她为人认真，工作勤奋，进取有为，学系和文物馆两方面都管治得井井有条，可惜后来离开中大，到公开大学当人文社会科学院院长去了。接替她的林业强是一位碑帖和器物专家，为人笃实，沉默寡言，虽罹恶疾却幸运康复，得安享退休生活。

我得到马临校长支持，在1986年离开秘书处到研究所，至今整整三十一年。那时物换星移，接替李田意的陈荆和与郑德坤两位所长已经先后退休。陈是越南史专家，为人严肃拘谨，和东瀛有颇深渊源，习惯容貌也酷似日本人，离开中大后即受聘于创价大学。郑公个性刚直，事业心重，二战时在华西协合大学开创四川考古学研究，战后任教剑桥大学，以迄受聘到中大出掌艺术系，退休后仍然孜孜不倦，在所里创办考古艺术研究中心，后来不幸由腹泻引起中风，这才再度引退。

当时所里还有四位前辈，我戏称"商山四皓"，那就是饶宗颐、刘殿爵、郑子瑜和劳思光。他们各有千秋，从来凑不到一处，我相约饮茶聚谈，也无法打开局面，只好作罢。劳公早年研究康德，后来以三卷《新编中国哲学史》成大名。他个子矮瘦，谈笑风生，一辈子打蝴蝶领结，那时刚从哲学系退下来，因为不看好香港前途，没有多久就到台湾去了。子瑜先生孤身一人从新加坡来港，据说是为了政治原因。他研究修辞学和黄遵宪，著作丰富，为人随和，言谈行事却透着点糊涂和诙谐，留在所里直到八五高龄方才退下。

刘公先君是香港著名词人，自己则出身港大和格拉斯哥大学，以《论语》《孟子》《老子》三部经典的精辟英译驰誉国际,是马校长特地从伦敦大学敦聘到中大出掌中文系的。他为人清静淡泊,不喜远游,醉心古典音乐和黑白方圆世界,对学问择善固执,绝少游移。1989年后,本来任教北大的陈鼓应有点彷徨失据,我遂邀到所里访问。他推崇道家,有一趟演讲,讨论它的起源问题,我请刘公和饶公一同出席,不料他们意见相左,场面尴尬,此会遂成绝响。我到任未久,翻译研究中心主任闵福德(John Minford)辞职,刘公推荐他的得意弟子孔慧怡接任。孔也出身港大,后来留学伦敦师从刘公。她中英文俱佳,向往《译丛》已久,上任后如鱼得水,中心遂蒸蒸日上,刘公可谓知人矣。不过才女难免偏执和情绪化,要保持和谐也颇费周章。

到了20世纪80年代末,刘公找我合作申请研究资助,将古籍输入计算机以编辑索引。此计划进行顺利,实际负责的则是他招聘的另一位爱徒何志华。何是中大毕业生,沉实苦干,颇有城府,后来继承刘公衣钵,建立中国古籍研究中心,升中文系主任,更当上副所长。至于刘公本人负责的,其实是中国语文研究中心,它的前身是周法高的中国语言学研究中心,主要是为编辑《金文诂林》等大部头著作。我到所之后所做的第一件事情,就是说服刘公一起创办《中国语文通讯》双月刊,希望在社会上建立一个供各方讨论中文问题的园地,可惜后来它演变成专门学刊,失去原意了。刘公的兴趣集中于古籍的计算机化之后,中心的工作其实是由张双庆负责。他是本校毕业生,为人热心,凡事从不计较,致力于方言语音研究多年,后来继刘公成为中心主任。

四老中饶公才大如海,名满天下。他追求"学艺双楫",深究甲骨，以史学"两司马"自期，更游心文学，雅擅丹青抚琴。我曾戏问"琴棋书画诗酒花"已得其四，何不更对枰举杯赏菊呢？他笑曰：还是留下些缺憾好。我又请教保持矍铄的秘诀，他说得力于年轻时族叔传授气功，此后修炼不辍。道教专家柳公存仁也好此道，却轻描淡写，说只可减少伤风咳嗽而已。如今饶公寿登期颐，看来是和天生异禀有关吧。他有慧眼，聘沈建华为助手，遂事事有商量倚靠，学术上更得心应手。建华家学渊源，忠诚朴素，踏实苦干无人能及，但也有固执一面。我给过她一些忠告和帮助，她念念不忘，数本著作一再央我写序，也算是有缘了。后来饶公移师港大，她为李学勤招往清华，开辟另一番天地。

郑公的传人是邓聪，他是中大毕业生，留学日本多年，1985年左右回研究所任职。此君年轻，野心干劲十足，而且很踏实，埋头从香港本地田野发掘做起，然后逐步向澳门、内地乃至周边地区发展，几十年下来成绩斐然，令人侧目。可惜他个性过强，有远交近攻倾向，本地同行如区家发等后来都拉倒，此外却朋友遍天下。其初考古艺术研究中心还有老资格的杨建芳，他和文物馆的王人聪都来自内地，但彼此并不相合。杨退休后邓聪终于升主任，中心这才慢慢平静下来。后来利公推动兴建研究所新翼，原意是作为考古研究所，不料新翼未成老人家已经辞世，利氏基金会负责人有变，于是又生风波，闹得不可开交，此是后话不提。

由于利公的影响，亦由于中大过往学风使然，研究所历来以研究传统文化和文物为主。直至20世纪80年代中期，只有王德昭研究近代变革史与孙中山，以及胡昌度提出要以研究现代化历程为发展主要方向，这两者是例外。但德昭先生早逝，胡公只是访问期间略示意见，都未影响大局。我到所之后有意更张，却苦无机会，能做的只是支持王尔敏整理和出版盛宣怀档案而已。转机出现于金观涛和刘青峰来所访问，有了这两位生力军帮忙，又得金耀基兄支持，我才有机会创办《二十一世纪》双月刊和当代中国文化研究中心，由是推动近现代中国研究，和国内外学者交往，造成蓬勃兴旺局面。金刘两位出身北大，"文化大革命"后自学成才。80年代民间文化运动风起云涌，两人因缘际会，脱颖而出，成为思想界引领风骚人物。

在所里安顿下来之后，金潜心思考写作，刘编辑杂志和丛书，兼管大小事务和对外联络。他们精力旺盛，奋发有为，和我也颇为相得，合作无间，所以在90年代同心协力，做了不少事情。那时《二十一世纪》不分背景、专业、派别，网罗了国内外许多重要作者，因而名声鹊起；中心得到冼为坚捐资设立讲座，请来刘小枫、张承志、余华等各显才华，令人耳目一新。想不到的是，我们先后请来刘小枫、汪晖、刘擎等出任研究员，希望深耕厚植，却不成功。他们都是一流人才，但理念不同，打算各异，逗留两三年后都选择返回内地发展，而且不旋踵就独树一帜，各自领军了。这使我体会到，研究所水浅池小，难容蛟龙，能留下来的，倒是年长踏实，本来就有意移居香港的郑会欣。他出身南京大学，在第二档案馆工作多年，和国内近代史学者稔熟，经多年努力，在民国经济史领域做出很扎实的工作来。最惹怀念的，还有当时一个小型研讨月会，由大家轮流就手头工作或者感兴趣的题材作报告。除了金刘和我三人以外，哲学系石元康和他的学生周保松几乎每会必到，不少所外研究生也常来，会上大家无拘无束，热烈争辩，此情此景，至今犹在目前。

研究所内还有许多其他同事给我留下难忘印象,像负责参考图书室的孔黄秋月和中国语文研究中心的蔡俊明工作循谨认真,文物馆的黎淑仪是紫砂壶专家,古祥块头硕大,负责计算机系统的何洁铃得空便到日本旅行,朱国藩瘦削寡言,等等。朱协助编辑《中国文化研究所学报》多年——这是本所第一份刊物,创刊主编是经济史家全汉昇,后来由刘殿爵和陈学霖依次接替。学霖兄精研金元明史,治学笃实,为人热诚,不料从中大历史系退休未久就遽然辞世,令同事学生伤痛不已。和我接触较多的,则是《二十一世纪》和所本部的同事,包括吴江波、余国良、林立伟、黎耀强等几位编辑,他们都是一时俊彦,后来各有精彩人生;负责行政的关小春像是弱不禁风,却酷爱足球,独立特行不输男子汉;此外负责排版印刷的张素芬自创刊开始就谨守工作岗位至今,其认真负责、一丝不苟的精神令人肃然起敬。对我帮助最大的,则是所务室几位同事:邱玉明代为处理借书烦琐事宜,从无怨言;李洁儿是猫痴,她不厌其烦,耐心教导我有关计算机和手机的奥妙,对图片、文字的制作和设计更务求尽善尽美。所务秘书严桂香是大学秘书处的旧同事,她通情达理,善解人意,却又黑白分明,谨守原则,最难能可贵是助人为乐,善于斡旋协调上下八方。能够和她合作是我的运气,也是缘分。数年前她提早退休,放下担子之前还福至心灵,想到引荐文物馆的陆美彰自代,使得交接顺利,后继有人,这是许多高级主管都自叹弗如的。

天下无不散之筵席,我在本世纪初退休,过了五六年,金刘二位应台湾政治大学之聘,飘然赴台,《二十一世纪》改由北大的顾昕遥领主编,当代中国文化研究中心人去楼空,顿时沉寂下来,前后不到二十年。所幸大学很念旧情,让我留在所内埋首自己的工作,一晃不觉又十五年,堪堪要和在任的十六年扯平了。此刻寻思往事,独立残阳,难免有惊梦之感,拉杂写来,就算是朝花夕拾吧。

2017年7月11日

大地山河一担装

——怀念饶公

饶公走了。初次听到他的名字,已经是六十多年前,念高中二年级的时候。我们的国文老师是从潮州来的罗牧先生,性情中人,自命不凡而酷爱文字学,讲话海阔天空。有一趟在课堂上忽然说"呵呀,饶宗颐呢个细炆仔亦都讲训诂涡,佢系港大都几叻架"(这个小孩子也都讲训诂学,他在港大还真成啊),话里透出对后起之秀的赞赏、钦羡,和一丝忌妒。其实,那时饶公已经年近不惑了。中学将要毕业的时候我们读到香港大学中文教授林仰山领衔主编的巨册《中国文选》,一同署名编辑的还有刘百闵、罗香林和饶宗颐等三位先生。此书是为投考港大的中学生编纂,却附有大量注释,考证綦详,显然是要借此树立学术地位,故而引起老师们议论纷纷。日后听饶公自道,一生最感激林仰山的提携之恩,因为他在国内虽然有点名气,但并没有正规学历,兵荒马乱之中来到香港却能够进入唯一的大学教书,那是很不容易的。

60年代我在海外学成返回香港,到中文大学任教,再过六七年饶公也被礼聘到中大主持中文系,然而彼此学系、书院不同,无缘识荆。80年代我到秘书处负责,某年夏天休假,借中国文化研究所的清幽环境读书,这才认识饶公。那时他已经从中文系退休,转到研究所出任荣誉教授,正由沈建华女士协助,编纂庞大的《甲骨文通检》。我建议改用计算机做这项工作,故而有些接触,但其时客观条件还不具备,这冒失和不成熟想法遂无疾而终。三年后我自己也到研究所工作,这就不时有机会见面了。当时所里面有两位老师宿儒:受过严格西方学术训练,在伦敦大学亚非学院(SOAS)任教多年,然后被礼聘到中大的刘殿爵教授;以及自学成才,博通中国文史,曾经出入多所高等学府然后来到中大的饶公。他们的背景、气质、治学方法与学术追求都南辕北辙,大相径庭,关系也显得有些紧张。

1990年陈鼓应兄来所访问半年。他崇仰道家文化,认为是儒家文化的渊源。我请他演讲发挥此说,并约了饶公和刘殿爵两位到场评论,不料却引起他们之间的激烈争辩,弄得颇为尴尬,几乎难以收场,此后再也不敢造次了。后来我和刘教授合作建立先秦两汉传世文献的电子数据库,并出版这些文献的逐字索引。其时北京的李学勤教授到访,由于他一番演说的触动,我又和饶公合作,在1994年向政府申请研究资助,建立竹简帛书等出土文献的电子数据库。此事由饶公挂帅,我从旁协助,沈建华负责实际工作。出乎意料,这很快就顺利完成,于是我们将计划扩大到甲骨文和金文。由于数据浩瀚,古文字难以辨识,问题就复杂得多了。但由于建华的刻苦和拼搏精神,最后也居然获得极好成绩。饶公有知人之明,他晚年的古史和甲骨学研究非常得力于建华的协助,而她受"文化大革命"影响没有正规学历,能够在学术上脱颖而出,也全赖饶公知遇之恩。

饶公身体朗健,平生为学触类旁通,勇猛精进,孜孜不倦。我请教他此中窍诀，他答以打坐和勤练气功，那是得之于少年时一位出家族叔的传授，自此每日锻炼，从无间断云云。20世纪末我和建华陪他赴安阳参加纪念甲骨文发现百周年大会，归途碰上飓风，飞机迫降长沙，我们滞留局促狭小的黄花机场竟日。饶公安坐硬板椅上，津津讲述往事，不减平素儒雅风趣，还口占四绝以纪其事。以耄耋之年如此处变不惊，自是平素修炼有功。饶公书法遒劲，结体刚健，笔致多变，意趣横生，那是赫赫有名的。我未敢多扰清神，只求过他为新居题"用庐"匾额，又蒙赠"强恕事于仁者近，为谦身向吉中行"对联，后来又为一位中医朋友求过一副对联"疾远开颜客，药亲有缘人"，都厚重而不失飞扬生动，弥足珍贵。

20世纪末我为研究所编纂图史，请同事撰文忆述为学往事。饶公的文章以"研究天地一观"为题，缕述他主编《全明词》和《资治通鉴》史料长编，以及从事甲骨学、敦煌学的多方面工作，最后提到1981年拜谒司马光墓，遥望司马迁祠堂，"鹄立于两大史家两司马的中间，不知何以自处"，与古人比肩的雄心跃然纸上。饶公一生出入文史，梳理地下与域外资料，更游心书画，学、艺两途皆无入而不自得，渊博浩瀚令人望洋兴叹，真可谓"大地山河一担装"也，无怪他能够蜚声大江南北以至西土，以国殇般哀荣离世。然而，务专精而轻博通，求方智而舍圆神，那是当代学术大势所趋。因此在学界饶公也难免碰到些争议，正所谓名满天下谤亦随之，无可奈何。毕竟，他自觉是宋代高僧转世，于今自难免萧条异代不同时之叹。饶公驾鹤归去了，神州大地何时才会再降如此才子高人呢，遥望云山，我们能不黯然伤神？

戊戌正月初三于用庐

十年辛苦不寻常

——《饶宗颐甲骨书札》序

沈建华女士要我为这部饶宗颐先生讨论甲骨文的书信集作序，我感到很惭愧，但也无从推辞，因为我虽然完全不懂甲骨学，却由于在中国文化研究所任事多年，和他们两位在这方面的工作，有过一些关系。这开始于一个十分偶然的机缘，那已经是三十多年前的事。当时我还在负责中文大学秘书处的事情，1983年夏天休假三个月，到文化研究所来读书静修，却碰上沈建华应饶公之邀到中大访问一年，主要是为了协助编纂《甲骨文通检》这部庞大工具书。听到他们的计划之后，我发生了兴趣，于是提出来说，这样的事情应该用计算机来做，那样会容易得多，也更有系统和效率。那原则上不错，但时机不成熟，因为我大大低估了这工作的复杂性，更没有意识到当时一般计算机其实还不足以应付这方面需求，所以这建议无法实行，很快就被迫搁置。

三年之后我离开秘书处，转为负责中国文化研究所。再过五年，饶公获得北山堂资助，终于从日本把建华再邀请回研究所——其实，在那八年之间，她还一直勤勤恳恳用手写卡片的"土办法"

继续编纂《通检》，它的第一册已经在1989年出版了。此时做研究的大环境发生了根本变化：一方面计算机已经跃进两三代，足以应付输入和检索大量文字的要求；另一方面香港政府刚开始有系统地资助学术研究，我和所里刘殿爵教授的合作计划在首批资助项目中中选，此时正在建立先秦两汉传世文献电子数据库，以准备出版相关文献的逐字索引。

因此，很自然地，几年后我进一步和饶公以及沈建华合作，建立出土文献的电子数据库，但此时他们并没有放弃《通检》，仍然在继续它的编纂工作，最后在1998年底完成全书五卷的出版。至于与电子数据库相关的工作成果，则从1996年开始陆续出版，那包括一套竹简帛书的电子版（1996）、《殷周金文集成释文》（2000，与中国社会科学院考古研究所合作出版），以及多种甲骨文专书。这些工作绝大部分都是建华的功劳，虽然国内两位同行吴振武、曹锦炎的紧密合作，以及饶公的指导，也都很重要。至于我自己，虽然挂名统筹，实则只不过是行政上予以支持，和不时为她打气而已。但建华很念旧，她与曹锦炎合编二十卷本《甲骨文校释总集》，发表《甲骨文字形表（增订版）》，乃至现在编纂这本《饶宗颐甲骨书札》，都很客气地坚持要我写序，使我在这方面所做的纤芥屑事，也都留下雪泥鸿爪。

本书收录函札一共五十七通，都是1983—1991八年间饶公写给沈建华和她父亲——上海博物馆馆长沈之瑜先生的信件。其中谈及的，包括建华来港事宜和工作安排，以及有关饶公出行、参观、访问、游览的记载，但绝大部分则是讨论编纂《甲骨文通检》所碰到的具体和细节问题，包括各种甲骨学问题。对这些信件中的一些人物、事件、书籍，沈建华还做了注释，以澄清其来龙去脉。所以，此书既是原始学术史料，也不啻一部《通检》侧面历史，从中可以了解它的缘起和发展经过。这是有特殊意义的，因为不少人可能还会记得，《通检》第一卷出版后曾经在学术界引起一段令人愕然的公案。从这本《书札》的整体，包括编者的前言、书中的函件，和书后所附三封在何炳棣教授、饶公和沈建华三位学者之间的通信，我们当可以对这段公案得到更全面和清晰的看法。岁月匆匆，不知不觉二十六年如流水过去，如今饶公寿登期颐，建华在古文字学界的地位也牢牢建立，相信这桩上世纪往事于他们亦只如天边浮云，不再介怀了。是为序。

丁酉新春于用庐

因缘际会起风云，萧条异代不同时

——《八十年代的中国文化书院》序

20世纪80年代中叶中国民间文化运动风起云涌，我在其时到中国文化研究所工作，正好碰上那股"文化热"。1985年汤一介先生来香港见面，1987年在波士顿巧遇金观涛和刘青峰，1988年到北京认识陈越光，由是经常参加中国文化书院与"走向未来丛书"编委会的活动，很快就和这两个团体的朋友相熟。岁月匆匆，想不到如今竟然已经到越光兄奋笔为文化书院撰史，并命我为此书作序之时了。

如作者强调，此书是以书院所保存的大量档案为基础，所以它有三个特点，即着重原始数据、当时实事，以及书院内部事务。相对而言，也就是它将当事人的记忆、对事件的诠释和评论，以及书院的外部影响和关系等等，都放到次要位置上去。但这样一来，我这篇序就很难下笔了。原因很简单：我之于书院，只是个经常参加活动的熟朋友，在80年代连类似于"客卿"的"导师"都算不上，因此对书院内部几乎一无所知，仅有的一点了解，都是得之于个人记忆，以及从外部，从大处观察，几乎没有任何内部讯息。因此，对此书大部分内容我都感到很新鲜，也就是很陌生，闻所未闻。那么，抚键踌躇，难以为辞，也是很自然的了。不过，以我和汤公、越光兄数十年相交、相知，自然不敢，也不能推辞。

作为书院的老朋友，我所要讲的，大抵是从它的根源、成败关键，以及未来这三方面着眼。从根源上看，在80年代最活跃、影响力最大的三个民间文化团体中，"走向未来丛书"编委会所树立的旗帜是科学，"文化：中国与世界"丛书编委会所标榜的是西方哲理，而中国文化书院则顾名思义，以传统文化为依归。当然，这只是个笼统的说法，准确一点，应该说书院实际上是起到了接续和发扬五四以来中国学术传统的功能——它不但会聚了多位冒起于20—40年代之间，其后噤声数十年的高龄学者，如梁漱溟、冯友兰、张岱年、侯仁之、金克木等等，还为他们提供了全国性讲坛（书中所谓"把讲台还给了它的主人"）和出版渠道，使得他们能够再度发挥独立学术功能；而且，和他们同时涌现的，还有一大批等待已久，渴望能够初试啼声的中青年学者。这可以说是用最传统，因此也最容易引起社会共鸣的方式，来唤醒沉睡中的中国文化。

但倘若认为中国文化书院只不过是恢复了文人结社讲论的风气，也就是在新环境中令传统书院复活，那就未免把它看得太轻易，太简单了。越光兄这本书院历史的最大贡献，就是为下列问题提供了清楚和具体答案：书院到底做过些什么事情？它当年的影响力和动员能力到底有多大？这些能力从何而来？

从本书所提供的大量资料，我们可以做个粗略统计。在1985—1990五年间，书院在学术交流方面，最少主办了八个大大小小的学术研讨会，大部分是国际性质的。在教育方面，它最少开办了五个文化讲习班,包括三届"高级研究班",学员数目从一两百以至七百不等;两个业务培训班,学员五六千人之谱;和一个为期两年的比较文化函授课程,学员达一万三千多人之众。在学术传播方面,它最少出版了五百多万字的八卷本《梁漱溟全集》,百余万字的《中国文化年鉴(1989年)》;为研究班和培训课程编写了十几种教材和数十期《中国文化书院学报》《中外比较文化研究资料》《中国学导刊》等刊物;此外,还有多种新撰或者重刊的学术专著。对于一个民间学术团体而言,这实在是极其惊人的活动量!而在背后支撑它的,则是大量的学费与出版收益:在书院最活跃的1987年,它的年度收入竟达300余万元,结余也有134万元。那在80年代是个骇人数字:据作者回忆,它已经相当于一个建制内中型杂志社年度预算的四五倍了。

书院为什么能够从社会上吸取得如此巨额资源?最根本原因自然是大众对于文化的渴望,以及它那五六十位代表文化精英的导师群体之无比声望。但能够将这两者磨合在一起,使得后者充分发挥其力量的,则是个相当强有力的组织,那包括一个四十多人的工作班子和一套严格的人事与财务管理制度。令人惋惜的是,这个组织的运营者虽然雄才大略,然而,出于学养和气质上的局限,以及个人私心,他却在时局最艰危的关头与书院领导层决裂,由是使得书院受到政治变化和内部冲突的双重沉重打击,其后虽然不至于一蹶不振,但也难以恢复以前的活力了。始终参与其事的陈越光兄不甘任其精魄烟消云散,以近乎白头宫女的心情,为它整理尘封旧档,树碑立传,由是有本书之作,以冀对来者有所启迪。

如今为书院担起大旗的前辈如梁漱溟、冯友兰、张岱年等墓木已拱，创建时期的中坚人物如汤一介、庞朴等也都先后凋零。倘若这就是结局，那诚然令人无限怅惘。不过，也不得不承认，它是有某种必然性的。但那和大师远去，后继无人并无必然关系。学无止境，大师之后，自然还应当有下一辈、下一代大师出现，倘若实际上竟然没有，那是这一辈、这一代人不争气而已，不能够谓之"必然"。真正根本和重要的变化是，三十年一晃过去，高等教育体制大幅扩展，学术氛围沧海桑田，各种知识、文化在电子媒体上的传播更是无孔不入。因此，当日如饥似渴追求文化滋润的群体已经消失殆尽，最少也是在迅速衰减之中。这个时代性的巨变是不可遏止，也无从逆转的。它注定了文人同声相应、同气相求的自由结合只能够以交谊、雅聚小团体的方式存在，而再不可能如80年代的中国文化书院那样，轰轰烈烈地发展成为立足于社会整体，具有强大生命力的事业。对此我们不必"怅望千秋一洒泪"，但必须承认，今昔之间的确是"萧条异代不同时"了。因此，越光兄在这个时候为书院编撰这本历史是很恰当的——不仅如此，我们更热切期望，他能够再接再厉，为整个80年代的民间文化运动，描绘出更全面和详细的画图来。是为序。

丙申除夕于用庐

恂恂儒者，不知老之将至

——岁暮忆汤公

初识汤一介先生，根据他自己的回忆，是1985年5月他到香港中文大学来参加"斗争与和谐哲学讨论会"。那时他和夫人乐黛云南下，在新成立的深圳大学创办国学研究所，记得应邀去拜访他们时，崭新的房舍还散发着浓厚的油漆气味。此后不久我转到中国文化研究所任职，就不时有来往。如今在陈旧的记事本里，还有1987年8月和他在维港海滨丽晶酒店约会的记录。

同年深秋，为庆祝梁漱溟先生大寿，汤公等创办的中国文化书院召开了大型的学术研讨会。开幕式在二七剧场举行，讨论会则移师香山饭店。我躬逢其盛，有幸见到学界前辈费孝通、周谷城、张岱年、季羡林、任继愈等，又数度被邀发言，自此和汤公主持的这个文化机构结缘。记得会上来了好些学者，像和我同样来自香港的赵令扬、霍韬晦和李弘祺。其他还有新加坡的吴德耀，美国的周策纵、林毓生和两位记不起名字的日本学者，大概都是汤公数度外访交的朋友吧。此会办得十分体面、热闹。香山饭店的气派、优雅令人倾倒，后花园那两棵大银杏树在10月初雪中更显得雍容挺秀。日后细细回味,这才感到此会是多么的开放、多元、包容,即使尖锐的意见,包括对梁漱溟学说的批评,也都可以在和谐、轻松的气氛中发挥、碰撞,虽未必产生什么成果,却为学术路向的酝酿,为学界同行的相聚、相识提供了绝佳机会。

跟着下来,是难忘的西山卧佛寺之会。那是为庆祝五四运动七十周年召开,名义上由四家北京和香港的学术机构主办,实际上由文化书院担纲和安排一切。这趟聚会场地朴素简易,与会者一百四十多人,海外来客也有二三十人,发言踊跃,气氛热烈。会议结束后,不少人到城里参加社会科学院办的同一性质会议。汤公随即约了几位熟人到他家晚饭,夫人乐黛云做了一桌好菜款待。酒酣耳热之际,大家七嘴八舌,人人都有些幼稚乐观,只有孙长江经验丰富,头脑清醒,说出令人默然的中肯看法来。

不久,文化书院如何内部分裂,如何被盗窃财产公章,以致濒临灭顶之灾,汤公又如何挺身而出,与庞朴等院内中坚分子力挽狂澜,都非我所知,事过境迁之后,方才从陈越光兄那里隐约听到一二。此后大陆学者和外界顿形隔绝,但汤公和文化书院所受影响似乎最小。过一年多,夏威夷东西中心举办国际研讨会,讨论中国和中国文化前途,汤公也翩然莅临,给大家带来不少惊喜。不久文化书院也恢复活动,分别在北京和杭州举办以"中西印文化的融合及发展前景"和"中国文化的回顾与展望"为题的研讨会,气氛一如既往地轻松开放。像庞朴、朱维铮、孙长江、刘梦溪、袁伟时、杜维明、陈来、王守常、陈越光等一班朋友,就是那期间相熟起来的。

此后十来年间,我经常为了各种原因上京,同时借机和汤公两口子以及其他朋友相聚，议论时事，相告传闻，臧否人物，过一个畅快的晚上。这些场合多半是越光做东，维铮痛饮，长江倾谈往事秘闻，汤公则恂恂儒雅，微笑倾听，偶尔不温不火发些议论，声音难免高亢些，但慷慨激昂，拍案而起则绝无仅有。至于学术会议，文化书院也继续召开，但似乎不像以前那么频密了。记忆中我参加的只有两三趟，包括1999年5月的大觉寺之会。那是接续北京大学"纪念五四运动八十周年"讨论会的春游雅聚，虽然也有个座谈，让大家对十年来翻天覆地的变化抒发感想——记得是季羡林老先生开头，讲了很不少话——其实以徜徉山水，品茗闲谈，享受明媚春光为主。此番与当年卧佛寺之会的海外朋友周策纵、舒衡哲等十年重逢，追忆如烟往事，真所谓感慨系之了。此会安排和以前大不一样，不要求论文也没有刻板程序，不啻予人以拈花微笑，顿然开悟，涤荡诸般烦恼的机会。想来，应该是出自汤公的构思吧？

汤公为人忠厚平和，胸襟宽广，我是个半路出家、闯进文化圈来的后辈，不谙人情世故，研究方向也迥异于大部分同行，他却一直很照顾，经常邀我参加聚会，提供许多发言机会，还两趟特别为我安排演讲，令我衷心感激。1997年春间，文化书院刚装修好一处四合院，那是北大拨给书院作为固定办公和聚会场所的，我此时恰好对科学史发生兴趣，有些心得，于是汤公让我到这小院做了个演讲。我的主题是天文学经典《大汇编》（*Almagest*）的源流，主旨则是现代科学并非如许多人所想，是起于文艺复兴，而是出于一个极为久远的传统。这对听众造成颇大冲击，但反应不一，老辈哲学家张世英也来听讲，对此看法特别认同。这是我在北京作专题演讲之始，讲稿后来发表在乐黛云创办的《跨文化对话》上。

2002年我退休，汤公闻讯，又客气邀请我在那年11月主讲第五届"蔡元培学术讲座"和第六届"汤用彤学术讲座"，那是文化书院和北大中国哲学与文化研究所合办的，由北大校方发邀函。这自然是个荣誉，我受宠若惊，准备了有关科学哲学和资本主义批判的两个题目应命。事后汤公将这两篇讲稿连同其他论文为我编了集子，交由北大出版社出版。此番演讲的最大收获是在勺园住了十来天，得以从容漫步于曲折幽深的校园，领略晨昏夕照，深秋萧瑟意境，留下美妙难忘记忆。可惜的是，此后北大迅猛发展，校园逐渐让位于高楼广厦，如今花木凋零，无复当年清幽胜概，徒留"此情可待成追忆，只是当时已惘然"之叹。

　　新世纪来临之后，汤公年臻耄耋，犹壮心不已，向国家申请并获巨额批款，开动编纂《儒藏》的庞大计划，此后思虑精力转向此方，再无余暇顾及文化书院的活动。后来侧闻，社团法有规定：年逾古稀即须卸任院长和法人代表，所以他此后仅以"创院院长"名义参与决策，书院事务则交由王守常兄负责。汤公曾邀请我们中国文化研究所参与《儒藏》工作，但我已退休，所里也没有适合人选可以推荐，只好辞谢，辜负了他的好意。此后文化书院在辽宁桓仁举办"易学论坛"，我虽然完全外行，也滥竽充数参加——主要是为参观中朝边境上那个朝鲜族古代发源地而已。此后四五年间我仍然经常到北京，每趟都和汤公见面，但就再没有怎样参加书院活动了，至于我自己的工作，则完全转向西方科学史的研究，有点忙不过来，直到有关专著出版才松一口气。

　　2011年我再到北大，为生命科学院的研究生讲物理课。那同样是深秋，逗留了将近一个月。但此番下榻新建的"中关新园"，那里高楼大厦，舒适宽敞、设备齐全有如酒店，但冷清清的缺少人气和园林之胜，更谈不上生活情趣。此行汤公说要觅机相聚，但总没有动静，我怕他事忙或者疲累，不敢贸然打扰。到将近离京的时候，他们两口子却坚持要到宾馆的咖啡厅来共进早餐，谈了个多小时。这我才知道，汤公为了《儒藏》和北大新成立的"儒学研究院"，仍然忙得不可开交。他本来就瘦弱，多年来一直为咳嗽、感冒、肺病困扰，不时要跑到官厅水库边上去休养。我看他以耄耋高龄，还那么劳形伤神，心中不期然泛起"毋乃太辛苦耶"的感觉，但自然不敢宣之于口。

翌年见汤公，谈往事，谈北大庆祝"哲学门"成立百周年的盛会，他都还显得很兴奋，很有味道。但2013年10月见面，则情况急转直下。那时他被诊断患了肝癌，肿瘤虽然经过放射治疗而缩小，但已经转移，乐先生则苦于糖尿病和膝盖劳损，两人都显得忧心忡忡，我也想不出多少话来安慰他们。翌年初夏有内蒙古之游，回北京后立刻和越光夫妇赶到汤公家里探望，但见他形容消瘦，面容憔悴，气息柔弱，迥异平时神采，我们大吃一惊。据说他是因为做了化疗颇受摧残，日前又扶病出席《儒藏》发布仪式，以是更形羸弱。但他仍然忧时忧国，殷殷以大局为问，临行更题款赠书，令人泫然。我们出门后相对无语，果不其然，两个月后就传来噩耗了！回想起来，在那五六年间，相熟前辈、学者相继辞世的，还有刘殿爵、叶晓青、陈学霖、何炳棣、朱维铮、高华、庞朴等七八人之多，真是"访旧半为鬼"，闻讯惊心。一年后，我自己也经历了一场大手术的熬炼。至此，方才真切体会，何谓诸行无常，何谓人生大限。

汤公家学渊源，受传统熏染甚深，在时代精神感召下一度信仰马克思主义，"文化大革命"中更且卷入政治旋涡，改革开放后改弦易辙，致力于弘扬学术文化，以承上启下、锲而不舍的精神开办中国文化书院，使它成为八九十年代民间文化运动的重要力量，为中国海内外学者的交流、沟通开辟渠道。学术上他编过先大人汤用彤教授的《隋唐佛教史稿》，自己深究魏晋玄学和道教，可谓秉承家学，出入佛老。然而，到了生命最后十年，悉力以赴的却终归是儒学编纂大业。对游弋于中国文化汪洋大海中的汤公而言，这真可谓万变不离其宗了！如今汤公已矣，然而他从容大度、弦歌不辍的讲习流风未泯，发愤忘食，不知老之将至的精神犹在，以是，我们对中国文化前途还是充满信心的。

2017年3月23日

相逢于人生拐点上

——怀念元化老

人生道路很奇怪,偶然拐了个弯,便不由自主奔往原来意想不到的方向。三十六年前有缘会晤元化老,我便正处于这样一个拐点。那时多年同事马临当了校长,由于他的好意和一再坚持,我暂时放下已经沉浸二十多年的物理学,转而负责大学行政。1984年大学颁授名誉学位予巴金先生,派我赴上海邀请他老人家来港。依照安排,抵达之后首先去拜会当时的市委宣传部部长,也就是王元化先生。当时我对他一无所知,只记得见到了一位双目炯炯有神,态度略显严肃却不失和蔼的长者。他告诉我此事很好,所以会尽力玉成,不必太担心。跟着,便在武康路的花园洋房里见到了巴老,他虽然话不多,但显得很高兴,表示乐意接受邀请。其后不久好消息传来,此行算是不辱使命了。

再次见面已经是将近十年之后。斯德哥尔摩大学在1993年夏天召开盛大的国际学术研讨会,邀请许多海内外学者参加。那时我已经离开行政部门,转到中国文化研究所负责,故此得以躬逢其盛,在会上见到余英时、林毓生、李欧梵等许多老朋友,元化先生也翩然莅临。此会办得非常隆重，主人马悦然教授更多番亲自热情招待，大家兴高采烈，度过了一个星期非常轻松愉快的时光。

此后见面的机会便渐渐地多起来了，不但经常在学术会议上碰头，而且每到上海也很自然地会去拜望，其中印象比较深刻的有两趟。第一趟是翌年年底中国文化书院在杭州开会讨论"中国文化的回顾与展望"，大家不期然争辩起中国文化的发展方向来，对立意见相当尖锐，办《新启蒙》的元化先生自然成为焦点。但在会外，则老朋友之间的怀旧、闲聊却是云淡风轻，轻松自在。他和李锐、秦川、李慎之等党政故旧更有说不尽的话题。另一趟是1998年底我到沪上探望，不知道为什么他竟然隆重其事，要在上海图书馆的大厅招待我，先由该馆的书记带我参观展览室，随后请来了朱维铮、许纪霖等学者朋友举行座谈会，但谈些什么却已经毫无印象了。受宠若惊之余，我才恍然意识到，他在上海政界和学界非比寻常的分量，其时还有些机会相互赠文，自然也倍感荣幸。大概在此前后他搬到衡山路的市政府宾馆居住，那里地方比前稍为局促，来往宾客却川流不息，比前反而显得更热闹了。从那时开始，他的健康状况开始慢慢变差，但精神却还不错，谈起时事来仍然是那么的慷慨激昂，黑白分明，让人窥见三四十年代热血文艺青年的影子。

如今元化先生已经逝去多年，华东师大召开研讨会纪念他的百岁诞辰，我很高兴也非常荣幸被邀作书面发言。但我对他的事迹、思想、学问所知有限，对他有关《文心雕龙》的贡献更不了了，所以只能够浮光掠影地谈些旧事应命。最后，记得他曾经在自述中说，他一生学问和思想的大转变是从1955年遭难之后，特别是在其初那两年发愤细读马克思、黑格尔和莎士比亚三位大家开始。那么，他之从文艺批评转到思想、文化研究，从政界转到学界，是否也都是缘于一个当时看来很不幸的拐弯呢？这是值得我们深思的。

2020年11月26日

上天所特别眷顾的

——《杨振宁论文选集续编》读后

在庆祝六十岁生日的时候，杨振宁教授婉拒同事们为他编纂祝寿论文集的好意，自己出版了《杨振宁论文选集附题记1945—1980》①。这部巨著将近600页，刊载论文75篇，书末论文总表所列，则有200多篇。这些绝大部分是原创性学术论文，其中两篇，即1954年与米尔斯（Robert Mills）合作的规范场理论，和1956年与李政道合作的宇称守恒问题讨论，如今被公认为20世纪物理学的里程碑；其他许多统计物理学论文，也都已经成为经典。孔子说"知我罪我，其惟春秋"，同样，后世对杨教授的认识和评骘，也都必须以此集为依据了。但除了大块文章，这论文集还有其他丰富的内涵，那包括三篇感言，即他老师马仕俊和同行物理学家李辉昭（Benjamin W. Lee）的悼文，以及阐述中美学术交流意义的短文。但最主要的，则是每篇论文所附题记，它们有的简短实在，有的洋洋洒洒，感情充沛，如实记录下他的挣扎和胜利、喜悦和哀伤、困

---

① Chen Ning Yang, *Selected Papers 1945-1980 With Commentary* (San Francisco: Freeman, 1983).

扰和愤恨。它们纵横交织，为他的学术工作描绘了背景，更将我们引入他的私人世界，展现了杨振宁其人，那个敏感而又雄心勃勃的中国知识分子，他处身异域，在巨大压力下不断挣扎，试图跨越分隔祖国和新世界在文化、政治与情感上的鸿沟。面对这座把冷漠科学、诱人故事和复杂感情熔铸为一体的魔幻森林，我们怎能不受迷惑，不沉湎在它蜿蜒曲折的羊肠小道和隐晦幽暗的洞窟秘府之中，而无从自拔？它岂止如作者在序言中的自谦之言，只是比惯常祝寿论文集"新鲜点"——事实上是有意义、富吸引力得太多了。

如今，整整三十年过去，杨先生虽年逾耄耋，却不辞耗费神思，再为我们带来了《杨振宁论文选集续编附题记》[1]。倘若前部《选集》是蕴蓄惊人能量的火山，这部《续编》则犹如宁静旷阔的沃野平畴，人物、事迹、感触、研究成果散布其间——那座魔幻山岳已经退到地平在线，但仍然通过无数或明或暗、或隐或现的途径和近景相连接。例如，那个有关他父亲以及他们父子之间由于国籍问题而引起冲突的揪心故事，最先是出现于他和弟弟杨振平一篇合著文章（《选集》64e）的题记，但《续编》中就扩充成为附上许多照片的长篇文章了（《续编》97f）[2]。又例如，当我们读到有关他好友黄昆以及他们在大学那些艰苦而又逍遥的日子（89c）之时，"似曾相识"之感总不免油然而生，却要一直找到《选集》第一篇文章（45a）的题记才会恍然大悟——那是描述抗战时他在昆明西南联大

---

[1] Chen Ning Yang, *Selected Papers II With Commentaries*（Singapore: World Scientific Publishing, 2013）.
[2] 由于两本选集中的所有文章都是用同一系统的系年编号，所以两书的文章编号不会混淆，因此以下的文章征引可能只标明编号，而不再注明是属于《选集》抑或《续编》。

的振奋经历，但只提到老师而不及同学。后辈吴大峻是另一个有意思的例子：他在《选集》多篇文章（例如64f、67d和75c）和相关题记中以合作者身份频频出现，《续编》无一语提及，却在照片中亮相（Ph19）。相反地，杨先生最敬爱的老师陈省身在《选集》了无踪影，只是由于陈-韦伊定理（74c和75c）间接提到，但《续编》则用两篇文章和一张大彩照（91e，11a和Ph12）来表达对这位前辈的尊崇。

相类似例子可谓不胜枚举。在《续编》中杨先生对平生认识的许多物理学者作了浓淡不同的描绘，发了轻重有别的议论，而他们大都曾经在《选集》出现。这包括像爱因斯坦、海森堡、薛定谔、狄拉克、费米、韦伊那些前辈大师，奥本海默、泰勒、施温格、格尔曼等同时代明星人物，还有阿哈罗诺夫（Yakir Aharanov）、米尔斯、费尔班克（William Fairbank）、邹祖德等著名学者。除此之外，还有些我们意想不到的人物，例如：他的老朋友中国原子弹工程核心人物邓稼先（93b）；他的芝加哥大学同学寒春（Joan Hinton），她在20世纪50年代早期满怀理想投奔中国（Ph28）；还有中国最早期的物理学家赵忠尧。杨先生和李炳安经过仔细研究证明，他在安德森（Carl Anderson）之前所做的实验就已经接近显示正电子的存在了，但由于种种不幸原因却没有得到应有的认可和荣誉（87b）。这些文章虽然行文简约，下笔矜慎，却仍然不时流露强烈感情，既有怀旧、仰慕、悲悯、惋惜，也不乏迷惑乃至憎恶，那是它平静客观的表面所不能够完全掩盖的。

老年是怀旧也是反省的时刻，像杨先生那样有大成就的人自然更有许多需要思考和总结的问题，这表现于《续编》中大量演讲词和应邀文章，那共占全书篇幅三分之一左右。它们环绕几个杨先生所重视的物理学主题，其中最重要的，自然就是对称和规范观念，包括它们彼此之间的关系和对许多领域的影响。这在他的克莱茵纪念演讲"对称与物理学"（90e）中表现得最为突出，但其实是贯穿这本集子的：从他在物理学历史会议上有关P、C和T三种基本对称的讲话（82g），到量子力学基础演讲会上关于波恩–阿哈罗诺夫效应的报告（83g），到韦尔和薛定谔百周年纪念会上的讲话（分别为85j和86c），到在杨–米尔斯场理论纪念文集中的应邀文章（04c），以至为纪念外村彰（Akira Tonomura）所作有关拓扑与规范理论的讲话（12d），它们涵盖的时间跨度和集子本身一样，前后足足有三十年之久。统计物理是杨先生工作的另一个主要领域：他的南开演讲"统计物理学之旅"（88d）就是环绕"非对角长程序"（ODLRO）和通量量子化这对观念展开，但也涉及杨–巴克斯特方程；同一主题也贯穿了书中有关梅耶（Joseph Mayer）、费尔班克和昂萨格（Lars Onsager）等三位名家的回忆（分别为82c、82e和95d）。

但倘若我们以为《续编》只不过是怀旧和总结之作那就大错特错了。事实上，集子三百多页篇幅中所收入的47篇文章有将近四分之一是原创性研究论文。其中两篇出版于1980年之前（77g和78a），如今收入是因为它们在数学上的重要性后来才发现。至于其他的，则是新发展令旧文章生出新意义，由是激活后者，令它蛰伏数十年乃至半个世纪之后再度焕发新生命，其当初构思之精妙亦于焉可见。1967年那篇有关在δ–函数拒斥力作用下的一维空间多体问题文章（67e）就是个很好的例子：这高度理想化系统所导致的一些关系在20世纪80年代被证明具有重要物理和数学意义，因而被称为杨-巴克斯特方程。其后杨先生和谷超豪合作，研究这系统简化为少数费米子时的情况，由是得出了一个具有SU4对称（那在核物理学中为人熟知）的数学模型。令人惊讶的是：这模型的S矩阵居然可以通过杨-巴克斯特方程得到严正解，而且其所显示的表征具有恰当物理解释（88b），这真可以说是数学和物理直观结合的完美典范。

然后，到1995年，低温世界起了大革命，因为激光冷却和蒸发冷却的发明第一趟实现了铷原子的玻色-爱因斯坦凝聚体（BEC）[①]。这技术的迅速发展为低温试验开拓了新天地，也给相关理论工作打了强心针。至此，杨先生早年的两篇文章是最为当时得令的了，那就是与李政道、黄克荪两人合作的稀薄硬球玻色气体的低温性质文章（57i），以及与杨振平合作的具有 δ-函数拒斥力的一维玻色系统的热力学（69a）。它们一共激发了《续编》中的四篇文章：应用同一赝势场方法，将57i文延伸到2、4、5维空间（08d）；以及将69a文扩展到相类似系统，先是一维空间中N个被俘获费米子的数学研究，并以N=6为例（09f）；然后研究下列更接近现实的系统：一维谐振阱中的大量自旋为1/2的费米子（10e）；最后则是处理同样系统中玻色子和费米子的高自旋情况（10h）。除此之外，他和邹祖德还有一项美妙工作，即从基本原则开始，求得了新近发现的碳-60分子振动模式和频率的全部严正解（97d）。这篇文章献给了吴大猷，那当然非常恰当，因为吴公正是他1942年学士毕业论文的指导老师，也是引导他将群论应用于分子振动问题的启蒙师（见48a题

[①] 笔者还清楚记得1995年夏天美国Science期刊宣布这大新闻时所引起的激动，以及杨先生初次听到这消息时的谨慎态度。

记）。所以，这篇论文正好与他半个多世纪之前初试啼声的学术工作相呼应！

杨先生在这两本论文集中所显示的物理学力量、干劲和深度令人惊叹，但我们不可忘记，他的思虑和行事也往往出人意表。在《选集》中，他为那篇宇称性问题论文（56h）所写的题记正犹如混沌理论中的南美丛林中一只蝴蝶翅膀的扑动，其后在全球物理学界掀起了持久不息的巨大风暴——那故事已经人所周知，不需要我们再饶舌了。同样，《续编》的有心读者自然也不会忽略论文09f的题记中所隐藏的那根锐刺，它是直接针对建制机关如《物理学通报简讯》（Physical Review Letters）编辑部的。这趟它仍然会掀起风暴吗，还是会被已经牢牢掌权的新一代置若罔闻？这自然很难讲，但看来后一种可能性是不能轻易排除的。

在结束之前我还要讲个小故事，但这也并非题外话。在2004年深秋我到北京讲课，那时杨先生刚好落叶归根回到清华大学，请我到他住的地方吃午饭。那是大学为他造的一所新房子，很宽敞漂亮，但有点冷清。刚好我的学生中有一位是负责清华后勤部门的，我就建议也许应该找一位管家来布置装点一下。他非常同意，但杨先生对此提议却毫无反应，令我们大感不解。两个月后我们终于发现自己的天真和无知了，因为大新闻已经铺天盖地传遍中国和世界：八十二岁的物理学大师娶了二十八岁的翁帆，也就是如他所说，"上帝的最后恩赐/以使我疲乏的灵魂/再度焕发青春"！他多次强调，这充满浪漫的"天作之合"使他获得了新视野、新生命。这样，也就打破了他作为"现代大儒"的格式化光辉形象——忧国忧民，全心全意献身科学，等等：现在我们知道了，他不仅仅是那样，而且还有许多其他渴望和追求。在2008年他们俩合作出版《曙光集》①，那是他通俗文章的中文版②，根据翁帆在编前言所说，那也是"杨振宁在这二十多年间的心路历程——他走过的，他思考的，他了解的，他关心的，他热爱的，以及他期望的一切"。所以，此书是他们两人结合的见证，像那两本英文论文集一样，它也是要传世的。不消说，《续编》所刊登的大量两人恩爱合照，以及杨先生在书末所说"谁道人生无再少，天赐耄耋第二春"③，寓意也都相同。杨先生的伟大成就令人拜服，他无穷的自信与活力使我们瞠目结舌。但惊讶之余，我们自也不免感到怀疑：难道这一切，真的不过如他自己所谦称，只是由于很少有的"这么多幸运结合在一起"④吗？

2013年7月26日

---

① 杨振宁著，翁帆编译《曙光集》（北京：生活·读书·新知三联书店，2008年）。
② 《续编》的以下十八篇文章曾经从英文原文翻译为中文刊载于《曙光集》（附有星号者另见以下说明）：82c、82e、82g、85j、86c、87b、88d、89c、90e、93b*、95b、95d、97f*、99c（A99i）、A99j、01f、01g以及05b。文章99c在《曙光集》的编号改为A99i；文章93b和97f原来以中文发表于《二十一世纪》双月刊（杨先生是该刊编辑委员，也经常投稿），其后分别由翁、杨两位翻译成英文在《续编》刊出。
③ *Selected Papers II*, p.343.
④ 《曙光集》396页。

革命、保守与幸运

——杨振宁、翁帆《晨曦集》读后

将近二十年前,在杨振宁教授荣休的学术讨论会晚宴上,他的老朋友戴森(Freeman Dyson)发表了一篇著名的演讲,将他称为"保守的革命者"。为什么呢?因为他虽然破坏了宇称性守恒的思维结构,却建立起由数学对称性支配的非阿贝尔规范场,那日后成为物质结构根本理论的基石;他虽然终身从事西方科学探索,却仍然服膺于中国传统文化。所以,戴森认为:"革命领袖可以分为两类:像罗伯斯庇尔和列宁,他们摧毁的比创建的多;像富兰克林和华盛顿,他们建立的比摧毁的多。无疑,杨是属于后一类的革命者……他爱护过去,尽可能少摧毁它。"这讲得非常中肯,因此深受杨先生欣赏。

戴森所谓保守,并不等于故步自封或者墨守成规,而是在原有的基础上建设、改良、稳步前进之意,这从杨先生和夫人翁帆最近合作编著的《晨曦集》(由北京商务印书馆和新加坡八方出版公司分别出版)可以看得很清楚。集子里面的二十四篇文章刚好分为三部分:第一部分是杨先生的演讲、文章和座谈记录;第二部分是他对媒体发表的谈话和家人对他的印象、观察；最后则是学者（包括他的学生）和作家对他的回忆、观察。从这些文章我们得到的整体印象是，杨先生一辈子讲求进步创新，在见解上却极其稳重、谨慎，甚至到了独排众议，乃至得罪同行的地步。

最显著的例子，无疑便是他基于经济和发展程度的理由，坚决反对中国造大型对撞机。为此他曾经数度和国内外众多高能物理学家以及相关学者激烈交锋，《晨曦集》收入的（文章编号16e）仅是其中一篇而已。我们绝对想不到的却是，远在四十六年前回归中国之初，他就已经在一个大型座谈会上，为类似问题对高能物理学的年轻学者大泼冷水（72a）。当然，更令人惊讶的例子，是他在1980年国际座谈会上对着一众顶尖理论物理学家宣称（高能物理学的）"盛宴已经结束"那句令人震惊的话（A00g），以及早在1961年他在麻省理工学院百年校庆讨论会上对"未来基本理论"要"敲一下悲观的警钟"，"加入一些不谐的声音"——那时他还不到四十，风华正茂，离规范场理论得以"重正化"（renormalized），和粒子物理学"标准模型"的建立、验证还有十几二十年工夫！

杨先生刻意提起半个多世纪之前他这表面上并不中肯的预言，是要强调，物理学仍然有大量"底蕴"等待发掘。也就是说，物理学上仍然有许多根本问题悬而未决，例如量子力学的波函数塌缩、场论的重正化、粒子的质量谱系等等，它们得到彻底解决的机会极其渺茫，甚至可能永远成疑。因此他强调，"我不是悲观，我只是务实"（15a）。而务实，可能就是保守的最高境界吧！这种态度不仅见于他所反对的，也同样表现于他所赞同的。像他在清华高等研究院大力倡导凝聚态物理学（A17n），鼓励余理华回国协助建造自由电子激光实验室（A17o），两趟忠告赵午转向加速器物理学（A17q），以及对激原子束的高度重视（A00g），等等，就都是务实态度的最佳例子。

当然，杨先生的保守表现得最明显之处是晚年的落叶归根。他早年远渡重洋奔赴新大陆，投入物理学的广阔天地之后成大名，也饱受西方观念熏陶，但在彼岸辛劳大半辈子更且加入美国国籍之后，终究还是要返回神州大地方才能够心安理得（A17c）。也唯有如此，他对中国文化的认同才得以显明，对中国前途的关注才得以落实。而回归之后，他的劳碌奔波主要还是为了推动物理学的发展和教育改革。在这两方面他都很冷静地看到，也指出了中国的落后和困难。但和许多致力于批判的知识分子不同，他同时也看到了中国体制的长处和由此而带来的巨大希望（A11q、A86k）。当然，在这些高度复杂的问题上他的见解未必完全正确，但他采取的，却毫无疑问是一种最务实也最保守的态度。

2016—2017年间阿尔法围棋软件打败了所有人类顶尖高手，轰动一时。和许多人一样，我因此对人工智能发生极大兴趣，并认为它很有可能在不久的将来彻底改变世界。但杨先生却完全不认同这个看法。他认为，即使再过半个甚至一个世纪，人工智能恐怕都还赶不上一个小孩子的头脑，它大概永远不能和人类比肩。"现在不是都热衷于人工智能吗？这些东西离小牛跟它母亲之间的复杂关系，那还是差得很远呢！"他如此保守的态度到底是从何而来的呢？归根究底，就是来自对于大自然的敬畏："我认为我们永远不会把所有的宇宙的复杂的结构都完全了解……因为人是有限的，而宇宙是无限的，所以没法能够完全了解。"（A17l）

他这句话自然立刻就让我们想起牛顿晚年的喟叹来:"我不知道其他人怎么样看我,但对自己来说,我像是一个在海边玩耍的小孩子,以不时找到一些特别光滑的石卵或者漂亮的贝壳自娱,而整个真理的大洋就躺在我面前等待发现!"当然,杨先生经常提到的牛顿同样是一位极其保守的革命者。他必须革命,因为要建立跨越空间、无远弗届、无物能够阻挡的万有引力,便要打破当时已经牢牢地建立起来的笛卡儿"机械世界观"(mechanical philosophy),其核心观念是,物体必须相互碰触才能够传递力量。然而,他又极其保守,认为当时流行的代数方程式过于繁复抽象,自己发明的"流数法"(即微积分学)不够严谨,所以宁愿选择自古流行的几何证题方式作为他毕生巨著《自然哲学的数学原理》的论证和推理工具。甚至,在宗教上,牛顿也同样是个保守的革命者:他一方面通过自己的研究,判定教会奉行了一千三百多年的"三位一体"信条为根本错误,另一方面又坚信科学定律只会彰显上帝之大能,《启示录》所预言的末日必将降临,彗星则可能是上帝用以毁灭地球的非常手段!

杨先生曾经多次承认,自己非常幸运:从天赋、家庭、教育、事业,以至晚年第二次婚姻都莫不如此。但我想,他觉得一生最幸运、最高兴的事情,应该是见到中国终于摆脱屈辱,而日益富强起来吧。他在八十五岁的时候将自选文集定名为《曙光集》,又在九五高龄将现在这本文集定名为《晨曦集》。如在此书"前言"所说,这都是要表明中国已经度过漫漫长夜,行将见到旭日东升的意思。

同样,牛顿也极其幸运,可以说比杨先生还要幸运得多。他生于殷实务农之家，寡母不解他的志向，却由于中学校长和舅父的斡旋，得以就读剑桥圣三一学院。当时剑桥暮气沉沉，毫无学术气氛，教师大都是尸位素餐，他却碰上校内唯一有理想有学问的教授巴罗（Isaac Barrow），并且由于后者的赏识和另一位熟人的提携，得以留校当院士；不久巴罗更另谋高就，退位让贤于这位后起之秀。他接任之后遂得不问世事，专心闭门治学，以迄成就大业。这连串的碰巧，不是受到幸运之神的额外眷顾是什么？更不可思议的是，在他出版《原理》之后短短一年，英国就发生了翻天覆地的政治巨变，举国痛恨的天主教信徒詹姆斯二世被逐，信奉新教的荷兰执政威廉三世被迎立为王，那就是众所周知的光荣革命。牛顿在大学里向来孤僻耿介，独善其身，此时却慨然出来竞逐临时国会议席，并随即当选，谅来其时心情，当不止于见到曙光或者晨曦，而是天的大亮了！事实上，自此英国就一帆风顺，在科学、文化、经济、政治、外交等各方面蒸蒸日上，以至成为欧洲最先进和最强盛国家——当然，那还要经过一个多世纪的努力方才能够实现。所以，杨先生很谨慎地以晨曦来形容他所见到的今日中国，是非常之恰当的。

  我们无法知道，就长远期望而言，杨先生的幸运是否也能够及得上牛顿。不过，在全球化浪潮铺天盖地的冲击下（它目前在许多国家所激起的抗拒恰好说明其力量之庞大），届时国家之间的竞争将蜕变成何种形态，甚至这种竞争是否仍然有意义，恐怕就没有人能够预见了。

2018年9月18日于用庐

天外有天，人外有人

——记我所认识的几位数学家

菲茨杰拉德（Scott Fitzgerald）有句名言："让我告诉你那些真正有钱的人是怎样的吧。他们和你或我都不一样。"这话的巧妙在于直言不讳，却似是而非。但倘若把它移用于数学家身上，那就确切不移了，这我直到大学三年级才有点悟到。那时已经修毕高等微积分和复变函数论，都没有碰到困难，然而搁在书架上多时的拓扑学却犹如天书，最后无奈抛开——心想幸好这还不是自己的主修。不过，真正体会这道理则是通过三位同窗的经历。特赖布（Larry Tribe）主修数学，他才高八斗，以最高荣誉（summa cum laude）毕业，却在短短一年后"厌倦拓扑空间、射影群、谱系列、代数簇的世界"，回头是岸，改攻法律，最终成为著名宪政专家。施瓦茨（John Schwarz）的道路恰好相反：他专攻理论物理，最初跟随以唯象分析著称的导师做论文，后来迷上量子引力研究，成为弦理论创始人之一。所以数学家委实是天生，而不是纯粹依赖天分或努力，倘若勉为其难，甚至可能酿成悲剧。卡钦斯基（Ted Kaczynski）就是个绝佳例子。他入学时以数学天才著称，毕业后一帆风顺，当上加州伯克利分校最年轻的助理教授,但过了两年却突然辞职,返回老家离群索居,最后成为震惊美国的"邮弹杀手"(Unabomber)。

我对数学家产生好奇是由于初中时翻阅《星岛日报》副刊"星座",无意中看到某天才数学家发表《堆垒素数论》的报道,其中略约介绍了他贫苦自学以至成名经历。当时不知堆垒素数为何物,也许连素数的概念都还没有,华罗庚这名字却莫名其妙地在心中留下深刻印象。此后在20世纪70年代又断断续续听到一些他在"文化大革命"中的遭遇,最后还买到了他的巨册《数论导引》,那对外行人来说,真是难得的宽广和舒坦入门阶梯。

但这并没有使得我对他在80年代之初来中文大学访问有心理准备。一位仰慕他的英国数学家说得真好:"华罗庚的突然光临对我们许多人来说是件浪漫的事情,是梦想成真。多年来一个仅仅出现于《数学年鉴》的可敬名字,忽然间呈现为英俊学者本人,他开朗而不失庄重,深思却还年轻,安静但仍有追求。"[①]那时作为大学秘书长,我有机会和他接触,想不到他对我这后生小子也那么客气和热情,还相赠亲笔签名的著作,包括大部头《选集》。受宠若惊之余,自也不免感到深深遗憾,因为心里明白,书中内容不要说细节,就是确切意义大概也都不是这辈子所能够弄清楚的。隔行如隔山,更何况数学壁立千仞,唯有仰止。

另一位数学大师陈省身先生则和李卓敏校长是伯克利老同事,和杨振宁教授也相熟,不时到中大来访问,所以有幸和他老人家吃过两顿饭,一顿是联合书院院长陈天机兄请客,另一顿是到伯克利

---

① Loo-Keng Hua, *Selected Papers*, 1983, Preface.

看望李校长,相约在他喜爱的海鲜馆子聚会。记忆中他非常亲切愉快,然而温和的表面之下蕴藏着刚劲之气,令人却步。杨先生在《曙光集》中回忆,自己从西蒙斯(Jim Symons)那里弄懂了纤维丛理论之后对陈先生表示,数学家居然能够凭空想象出在物理世界为真实的概念,那非常令人震惊,陈先生立刻反对说:"不,不,这些概念不是想象出来的。它们是自然而真实的。"这话令我有如五雷轰顶:果真如此的话,那么培根从大自然探求真理的观念和牛顿的实验哲学岂不就要被颠覆,笛卡儿认为单凭纯粹思维就可了解世界的信念不也复活了吗?

当然,数学先行,自然科学随后的先例不可胜数。从工具的角度看,爱因斯坦建构广义相对论时,张量几何学已经出现十几年;牛顿建构天体力学所依赖的,是古代几何证题方式和阿波隆尼亚斯的圆锥曲线理论。从理念的层次看,则西方古代天文学传统是完全建立在几何学基础上。柏拉图在《法律篇》宣称,日月星辰基本上都是依循圆形轨道运行,偏差只不过是表象,那可谓"对称支配自然规律"的最早论述。而柏拉图之前还有菲洛劳斯(Philolaus),他是毕达哥拉斯教派覆灭之后仅存的嫡系传人,教派那些"万物皆数"、数学是开启宇宙奥秘之匙等观念,就是由他传给柏拉图,然后在雅典发扬光大,成为西方文明核心思想的。所以陈先生的话并非标新立异,而是返本归源——但又不同于开倒车,却是更高层次的回转。

当代华人数学家之中,能够与华罗庚、陈省身两位大师鼎足而立的还有丘成桐。他眼中的闪烁光芒,无疑也紧盯着"自然而真实"的数学结构,希望能够通过纯粹思维来解决自然世界的最根本问题。我最初知道他的名字，是在20世纪60年代末一份大学教务会的文件中。那时他是香港中文大学崇基学院数学系三年级生，系内教师一致认为他的水平已经远远超过本科要求，建议允许他提早毕业。然而当时中大成立未久，教务会内大部分人的观念还很保守，加以派系林立，所以这个建议虽然顺理成章，而且得到李卓敏校长全力支持和多方游说，最后却仍然遭到否决。因此他没有拿到中大学位，而是凭着崇基学院颁发的毕业证书，到加州大学伯克利校区去跟随陈省身先生念博士。回想起来，当时我只是个入职未久的教师，所属的联合书院尚未搬入中大的沙田校园，为何能够看到教务会文件委实是个谜——也许是到了70年代初作为讲师代表进入教务会之后，才无意中看到的也说不定。

在伯克利他只用两年就毕业了，此后相继解决了几个悬而未决的著名难题，声名鹊起，在1982年成为首位获得菲尔兹奖章的中国人，在1987年出任哈佛大学教授，牢牢奠定了在微分几何学界的地位。和多位学界前辈一样，他成名之后不忘故国，而且恰逢改革开放大潮，所以从90年代开始，就仆仆风尘，奔走于港台大陆之间，为中国数学事业的发展努力了。

我虽然早已听到许多有关这位传奇校友的故事，却一直无缘识荆。初次见面，大概已经是21世纪初，我们一同受邀出席崇基学院庆祝建校五十周年研讨会的那个场合了。过一年，中大为庆祝杨振宁教授八十诞辰在邵逸夫大礼堂举行盛大演讲会，我们再度同台致辞。第三度同场也和杨先生有关。2011年三联书店在北京华侨大厦为杨建邺的新书《杨振宁传》举行发布会。我曾经为此书写序，其时又刚好在北京，所以应邀参加，并且在他和杨先生的对谈之后作了简短发言，大意是两位大师在此相聚好像很普通，其实是很难得的，日后回想，大家就可能觉得并不寻常了。

数学家，在一般人心目中犹如天际浮云、遥远恒星，是不问世事的孤独天才，在古代像阿基米德，在当代像法国的格罗滕迪克（Alexander Grothendieck）、俄国的佩雷尔曼（Grigori Yakovlevich Perelman）、中国的张益唐。但那其实是错觉。在古希腊，研究无理数和正多面体的泰阿泰德（Theaetetus）是为雅典战死沙场的英勇公民，而对倍立方问题有重大贡献的阿基塔斯（Archytas of Tarentum）则是塔伦同城邦的政治和军事领袖。在近现代，数学家从政的更不可胜数，甚至位居总理者也不乏人。当今最有名的，则非法国的维拉尼（Cédric Villani）莫属：他得过菲尔兹奖章，又主持庞加莱数学研究所多年，却在去年的大选中胜出，进入国家议会。

很显然，丘教授属于后一类型。他气魄宏大，精力旺盛，在中国创办的数学研究所竟达六所之多，在清华的那所听说正积极延揽人才，规模将数以百计，不啻一所庞大的数学科学研究院。想来，他当是有感于我们这么庞大的一个文明古国，在经济已经蓬勃发展起来的今日，数学整体实力却仍然遥遥落后于欧美，痛心疾首之余，自觉必须肩负起从根本上改变这个局面的重任，故而席不暇暖，不辞四方奔走之劳吧！最近六七年，他另一个大计是推动中国建造巨型粒子对撞机，为此在数年前出版专书，又多番高调发表演讲，得到中美两国许多粒子物理学家的响应和支持。但此事杨先生强烈反对，两人公开交锋，所以顿然成为广受瞩目的巨大争议，将来如何演变，如何了结，都难以预测。平心而论，这个争议一方面牵涉惊人庞大的资源，另一方面则关系基本物理学、中国科学、中外科学合作等三方面发展前景，所以不论至终作出何等决定，它的是非利弊，恐怕都不是几年甚至数十年内可以定论的。但无论至终结果如何，丘教授在这件大事上所表露的坚强自信，和择善固执、勇往直前的精神，都还是难能可贵，令人钦佩的。

不过，我们最期望于丘教授的，自然还是他能够实现在超弦理论上的梦想，也就是发现、解剖和阐释"内部空间的形状"，将量子场论和广义相对论融合为量子重力理论，从而将数学和物理学带到一个与前迥然不同的更高境界。也就是像陈先生所说，通过思维来发现"自然而真实"的概念。他眼中光芒所真正瞄准的，应该还是这些吧？六七年前我在清华认识了一位颇受丘教授赏识的年轻数学家。闲谈中他对我说，牛顿把空间的点简单化了，这是基本理论目前困境的根源，他的梦想就是通过代数几何学来"打开"这些点，释放出它们的丰富内涵，以重构物理学基础理论。他还没有名气，但眼睛里同样是闪烁着光芒的。

丘教授很快就将迎来七十岁生日了，在今天这不算高龄，只不过相当于传统所谓知命之年而已。在此时刻，他无疑会觉得，从华、陈、杨诸位大师手中所接过的棒子是如何沉重，也不可能不意识到，背后竭力追赶的年轻人步伐是如何迅速，而在他面前展开的世界则一如往昔，仍然是那么宽广迷人，充满无穷可能性。我们深深期盼，他能够继续以魄力、深思和睿智，为我们带来更多惊喜。

2018年11月26日于用庐

一位腼腆天才的内心世界

——从狄拉克夫人的悼词谈起

在香港中文大学杨振宁学术资料馆的档案中，藏有一份狄拉克夫人（Mrs. Margit Dirac）在塔拉哈西（Tallahassee）佛罗里达州立大学于1989年12月4日举行的狄拉克科学图书馆奠基典礼上的发言稿[①]。它并非对伟大科学家的一般颂扬，而是为我们揭露了一位尴尬腼腆、渴望温情的天才之内心世界。讲稿全文如下：

> 我很高兴有机会在这里讲几句话。奥尔布莱特教授很帮忙，愿意代我把稿子念出来。不像大哥，我从来不是学者，倘若得过些夸奖，那是因为朗诵诗歌，而且是在多年前。现在我上了年纪，不适合再在这样的场合饶舌了。
>
> 但我现在却渴望能够写诗，用诗歌来表达我的思念、情感，和我对这所大学的感激。保罗在这里度过了生命最后十四

[①] 见香港中文大学"杨振宁学术资料馆"档案编号CZ018616_02, "Mrs. Dirac's speech at the dedication ceremony of the P.A.M. Dirac Science Library, sent to *Physics Today* for publication". 其后《今日物理》刊载了一则有关这典礼的报道以及部分发言稿，见 *Physics Today* 43, 5, 74（1990）.

年，那从头就如此之美好，当然，那是他应得的。

人走之后，我们照例颂扬——那往往并不恰当。这回却不一样，没有什么称赞会是夸大或者过分的了。

这里的物理系为保罗的晚年带来了欢乐。他与生俱来的腼腆慢慢消减，人也开始变得可亲。能够成为这个温暖友好小群体的一分子，他是很开心的。在我们那些漫长的剑桥岁月中，他几乎从不提起他那些同事。假如提到的话，就是早年和卢瑟福、科克罗夫特、发现他天才的福勒、终生挚友卡皮查等在一起的日子。他们是科学伟人，更是忠悃诚挚之士。正是由于他们，剑桥才成为物理和科学的理想国度。但在这里，在佛罗里达州立大学，他却经常兴致勃勃地谈论他的同事。

在剑桥，他常年居家度日，只在要讲课的日子，每星期三天，每年三学期中的两个，他才出门到大学去，而且总是回家吃午饭。但在这里，在塔拉哈西，他却一星期五天吃过早点就带午饭出门，到下午很晚才回家。所以，让我由衷地感谢你们物理系中的每一位，是你们使得他人生最后那十四年轻松愉快起来。上帝保佑你们！

人发现了许多神奇奥秘，但我们都不知道身后会到哪里去。倘若保罗在天有灵，我希望也祈求他赞同我把他漫长一生的辛勤工作记录捐赠给这所大学。这栋将会典藏这些资料的图书馆既优雅又考究，将来在这里工作的人有福了。

我还要感谢我们这位友善、富有魅力和广受爱戴的校长，他使得一个美丽的梦想成真。伯尼和格蕾塔，我由衷感谢你们！

继续谈下去之前我们得先解释一下上面这些人物。在开头狄拉克夫人提到自己的兄长,那是物理学家维格纳(Eugene Wigner),也是当初把保罗·狄拉克(Paul Adrien Maurice Dirac)介绍给自己妹妹、玛吉特(Margit)的人。代念讲词的奥尔布莱特教授(John Albright)是佛罗里达州立大学当时的物理系系主任。末了提到的伯尼(Bernie)和格蕾塔(Greta)则指该校校长斯利加(Bernard F. Sliger)和他的夫人。他在任时期(1976—1991)和狄拉克在校年份(1971—1984)多有重叠,所以很可能就是推动建造以狄拉克命名的图书馆之人[①]。

大家都知道狄拉克为人腼腆,讨厌闲谈,即使对物理学同行亦不例外:他爱好的是踽踽独行和徒手攀山。为什么呢?答案虽然复杂,但大概可以归结到个性、家庭和开拓者的悲剧这三方面——不过,这些又各有其对冲力量。那就是他的为人如此难以索解,他的性格如此自相矛盾的原因吧。

像大多数天才一样,他大概生来就讨厌社交,但这由于痛苦的成长经历而变本加厉。他的父亲是从瑞士移民到英国来的法文教师,为人专制横蛮,家里禁止外人来往,小狄拉克在饭桌上被迫只能够讲法文,所以他自小就心灵受伤,成年后兄长费利克斯(Felix)的悲剧自杀又将他一生蒙上阴影。除此之外,有种种迹象显示,他很可能还是自闭症患者[②]。从这一切,多少就可以了

[①] 本文有关狄拉克的事迹主要根据下列传记:Graham Farmelo, *The Strangest Man: The Hidden Life of Paul Dirac, Mystic of the Atom* (New York: Basic Books 2009);在典礼上人物的辨认主要依据当时的公开资料。

[②] 有关狄拉克的成长过程、情绪问题以及其自闭症的详细讨论分别见上引 The Strangest Man, pp.12–17, 421–427。该书还指出:自闭症可能与他的天才密切相关;它在英国相当普遍,几乎占人口的1%;而且这可能是他的家族遗传。事实上,狄拉克的父亲就有自闭症迹象,而且他很感到自己和父亲的确有若干相似之处。

解，他为什么那么渴求亲情和友情的温暖，以及他和母亲弗洛伦丝（Florence）一辈子的亲密关系——但他却也从来不让她绑住自己。

他在剑桥的最初岁月是在卡文迪许实验室（Cavendish Laboratory）度过的。当时的主管欧内斯特·卢瑟福（Ernest Rutherford）虽然管得严紧，但为人厚道，卡皮查（Peter Kapitza）、布莱克特（Patrick Blackett）、科克罗夫特（John Cockroft）等实验物理学家和他相处融洽，后来都成了终身挚友。他的论文导师福勒（Ralph Fowler）是那里唯一的理论物理学家，此公慧眼识英雄，把海森堡（Werner Heisenberg）的1925年开创性论文校样拿给他研究，从而将他带进了量子世界。他随后访问哥本哈根和哥廷根，和海森堡、泡利（Wolfgang Pauli）、薛定谔（Erwin Schrödinger）、约旦（Pascal Jordan）、玻恩（Max Born）、奥本海默（Robert Oppenheimer）这一大群开创性人物来往，跟着发表量子场论、相对性电子理论［反粒子因此而呼之欲出，这随即为安德森（Carl Anderson）所证实］、量子统计力学等方面的重要论文，由是在1930年当选皇家学会院士，1932年荣膺卢卡斯数学讲席（Lucasian Chair of Mathematics），最后在1933年获诺贝尔奖。

年纪轻轻暴得大名，天地自然就变得宽广起来。他多番周游美国和苏联，也曾环游世界，和凡扶累克（John van Vleck）、塔姆（Igor Tamm）、伽莫夫（George Gamow）等名教授往来，一度迷上伽莫夫的夫人罗奥（Rho），和她鱼雁往还，甚至开始学俄文，最后还是拜倒在维格纳那位活泼而意志坚强的妹妹石榴裙下。1934年9月他们邂逅于普林斯顿一家餐馆，两年后共结连理，婚后虽然不免小吵闹，但整体美满愉快，白头偕老。

然而，世界却并不那么圆满：主要问题出在他的大后方剑桥，英国的物理学中心。20世纪初的英国物理学为两位大师所笼罩：卡文迪许实验室的汤姆孙（J. J. Thomson）发现电子，然后培养出六位得诺贝尔奖的学生；在卢卡斯讲席上的拉摩尔（Joseph Lamor）和荷兰的洛伦兹（Hendrik Lorentz）同时发现以后者命名的转换方程式，然却不能逃离"以太"观念的魔咒，因此拒绝接受狭义相对论——那和那套方程式其实是吻合无间的。换而言之，英国物理的实验力量强大，在理论上却严重落伍。这问题一直延续到30年代：继承汤姆孙的卢瑟福发现了原子核，他的继承者科克罗夫特、威尔逊（C.T. R. Wilson）、查德威克（James Chadwick）等也都各有重大发现，但拉摩尔让贤与狄拉克的时候已届七十五高龄了。此外，剑桥还有一位杰出的天文学家爱丁顿（Arthur Eddington），他虽然以带领观测队伍到西非海岸去证实广义相对论知名，发现了恒星的质量-亮度关系，甚至曾经利用爱因斯坦的 $E = mc^2$ 方程式来猜想恒星内部能量的来源，但与新冒起的新量子力学却擦身而过[①]。

换而言之，20年代中叶的量子革命几乎完全是个欧洲现象，狄拉克是唯一例外，因此义无反顾，必须在这方面为英国独力担起大旗。而且，他不但已经赢得诺奖更坐上了卢卡斯讲席，名正言顺是牛顿的传人，因此是站在绝佳位置来发挥影响力，引领英国物理学走向未来的。然而，他偏偏生性孤僻，木讷寡言，和这样的角色格格不入。更糟糕的是，和爱因斯坦那样作出了根本大发现的绝顶天才一

[①] 爱丁顿是著名理论家，对于狭义和广义相对论都有研究和阐发，但过分偏激和自信，更可惜的是从20年代中叶开始便着迷于以代数方程式为基础的所谓"基本理论"，希望借此能够解释一些基本物理常数，例如精细结构常数α，由是误入歧途。其实那正是量子力学的黄金时代，而他才不过四十来岁，仍然是大有为之年。

样，他对没有明确解决路向的崭新问题（例如大量涌现的各种粒子）不再感兴趣，因此变得孤立和疏离于年轻一代[1]。多年来，他和理论物理及应用数学系的关系因此变得相当尴尬和冷淡——而当流体力学专家巴彻勒（George Batchelor）在1959年当上系主任之后更变为水火不容[2]。他的悲剧，也就是了解狄拉克夫人讲词的关键，即在于此。

他并非唯一遭遇如此吊诡命运的人。牛顿对剑桥也毫无感情：在那里待了三十五年之后，他一旦在伦敦谋得铸币局主管的高职就决然离去，略无留恋。同样，在卢卡斯讲席上度过三十七年之后，狄拉克决定搬到佛罗里达去的时候显然如释重负：他对剑桥大学还算藕断丝连，同意保留在圣约翰学院的院士衔，但和自从60年代起就从来不涉足的物理学系则形同陌路，断然拒绝保持任何联系。这样看来，对他们两位物理学巨人而言，"先知在家乡不受尊敬"的说法都是适用的了。不过，历史总是公平的：他们都在西敏寺找到安息或者落脚之地，有麦克斯韦、达尔文、卢瑟福等为邻[3]。

2021年2月8日

---

[1] 在50年代狄拉克已经不再熟悉当时的粒子物理学了，以致他从前的学生和当时的同事John Polkinghorne把他说成是在系里面"无关重要"（irrelevant），见前引 *The Strangest Man*, pp.365, 374.

[2] 狄拉克曾经将流体力学前驱斯托克斯（George Stokes）称为"二流卢卡斯教授"，由是得罪了在同一领域的巴彻勒。后者当权之后狄拉克就失去了原来的办公室和停车位置，因而大受刺激。见前引 *The Strangest Man*, pp.365.

[3] 其实狄拉克葬于佛罗里达州的塔拉哈西。西敏寺的主任牧师开头以狄拉克是个"积极无神论者"为由而拒绝达利兹（Dick Dalitz）等科学家在该寺为他立纪念碑的请求。后来新任牧师改变决定，遂于1995年为他举行了纪念仪式，那其实也只比规定所要求的去世（1984）之后十年略多一些而已。很恰当地，他的纪念碑石和牛顿、达尔文的墓碑邻近，他卢卡斯讲席的后任霍金（Stephen Hawking）则在仪式上致辞。见前引 *The Strangest Man*, p.415.

第二辑

究天人之际，通古今之变

——余英时《论天人之际：中国古代思想起源试探》读后

初次接触到牛津教授道斯（E. R. Dodds）的新书《希腊人与非理性》，已经是半个多世纪之前的事，当时觉得书名很吸引人，读来也似乎顺理成章，但整体意义却摸不着头脑，只好搁置一旁。将近四十年后，蒙余英时教授相赠长篇论文预印本 Between the Heavenly and the Human（1998），其中特别引用道斯的大作，方才有拨云雾见青天，豁然开朗之感。余先生的文章已经很完整，却迟迟未见发表，似乎颇有藏之名山，以待来者之意，日久就不免淡忘。直到最近两三年，才又不时听到此文行将扩展为中文专著出版的消息，而重新燃起先睹为快的期待。因此，上月此书出现于案头的时候，心中泛起"千呼万唤始出来"之感是再也自然不过。算起来，余先生这本《论天人之际：中国古代思想起源试探》（台北：联经出版公司，2014）从最初构思、酝酿以迄今日面世，已经相隔十六七年光阴，即使撇除他埋首于《朱熹的历史世界：宋代士大夫政治文化的研究》那几年不计，亦可谓"十年辛苦不寻常"矣。

此书与《朱熹的历史世界》迥然不同，篇幅不及后者的四分之一，作者所花时间、精力，似乎反而加倍，这是什么缘故呢？此中关键当在于本书"引论"劈头提出来的大问题，即传统"天人合一"观念的确切意义何在。也就是说，到底何谓"天"，何谓"人"，何谓"合一"？历来对此问题的讨论、著述可谓汗牛充栋，浩如烟海，而观点则南辕北辙，各出机杼，迄无定说。余著独特之处在于：首先，它虽然是一部思想史，与传统哲学观念有着千丝万缕的关系，但出发点则牢牢立足于史学，处处以证据为依归，有意识地抗拒了以观念释观念，或求观念之发挥的倾向。其次，它所应用的材料虽然以传世典籍为主，但又竭力突破此藩篱，征引了大量最近出土的文献。第三，它所援引的观念、论点远远超出国学传统，最明显的是以雅斯贝斯（Karl Jaspers）的"轴心突破"（axial breakthrough）为整体理论框架，并且大量引用日本和西方学者论著、意见，乃至萨满教（shamanism）与古希腊宗教演变的关系。纵观全书，其格局实不啻布下天罗地网，将上述中心问题层层包围，以狮子搏兔之势将它诡谲变幻、隐藏在重重历史障雾之中的真面目锁定，以求能够将之暴露于光天化日之下。所以问题虽然古老、简单，广为人知，但唯其如此，要探幽析微，发千古之覆，以求得确切不移的答案，那有如庖丁解牛，自须视为止，行为迟，踌躇斟酌再三。英时先生以十年辛苦方得完成此大业，其中道理可能就在于此吧？

那么，此书对"天人合一"问题所得到的解答究竟为何呢？粗略而言，"天人合一"观念开始于远古巫文化的"降神"，至终则蜕变为孔、孟、荀、老庄等古代哲学家所倡导的精神与道德修养。这蜕变是个曲折漫长的过程，它所代表的，就是雅斯贝斯的所谓"轴心突破",即人类多个主要文明在大约公元前8—前4世纪间,所各自发展的精神觉醒与哲学化运动。在中国,通过此运动,"天""人""礼乐""德""道"等关键观念都发生了革命性的巨大变化。因此,从世界文明发展角度看来,此书正是一部"轴心突破"展现于中国的历史。

这段历史相当错综复杂,根据余书的分析,它大致经历了五个不同阶段。在远古即"民神杂糅"时期,"天人合一"指巫文化的"降神",亦即上天神灵通过巫师作法,降附于人身,这是一般民众为祈福、问卜而普遍举行的仪式。到第二阶段,邦国出现,遂有颛顼"绝地天通"的故事,它意味与"天"交通亦即向天帝或神祭祀、祷告、祈福、问卜的权力,为政治首领("余一人")所独占,并交由专业巫师阶层即所谓祝、卜、巫、史掌管。此体制至殷商而发展至极致,其时"天人合一"所意味的是:人间帝王秉承天神之命(即"天命")而奄有和统治天下。至于属第三阶段的西周,则是个过渡时期。周公"制礼作乐"之"礼乐"实际上是规格化的祭祀、祈福仪式;然而,由于周取代商这一巨大政治变革的冲击,其时又产生了"天命靡常",国君必须谨慎行事,亦即"修德"以保天命的思想。从公元前7世纪初开始,"德"的意义更逐渐从"得天授命"转化为"德行"即"良好行为"。换而言之,在孔子之前百年,各诸侯国之间已经出现了普遍而不断深化的"精神内向运动"。统而言之,以上三个阶段可以用原始形态宗教、政教结合和宗教转化为政治来概括;至于以下讨论的最后两个阶段,则可以用政治转化为哲学,和哲学的进一步深化来概括。

决定性的大转变发生于公元前6世纪,即孔、老、墨的时代。由于前一阶段的发展,以及周命衰微,诸侯崛起,礼崩乐坏的冲击,"天人合一"观念遂出现革命性变化。"天"从具有意志、主宰祸福的上天神灵,转化为充塞天地之间的精神实体,亦即"道""德",或抽象的、象征宇宙最高道德秩序的"天"。"人"从君主一人,转化为普遍的、不论贤愚贵贱的个人,更从外在个体,转化为内在心灵。因此,新的"天人合一"转化为天道与人心的结合,亦即个人的精神修养。换而言之,此时出现了一个脱离、突破巫文化,追求个人精神觉醒与解放的运动。至于精神修养的方法、意义,则有各种不同见解、主张:儒家宣扬"求仁",老庄提倡"得道""与天地精神相往来",不一而足。这种激烈竞争的状况就是《庄子·天下篇》所谓"道术将为天下裂",倘若用雅斯贝斯的语言来说,就是"轴心突破"。在"突破"之后,"天人合一"观念还有进一步发展,即"宇宙气化论"的出现。这是孔子之后,公元前4世纪发展出来的新观念,它的核心是:人与宇宙整体主要是通过"气"来发生互动——那也就是在《孟子》《庄子》《管子》哲学中分别占据中心位置的所谓"浩然之气""天地之一气"和"精气"。这最后亦即第五阶段意味着中国"轴心突破"的完成。但在此之后,中国哲学所讲究的精神修养方法与巫文化在底子里仍然相通,仍然有千丝万缕的关系。例如"养气""游乎天地之一气",以"心斋"来集气,借"精气"以畅通思想等观念、构想,其实隐隐约约仍然是古代巫师"降神""通神"观念的转化。

  以上是中国"轴心突破"过程极其简略的一个介绍。这突破有三个独特形态,是余书以浓墨重彩论述的,颇值得在此一谈。首先,是"礼乐"观念之演变为贯穿整个轴心时代的一条重要线索。

在古代，"礼乐"（亦合称为"礼"）即是宗教仪式，但到了殷周之际，其意义开始发生基本变化。周公"制礼作乐"的意义在于"礼者德之则"，而"'礼'和'德'是互为表里的"（余书93页）；周公对成王的告诫则以"敬德"（累积德行）为主。换而言之，代表宗教的"礼"已经渗透了政治含意，即与关心民生、民食的"德行"分不开了。这变化所代表的，是"从'天道'向'人道'的移动"（94页）。至于"礼"的意义再次发生革命，用英时先生原话说，是"孔子不断寻求'礼之本'而归宿于'仁'……它可以说是孔子从哲学角度重新阐释礼乐实践的最后完成……也标志着儒家轴心突破的开端"（98页）。换而言之，代表政治秩序的"礼"渗透了深刻的内在修养含意，而变成与衡量个人行为准则的"仁"分不开，因此"'仁'与'礼'虽有内外之别，但必须合起来才完整"（104页）。这可以从孔子"克己复礼为仁，一日克己复礼，天下归仁焉"这句名言得到最明确的证据。因此，"礼"的意义经过了两次大变动：首先是从宗教挪向政治，再是从政治挪向内心修养。

其次，是孔子与古代礼乐传统的复杂关系。余书强调，这有两个对立的面相。一方面，"子不语怪、力、乱、神"，强调"未能事人，焉能事鬼"，也就是说，孔子毕生致力于抗拒乃至超越巫文化："中年以后作为轴心突破的一位先驱，他自然是以礼乐传统作为思想或哲学突破的主要对象。"另一方面，从《论语》和史籍中的记载，却又可以找到孔子深受古代宗教包括巫文化深刻影响的大量证据，这和他为殷商遗民与崇拜周公不无关系，甚至，也可以说是他获得强烈使命感的由来——因为"巫传统的'通天地'……使他终于能发展出人得以个人身份，自由而且直接地，与'天'交通的构想"。因此，对传统"他采取了重新诠释而不是全面拒斥的态度"（166—168页）。将这两方面合起来看，便可以说孔子虽然致力于建立新传统，但仍然是深深植根于旧传统而并没有与它决裂。这显露了中国文化的一个重要特点，即其强大的延续性，因此，与其他文明相比较，中国的"轴心突破"表现得最为温和与渐进。

最后，则是以"内向超越"来作为中国"轴心突破"亦即整个哲学运动的特征。所谓"内向超越"是和西方特别是希腊哲学的"外向超越"作对比，而"超越世界"（transcendental world）则是和现实世界相对的。余书所举"外向超越"的显例是柏拉图的"理念"（idea）世界，即在我们熟知的、杂乱无章、变动不居的现实世界以外，还有由一套永恒不变、迥异尘寰、清明崇高的"理念"（idea）所构成的世界，那可以说是"外向超越"最典型的例子。余先生所未提及的，以色列的全知、全能、全在之上帝，当然也是同样突出的另一个例子。与此相反，中国哲学家的"超越世界"一般都以"道"为名：它虽然不同于现实世界，两者却又紧密相连，不可截然划分，其间关系可用"不即不离"来形容，这就是所谓"内向超越"。这种若即若离的关系见之于《中庸》引孔子说"道不远人"，《孟子》所谓"道在迩而求诸远"，庄子所谓道"无所不在"，甚至在卑下如尿溺之中。至于《尚书·大禹谟》以"人心惟危，道心惟微"来说明"人"与"道"两者之间的微妙关系。而《荀子·解蔽篇》以盘水的清浊是否分明只视乎其有无受到扰动来说明"人心"与"道心"其实是一"心"的两种状态，当更是"内向超越"的最好说明。

英时先生此书篇幅不多，但结构紧密，内容瞻富，论证綦详，我们所在此,就只能够粗陈大意如上了。但结束之前,有一些想法,正好趁此机会向英时先生和读者请教。这主要在于"内向超越"这个经常为学者提及的观念之确切意义。

所谓"超越"(transcendental)一般指存在于我们所熟悉世界以外,带有未知意义的某种完美境界。柏拉图的理念世界与"现实世界"对立,两者截然不同(虽然不能说毫无关系),称之为"超越世界",或者进一步定性为"外向超越",那既顺理成章,也十分容易明了。但所谓"内向超越"究竟是什么意思呢?余书第七章专论"内向超越",其中有这样的话:"每一文明在轴心突破以后,它的超越世界便成为精神价值的终极源头。就中国的独特情况而言,这一超越世界非它,即所谓'道'是也。"(220页)然而,作为价值源头的"道"如何可以得到呢?下文强调两点:第一,道不远人,它就在人伦日用亦即日常事物之中;第二,求道必须转向个人内心,即孔子所谓"我欲仁,斯仁至矣",孟子所谓"尽心知性"(226—230页),那也就是"道心"与"人心"的合一,两者是"不即不离"的(250—252页)。

问题是:倘若道在人心,那么它和个人的日常心思究竟有何区别?人如何能够"超越"自己的心?余书对此没有多所论述,理由可能在于:《论语》《孟子》触及这问题的地方很多,似乎不必费辞了。例如孔子所提到的忠、恕、恭、慎、勇、直、信等美德,以及"博施济众"的理想,孟子论及恻隐、羞恶、辞让、是非之心的四端说,等等,都为抽象的"仁心"或者"道心"提出了具体的含义和标准。但这并不完全解决问题。即使我们完全同意,这些圣贤之道的确如孟子所说,是人心所本有,不假外求,圣人只不过是为我们指点迷津而已,那我们还是免不了要追问:圣人的指点是必需的吗?抑或人人(最少在原则上)可以自行悟道?倘若是前者,则似乎不能够称为"内向超越",因为那样的话,圣人就不再是"凡人",他和秉承神意的先知,或者自称为"神之子"的救世主,就没有基本分别了。但倘若是后者(亦即人皆有"超凡"而"入圣"的可能),则个人各自所悟之"道",又如何保证必然能够相应和融合,成为天下共有的大道呢?

要解决这个问题而不借助于外在世界,即在人心以外另寻"超越世界"为立足点,余书所引《朱子语类》那一段话可能提供了重要启示:"只是仁在内,为人欲所蔽,如一重膜遮了。克去己私,复礼乃见仁。"(104页)这里提到的"人欲"和"己私"无疑立刻会使我们想到对立的"天理"和"公心"。那么,"内向超越"的真正意义岂不就在于超越个人的"己私"以趋向"公心"吗?至于所谓"公心"或"天道"也者,岂非也就是由极少数(日后成为圣人的)聪明睿智之士,从人心的日常表现所发现和提炼出来,并且至终得到社会整体接受和认同的伦理道德准则吗?换而言之,"内向超越"无非就是超越"小我"之私,以成就"大我"之公,进而肯定"人同此心,心同此理",这一国人极其熟悉的观念而已。

倘若以上的看法不无道理,那么我们也许还可以进一步说,中国和西方"超越世界"的基本分别在于:中国趋向于集体或群体主义,以社会整体本身为价值根源所在;西方特别是希腊和希伯来文明则趋向于个体主义,以哲人、先知所宣示的,完全立足于社会以外的"神意"或者"宇宙""自然奥秘"为价值根源所在。这一基本分野也许就是为什么欧洲在经历了漫长的、奉行基督教会集体主义的中古时期之后，居然会迎来以个人与神直接沟通为基调的宗教改革，乃至以个人意志与自由之极度发挥为基调的启蒙运动的原因吧？

英时兄毕生究心于中国思想史探索，从新亚时代算起已经不止一个甲子，在此漫长岁月中所梳理、考证过的大大小小，各种性质、类型的古今题材可谓洋洋大观，遍及中国文化思想的各个方面和层面，由是而获得学界的一致敬仰和推崇，正所谓实至名归，这是八年前他获颁"克鲁格奖"时候的公论。当时我在《二十一世纪》的祝贺短文说："人生棋局较之黑白世界更为宽广开放得多。先生的巨著（按：指论朱熹一书）相信不仅仅是'收官'，而还是开布新局，从而为中国文化创造更丰盛的世界……我们于先生尚有厚望焉！"现在，《论天人之际》不但带来惊喜，更使我们"喜出望外"。在英时兄的人生舞台上，倘若《朱熹的历史世界》可比压轴戏，那么此书正堪当大轴戏。可以说，有此书，太史公所谓"亦欲以究天人之际，通古今之变，成一家之言"方才得到确解、正解。因此，将此名言移赠于英时兄，是再恰当没有了。

2014年暮春于用庐

试论两种"超越世界"观念暨其近代演变

"内向超越"的观念最先是由余英时先生在三十年前提出[①]，当时他称之为"内在超越"，以与西方的"超越"（transcendence）观念相较，后者则称为"外在超越"。他指出，无论在中国抑或西方文明，价值源头都被认为是先于天地或超乎人间的：在中国它是"天"或者"道"，在西方则是柏拉图的"理念"或者基督教的"上帝"。因此，最初两者并无根本之不同，但日后则形成了日益明显的分别。因为西方凭借"理性"（例如希腊人）或者宗教信仰（例如希伯来人）来探索、辨明此源头的究竟："中古圣多玛集神学的大成，其中心意义即在于此。西方的超越世界至此便充分地具体化了，人格化的上帝则集中了这个世界的一切力量。上帝是万有的创造者，也是所有价值的源头。"而中国人则毋宁采取存而不论，不加深究的模糊态度，只着力于自身的反省和完善，所以"中国的超越世界没有走上外在化、具体化、形式化的途径"。其各自发展的结果，便形成了"外在超越"与"内在超越"的分别[②]。此书重点

[①] 余英时《从价值系统看中国文化的现代意义》（台北：时报文化，1984）。
[②] 见上引《价值系统》第18—27，47—50页。

在阐述中国文化在当代世界中的根本价值何在，上述"两种超越"之说主要是为两种文明的价值系统搭个架子，对其含义并未展开讨论。

最近余先生综合多年来有关"天人合一"问题的研究与思考，写成《论天人之际：中国古代思想起源试探》这部划时代作品，对中国古代巫文化如何通过"轴心突破"蜕变为孔、墨、老等古代哲学思想，以及此等思想其后的发展与特色，作了一番完整、细密、以史实为依归的考证与论述。此书的出版可谓中国古代思想研究一大盛事，一里程碑，笔者在六月间曾撰文评述。此书最后一章重新讨论超越问题，但将中国与西方的超越境界分别改称"内向超越"与"外向超越"，以显明其内外之分是方向性而非实体性的。对此我深感兴趣，在上述评论中提出了一些问题和初步想法，现加扩充，并且参证余先生另一部近作①，草成此文。

一、内向超越观念的提出

在西方传统中，"超越"（transcendental）境界一般指在我们所熟悉的，通过观感而认识的现实世界（即所谓观感世界 the sensible world）以外，另外存在的未知或者想象境界。它是完美和超乎现实世界之上，乃至与现实世界对立的，两者截然不同——虽然并非毫无关系，称之为"超越世界"，或者定性为"外向超越"，那顺理成章，十分明了。柏拉图在《理想国·国家篇》中提出著名的"洞穴

---

① 余英时《宋明理学与政治文化》（台北：允晨文化出版公司，2004）。

比喻"（The Parable of the Cave），将一般人所熟悉的现实世界比喻为终身锁定在阴暗地下洞穴中，有如囚犯者，在洞穴墙壁上所见外界事物之模糊投影；而将心目中的超越世界比喻为能够挣脱锁链束缚，走出洞穴的少数哲人，在强烈阳光照耀下所能够明察的亮丽万物。这些哲人虽然有责任返回洞穴将那更亮丽、"更真实"的世界向一般人描述，但后者之不可能了解和坚拒相信此另一世界则不待言①。又例如，耶稣在受难前夕对门徒说："你们心里不要忧愁，你们信神，也当信我。在我父的家里有许多住处……我去原是为你们预备地方。我若去为你们预备了地方，就必再来接你们到我那里去。我在那里，叫你们也在那里。"②此处所谓"父家住处"和他为门徒预备的"地方"所指，自然就是与尘世截然不同的"天家""天国"，它的意义乃至特征日后成为西方文明中不断探索、讨论、想象、描述的题材。统而言之，西方的超越世界虽然与现实世界有若干交涉，但其立足点并不在现实世界——恰恰相反，它是杂乱无章、变幻无常的现实世界亦即观感世界之所依托，亦即其背后的永恒不变之真实，甚至为其终极目的。因此，在柏拉图看来，观感世界只不过是理念世界的不完美反映，正如我们实际画出的三角形是几何学所假设的完美三角形之反映；而在耶稣看来，尘世的一切都不重要，唯一重要的，只是如何准备和迎接那不知何时会发生，"犹如盗贼之到来"的"天国降临"而已。

另一方面，所谓"内向超越"又是什么意思呢③？《论天人之

---

① *Republic*, pp.514–517（Book VII）.
② 《约翰福音》第14章1—3节。
③ 此段以及下一节开头三段基本上取自本书作者的《究天人之际，通古今之变——余英时〈论天人之际〉读后》一文，唯经修订，特此说明。

际》第七章专论"内向超越",其中有这样的话:"每一文明在轴心突破以后,它的超越世界便成为精神价值的终极源头。就中国的独特情况而言,这一超越世界非它,即所谓'道'是也。""先秦诸子的'道',在内涵上虽然各有所偏重,但其有超越世界的功能则在各家是一致的,也就是价值根源的所在。"然而,作为价值源头的"道"如何可以知道,得晓呢?下文提出了它的两个特征:第一,道不远人,它就在人伦日用亦即日常事物之中,例如《中庸》所谓"道不远人",《孟子·离娄上》所谓"道在迩而求诸远",《老子》三十五章"道之出口,淡乎其无味",《庄子·知北游》所谓道"无所不在",甚至"在尿溺",等等。第二,求道必须转向个人内心,即孔子所谓"我欲仁,斯仁至矣",孟子所谓"尽心知性",那也就是"道心"与"人心"的合一,两者"不即不离"[①]。因此,"内向超越"所指,就是人自己的内心。

二、儒家"内向超越"的终极依归问题

但儒家的"内向超越"观念似乎面对一根本问题:倘若"道"就在人心,那么它和个人的日常心思究竟有何区别?人如何能够以自己的内心为终极价值所在,同时又超越它?《论天人之际》对此没有多所论述,我们猜想,理由可能在于:《论语》《孟子》等轴心时代的经典著作触及这问题的地方很多,因此大可不必费辞。例如孔子在《论语》中所提到的忠、恕、恭、慎、勇、直、信等美德,以及"博

[①] 分别见前引《论天人之际》第220,226—230及250—252等各页。

施济众"的理想,《孟子》论及恻隐、羞恶、辞让、是非之心的四端说,等等,都已经为抽象的"仁心"或者"道心"提出了具体含义和标准。这诚然如此,但却不完全解决问题。即使我们完全同意,这些圣贤之道的确是人心所本有,不假外求,圣人只不过是为我们指点迷津而已,那我们还是免不了会发生下列疑问:圣人的指点是必需的吗?抑或人人(最少在原则上)可以自行悟道?倘若是前者(即唯有圣人方能见道),则似乎不能够称为"内向超越",因为那样的话,圣人就不再是一般的"人",他和秉承神意的先知,或者自称"神之子"的救世主,就没有基本分别了。而倘若是后者,亦即人皆有"超凡"而"入圣"的可能,则人人各自所悟之"道",又如何能够保证其不会相互矛盾,而能够彼此融洽相应,成为天下共有的大道呢?

我们如何能够解决上述两难而不借助于外在世界,即在人心以外另觅"超越世界"为立足点呢?余先生所引《朱子语类》的一段话可能是个重要启示:"只是仁在内,为人欲所蔽,如一重膜遮了。克去己私,复礼乃见仁。"这里提到了"人欲"和"己私",这两个词无疑立刻会使我们想起与之对立的"天理"和"公心"。那么,"内向超越"的真正意义岂不就在于超越个人的"己私"以趋向"公心",也就是令"人欲"提升为"天理"吗?至于所谓"公心"或"天理""天道"也者,岂非就是由极少数(日后成为圣人的)聪明睿智之士,从人心的日常表现所发现和提炼出来,并且至终得到社会整体接受和认同的伦理道德准则吗?从此观点看来,所谓"内向超越"无非是超越"小我"之私,以成就"大我"之公,并且因此得以进入"人同此心,心同此理"之境界而已——这些自然都是国人耳熟能详的观念了。

倘若以上看法不无道理,那么也许我们可以说,中国和西方

"超越世界"的基本分别就在于：中国趋向于群体主义（communitarianism），将价值根源寄托于社群或者社会整体；西方特别是希腊和希伯来文明则趋向于个体主义（individualism），以哲人、先知、"神之子"所发现，所宣示，立足于社会以外的"神意"或者"宇宙""自然奥秘"为价值根源所在。最少，这可以视为两种不同的"超越世界"观念在兴起之初的分野。

三、老庄是否属"内向超越"的问题

以"个体主义"和"群体主义"来判分"外向超越"与"内向超越"很自然地令我们触及另一问题：在中国哲学流派中，老庄一向被认为较注重个人，特别是人的独立思考，以及个性的涵养与发挥，那似乎应该属于"外向超越"的境界，这和《论天人之际》认为他们的"道"仍然是"不远人"而存在于"人伦日用"和人的内心之中，因此也可以归入"内向超越"的范畴，就颇不一样了。在这方面，《论天人之际》的论证比较简略，似乎只限于前述《老子》三十五章和《庄子·知北游》两个例子[1]。另一方面，我们要指出，就《老子》而言，它有名言"人法地，地法天，天法道，道法自然"（二十五章），这里所谓"道"虽然奥妙难以名状，但须求之于"自然"，亦即自然运行规律，那在书中有许多比喻、解说，但和"人伦日用"或者反求诸人内心之所得者，似乎都不相同。至于庄子，《论

---

[1] 前引《论天人之际》第250—252页还讨论了《荀子》所引《道经》有关人心与道心关系的片段，但判断此《道经》并非出于《老子》或者道家，而很可能是儒家作品，故此处可不论。

天人之际》第二章亦承认,"早期道家,尤其是庄子竭力向我们人类表示,在我们通过观感和智力所了解到的现实世界之上,还存在着一个更高的精神世界。不必说,这个精神真实实际上就是'道'的世界"。显然,那也就是《逍遥游》中"无所待"的"至人"和藐姑射山的"神人",还有《大宗师》中"古之真人"的世界。而且,《论天人之际》进一步说,那个想象世界和"此世"的分野"在庄子的著作中,比起在其他任何地方,得到了更系统化、更尖锐的表现"①。当然,此章末了强调:庄子对此世的负面态度并不彻底,他仍然需要此世作为阶梯,以攀上更高的"道"之王国,因此道家的突破仍然不曾跳出"内向超越"的格局。然而,我们当亦会想到,即使是柏拉图的理念世界或者耶稣的天国,亦同样要与现实世界保留重要关系,两者并非完全隔离。因此,在我们看来,老庄的超越境界到底是否属于"内向超越"类型,是颇为值得商榷的。

无论如何,在下文我们将看到,就两种"超越世界"观念在历史中的发展而言,其实它们都并非固定,两者都会因为受外在因素影响而出现巨大变化,而且,很吊诡地,最后都会趋向于相类似的结局。

四、"内向超越"观念的演变

现在我们沿着余先生另一部近作《宋明理学与政治文化》的脉络,印证和发挥以上对"内向超越"的看法②。此书是余先生扩充十

---

① 前引《论天人之际》第117—120页。
② 此书第三、第四章用了大量篇幅论证道学的兴起与唐代古文运动以及佛教新运动的关系,因与本文主旨无关,故在此不论及。

年前巨著《朱熹的历史世界》的导言而成，它的基调是：无论宋明，理学家的基本趋向都不能够脱离现实政治的深刻影响。宋代君主愿与士大夫共治天下，因此理学的主要课题是如何从"内圣"开出"外王"；明代君主厉行独裁，"得君行道"不再可能，由是导致王阳明的"彻悟"，理学的主要课题因而演变为专注于个人内心修养，即"致良知"。问题是：这两个理学的核心观念能够与我们在上面所提出的"内向超越"解释架构相衔接吗？

宋代理学以程朱为宗。就程颐而言，《宋明理学与政治文化》引《周易程氏传》"人君当与天下大同，而独私一人，非君道也""以天下大同之道，则圣贤大公之心也。常人之同者，以其私意所合，乃昵比之情耳……能与天下大同，是天下皆同之也"等语，得出以下结论："'与天下大同'的'外王'必须以'大公之心'的'内圣'为基础。"[①] 就朱熹而言，该书讨论"朱熹如何在'形而上'的构造中安顿'君'的位置与功能"，征引多条《朱子语类》之后得出如下结论："人君的'纯德'主要体现在'去私意、立公心'上面，此即他所常常强调的'存天理，灭人欲'。此说虽以普遍命题的形式出现，但其针对性则在人君与士大夫……换句话说，他理想中的人主也是无为而治的虚君。"[②] 换而言之，以程朱为代表的宋儒其政治哲学之终极标准是在于天下之"大公"或者"大同"，而其所以达到此标准的途径则不外乎"去私心"或者"灭人欲"——亦即是超越个人的所见、所爱、所欲，以整个社会的需求、期望为至终价值的依归。所以，在自内圣而达外王的过程中，"内向超越"所要

---

① 《宋明理学与政治文化》第216—217页。
② 《宋明理学与政治文化》第241—242页。

"超越"的便是个人(无论其为虚君抑或贤相)的私欲、私见,所要臻登的"彼岸"便是群体亦即社会整体所共同认可的政策、举措,亦即是其所共同期待的太平盛世。当然,这个契合毫不奇怪:它是必然的,因为我们最初对"内向超越"的解释根本便是从《论天人之际》所引《朱子语类》得到启发。

但用同样的架构去看明儒就大不一样了。《宋明理学与政治文化》强调,王阳明在"得君行道"的上行路线断绝之后,便改循"觉民行道"的下行路线,以求天下之大治。不但如此,而且"他更向前跨出了一大步,直接将'良知'与'天理'等同起来,终于完成了把'理'完全收归内心的程序"。但这样一来,良知说便产生了两层激进的社会含义。首先,它把"理"从"士"的垄断中解放出来,成为社会上人人所能拥有:"因为'天理即良知',而'良知'本是人人都有的。"其次,它更"将'公共'的'理'分散给每一个人"[1]。这是个惊人的巨变,因为如此一来,以社会整体为依归的价值根源便无可避免地被碎片化,也就是彻底摧毁了!事实上,王阳明已经很敏锐地看到此后果:"于是'天地万物之所公'的外在之'理',在良知系统中转化为个体化或'私'化的内在之'理',高下大小各不一样。所以'致良知'之教必然默认对个体价值的肯定。"这推扩到极致,便成为阳明所宣称的"夫学贵得之心。求之于心而非也,虽其言之出于孔子,不敢以为是也",这就是余书所惊叹的"就儒家而言,可谓开两千年不敢开之口"[2]。

对"内向超越"来说,王阳明所这一转向其实是灾难性的:因

---

[1] 《宋明理学与政治文化》第316—320页。
[2] 《宋明理学与政治文化》第320—324页。

为既然"天下大公"之理甚至圣人之言作为价值根源的地位在原则上都被否定，既然人人都可自认其各自的良知为至理，为天下之正道，那么也就等于承认，个人之所见、所欲、所爱是不须也不必超越的——它本身就已经是价值之源。但这样的话，我们所试图为"内向超越"建立的立足点（即群体主义）也就被摧毁、消解，而再没有确切的，为社会共同接受的意义。那么，我们岂非不得不接受《庄子·齐物论》"彼亦一是非，此亦一是非"之说，甚至对《中庸》所谓"小人而无忌惮"恐怕亦将束手无策？既然"满街都是圣人"，那么判分君子与小人的客观标准自然也不复存在了。这似乎是将"内圣"观念"去政治化"，亦即与"外王"脱钩而收归个人，所必将带来的后果。

当然，这只是逻辑推理如此，在实际上，理学家群体恐怕仍然会继续以自己的学养、见识，以及对孔孟程朱等先圣先贤的了解作为判分君子与小人的标准，而不见得就拿贩夫走卒各自体验的"良知"当真。不过，也不能一概而论，这或许可以从两个方面窥探到一些消息。首先，王门弟子流派繁多，学说纷纭，其中如王心斋（艮）门下，士人学者与平民百姓俱在网罗之列，因此恰恰就被黄宗羲断为"末流衍蔓，浸为小人之无忌惮"[①]。另一方面，如余先生在另一部著作中强调，明清商人的社会地位比宋代大幅度提高，而且日益渗透儒学精神，以致王阳明有所谓"新四民论"，认为"古者四民异业而同道"，"虽终日作买卖，不害其为圣贤"[②]。倘若说，

---

① 王宗羲《明儒学案·师说》（北京：中华书局，1985）第12页。
② 余英时《中国近世宗教伦理与商人精神》（台北：联经，1996），特别是第89—94、第104—108页。

这两种现象都是"内向超越"的"碎片化"亦即其共同准则之瓦解、消融的必然结果,也许并不为过。

五、"外向超越"观念的演变

令人意想不到的是,西方的"外向超越"在发展中也不断出现共同准则缺失乃至崩溃情况,而尤以具有独一无二教主的基督教为甚①。在它过去两千年的历史当中,其教义的分歧、争论、斗争可谓连绵不绝,鲜有间断。事实上,在它为罗马帝国所接受之前,即仍然处于民间宗教的阶段(公元2—3世纪),有关耶稣属性(即其为神,为人,抑或两者兼而有之)以及其不同属性(即神性与人性)之间关系的各种论争已经展开②。在4世纪初它成为罗马国教之后,相类似争论进一步猛烈爆发。这导致了君士坦丁大帝所召集,全帝

---

① 柏拉图的思想、学说对后世的影响非常广泛深远,但始终没有(像儒学那样)成为政治或者宗教体系的一部分,所以此不具论。事实上,柏拉图学说本身就是毕达哥拉斯教派的延续和发挥,而在后世,两者都是通过新毕达哥拉斯学派(Neo-Pythagoreans)和新柏拉图学派(Neo-Platonism)得以传承,并且它们对基督教的发展在其酝酿阶段与早期都有千丝万缕关系。此中细节相当复杂,拙著《继承与叛逆:现代科学为何出现于西方》(北京:生活·读书·新知三联书店,2009)第239—255页有简略介绍。
② 基督教在形成之初(公元2—3世纪间)与所谓"诺斯替派"(Gnosticism)曾经有长期斗争,此中情况历来模糊不清,但由于1945年在上埃及 Nag Hammadi 发现了成书于公元2—4世纪间的原始《科普特诺斯替经卷》(*Coptic Gnostic Codices*),我们因此得知,所谓诺斯替派不但包括基督教外部的异端,也有大量起源于其内部的支派,而后来被判为异端者,例如曼达教派(Mandaeanism)。经卷中更有大量早期基督教文献后来被排斥于正统《新约圣经》以外者,例如《多玛福音》《真理福音》《腓力福音》《埃及人福音》等,它们赋予了这些已经消失的早期教派以完全不同于正统基督教的色彩,例如着重"真知"多于信仰和救赎,显示耶稣还有女性化的一面,等等。这些经卷已经有下列英译,其中并附有详细研究与评论:*The Nag Hammadi Library in English*(San Francisco: Harper & Row, 1988)。

国三百多位主教都参加的首次宗教大会,即尼西亚公会议(325)。此会最后订立《尼西亚信经》(Nicean Creed)作为总结。此过程也树立和确定了教会与政治密切结合,以及通过制定信条来解决教义争端的模式。事实上它等同于以"外王"来统驭"内圣"。但这并不能够一劳永逸:在此后数百年间,新争论乃至以新形式出现的旧争论仍然不断爆发,上述解决模式被一再重复,每趟论争失败的一方照例被判定为异端(heretic)而被迫流亡中东、波斯,以迄7世纪西罗马帝国灭亡为止。罗马天主教会的"正统"地位,包括其信条与神学,便是通过这长期的宗教-政治斗争建立起来的。因此,基督教虽然在起源上具有典型的"外向超越"亦即"个体主义"性格,但在它长期发展的历史中,则被迫将其理念建立在群体即罗马教会(它是通过传统而建立并且获得正当性与合法性的)之上,而非仅仅建立在个别圣人、神人的教训(即《新约》的《四福音书》)之上。在这点上,它和中国的"内向超越"其实并没有根本分别。

然后,到了近代,基督教出现了另一个大转折,它和明代儒学的大转折有惊人的相似与巧合,那似乎尚不多为人注意。马丁·路德(1483—1546)与王阳明(1472—1529)同时代而略晚十年,他发动宗教改革(1517)比之龙场驿悟道(正德三年,1508)亦同样晚了十载。而且,宗教改革的基本信念与王阳明在龙场驿所悟之道亦竟然有惊人的相通之处。宗教改革的基本信念到底是什么呢?众所周知,那无非就是:个人有直接与神沟通亦即是阅读和解释《圣经》的权利,不容庞大的、在历史与传统中累积和成长的教会(即罗马天主教会)横亘其间。就基本精神而言,这与王阳明之强调

"天理即良知"如出一辙，而其后果与我们前面所指出的"无是非"和"无忌惮"也不无相似，只是更为轰动激烈，对政治的影响也更为重大和深远。经过了延绵百余年的宗教战争之后，原来一统的天主教教会彻底分裂了，在新教国家中它蜕变为无数大大小小、林林总总的新教教会、教派。因此，原本被认为超越尘世以外的价值根源亦同样幻灭，破裂为百数十种各不相同，乃至积不相容的理想与追求。

换而言之，即使像基督教那样具有客观标准（即《四福音书》所记载的耶稣生前教训）而完全立足于现世以外的理想境界，实际上仍然不可能在一个高度发展的文明（即经历了海外大发现和科学革命的十六七世纪欧洲）中，继续承担提供一统价值根源的重任。"道术将为天下裂"仍然是其不可逃避的命运。所以，这命运与"内向"或者"外向"并无必然关系，社会发展到某个程度之后，无论以何种理想来"超越"尘世，似乎都已经成为不可能。当然，这"不可能"是到了18世纪方才完全显明的：宗教战争与教派无止境的分裂和论争至终导致了全面反基督教的思想运动，即以理性替代信仰的启蒙运动。它的后果便是以个人（在思想上与生命取向上的）自由取代群体共同价值，亦即现代世界的"世俗化"（secularization）或韦伯所谓的"解魅"（disenchantment）。

六、结语

以理想中的超越世界（transcendental world）作为人类共同价值根源是雅斯贝斯在《历史的起源与目标》一书中所提出的"轴心时代"

之特征，那就是他所说的人类文明之"性灵化"（spiritualization）[1]。此书出版于1949年，其时世界刚刚经历纳粹与二战的大灾难，两大阵营的冷战亦正揭起序幕，因此雅斯贝斯不但对大众消费社会深感疑虑，对科技所带来的空前变革尤感不安。他认为"科技时代"只能够与古代农业文明相提并论，它所带来的只是空虚、外向、工具性，而亟须一个以内在精神发展为特征的"新轴心时代"来救济和充实[2]。这是一个活跃于大半个世纪之前的存在主义哲学家的良好愿望，但从今天看来，恐怕是不很实际的了。这最少可以从两个不同方向来论证。

首先，如我们在上一节所提到，公共价值根源的破碎、崩溃是社会经济活动发展到某个阶段之后所难以避免的命运。在西方，这与远航所带来的巨大财富以及资本主义的兴起有密切关系，其至终结果是"解魅"，即以个人自由与选择替代公共价值，以法律、法规替代公共伦理，建基于超越理念之上的宗教体制于焉崩溃，而那是18世纪的事情，远在科技发展猛烈冲击社会之前。换而言之，"轴心时代"巨大影响之所以结束，其根源是经济发展而非科技。

其次，科学在古希腊发展之初，也同样被视为价值根源，因为在毕达哥拉斯学派观念中，探究宇宙奥秘正是通往永生之道。虽然在后来的发展中（例如从亚历山大学宫时期开始），它已经逐渐脱离与学派的关系，也就是失掉充当价值根源的功能，而蜕变为纯粹理性的探究了。但现代科学虽然与价值无关，却仍然代表"外向

---

[1] 雅斯贝斯"轴心时代"与"性灵化"之说俱见 Karl Jaspers, *The Origin and Goal of History*, transl. Michael Bullock（New Haven: Yale University Press, 1953），德文原著为 *Vom Ursprung und Ziel der Geschichte*, 1949。

[2] 前引 *The Origin and Goal of History*, pp.123–140。

超越"的追求，因为大自然的规律正就是超越我们所见、所感纷纭万象之上，或曰隐藏于此等表面现象之后的少数根本法则。很奇妙地，这追求虽然是建立在许多聪明才智之士的个别努力与见解上，它却始终没有"道术为天下裂"的危险或者趋势，因为自然规律无论由何等伟人天才从纷纭万象抽取、提炼，其推论却必须能够反过来重新呈现此等现象，亦即通过"抽象"而获得的规律必须与现象本身符合无间。以宋儒语言来描述此关系，可以说"理一"的保证在于"分殊"其实本来就是一致的。在这个意义上，现代科技并非古代农业文明所能比拟，因为它是建立在对宇宙的深刻与全面了解之上。

轴心时代曾经是人类文明发展过程中一个极为重要的转折点。但那个时代已经过去，它所启动和塑造的古典文明，也由于经历了另一个同样重大的转折点，即科学革命与启蒙运动，而结束。那也就是说，人类文明已经发展到又一个崭新的阶段了。六十多年前雅斯贝斯还不能够意识到这个新阶段的来临，那不足为奇。但今日我们对此则再不可能有任何疑惑——至于我们对它的观感如何，是否能够掌握它，控制它和塑造它的未来，抑或会为它所迷惑和淹没，则是另一个问题了。

后记：此文原稿曾经提交香港城市大学中国文化中心于2014年7月25—26日举行的"朱熹与中国文化国际研讨会"，嗣经大幅修订和补充。本文蒙余英时先生于百忙中抽空阅读并提供宝贵意见，谨致深切谢忱，但文中谬误，自当仍然由作者负责。

试论西方地理大发现的文化与历史渊源

——兼及与中国的比较

一、绪论

西方文明从中古过渡到近代,是以十五六世纪之交的四桩大事为标志:奥斯曼人攻陷君士坦丁堡(1453)、古腾堡发展活版印刷(1455)、哥伦布发现新大陆(1492)、马丁·路德发动宗教改革(1517)。这些事件的重要性难分轩轾,但君士坦丁堡的陷落在表面上意味重大挫折,印刷术和宗教改革涉及内部发展与调整,唯有发现新大陆则完全不一样:它是西方文明走向世界、冲击世界的第一波。而且,在其后四百五十年间,它为西方的大扩张提供了典范,直到二次世界大战结束这模式方才被抛弃。因此深入了解这一事件很重要。我们需要深入探讨,到底是何种因素促成了绕航非洲直抵印度,以及发现新大陆那样的壮举,为何具有同样深厚根基和强大实力的中华文明虽然不乏相类似的远航,却没有作出同样发现,更没有因此而产生自身或者世界性巨变。这是个庞大题目,牵涉千头万绪,本文只是个初步尝试,以就教于高明,冀收抛砖引玉之效而已。

我们试图在此展示的是：促成西方如此壮举的诸多因素并非偶然，而是深深植根于其文明的源头，它们在历史上不断发生作用，至终反过来和机遇相结合，由是导致那些改变人类命运的大发现。因此，它们虽然不乏偶然性，却也具有某种必然性，是和西方文明本质息息相关的。那么，到底是何等基本因素促成了十五六世纪的地理大发现呢？我们认为，从历史上追寻，这大体上可以归纳成八项，属于古代的占两项，余者中古和近代各占三项。以下我们先就这些因素作一概述，以标出本文探究的主要方向。

我们所谓古代西方，是指从希腊文明出现（约公元前700），以迄西罗马帝国覆灭（476），也就是希腊、罗马、基督教等西方文明源头逐渐融合的时期。在这千余年间，有两个强大传统，是和日后地理大发现有密切关系的。首先，是冒险与征服精神，也就是怀着好奇与无畏心理去探索世界、发现世界、主宰世界。古代地中海文明本来就是由多次蛮族的大规模移民所建立，这种精神当与此历史根源相关。要说明这种精神，最清楚有力的莫过于荷马两部史诗，以及亚历山大大帝东征；但除此之外，也还有往往为国人忽略的多趟早期远航探险。第二个强大传统则是地理科学。它起源极早，可以追溯到公元前6世纪，其后在雅典和亚历山大城蓬勃发展，学者辈出，前后延绵七八百年之久。它的特点是理论发展与实际观察并重，而且两者密切相结合，最后产生了公元2世纪托勒密的集大成之作《地理学》。此书秉承"大地为球体"的认识，发展出经纬度观念，并且以此确定已知地域在地球上的位置。它在罗马帝国覆灭前后失传，到15世纪之初重新出现，哥伦布的壮举即直接受其影响。

所谓中古西方，则是从早期文艺复兴（约1100，指拉丁文翻译运动与大学兴起)以至近代之前(1400)。在这期间,与地理大发现相关的三个因素是:十字军东征、欧洲社会对于东方的强烈兴趣,以及航海指南图(portolan map)的出现。十字军东征与古代的远航和征服传统一脉相承,而宗教热忱则成为新的动力。后两个因素源于蒙古帝国的兴起:它混一欧亚,开辟万余里东西通道,使西方初次得知东方的广大富庶,从而生出钦羡之心;同时,火药、造纸术、指南针等中国技术因而西传,刺激了航海指南图的诞生。前者为远航提供新动力,后者则使得在茫茫大海中远航成为可能。

至于在近代促成地理大发现的三项因素,也都可以追溯到中古。首先,是伊比利亚半岛上的"光复运动"(Reconquistada),它在1500年左右大体完成。葡萄牙就是在此运动中诞生,并且以其精神立国的。原来的运动成功之后,直布罗陀海峡对岸的摩洛哥遂成为它下一个目标,因为那些摩尔人控制着源自非洲内陆的金沙与黑奴贸易,令人垂涎。很自然地,十字架与黄金就成了葡萄牙人开展远航探索的强大动力。但这种探索花费巨大而回报渺茫,一个蕞尔小国怎可能致力于这种不急之务,而且长期坚持下去?这就维系于它稳定的政治结构,以及航海家亨利亲王之坚忍执着,和因缘际会,生逢其时了。那是远航得以开展的第三项近代因素。

以下我们就环绕这八个因素展开讨论。但单独讨论西方并不能够真正回答上述核心问题,因为何以中国其实也具备了相类似的条件,却未能作出同样的大发现?故此本文还要花相当篇幅来讨论中国的相应问题,以作比较。我们将会发现,中国的确也具有非常相似的历史因素,其中有些甚至还比西方优胜,但两个文明之间也具有很深刻,甚至可以说是决定性的分野,而正是这分野使得那些划时代的大发现没有在中国出现。

二、古代因素：神话、冒险精神与地理科学

> 我必定要再往海上去，到孤寂的海天之间，
> 我所求不过数樯高帆，一颗导航明星，
> 和舵轮的颤动，风的低吟，白帆的翻抖，
> 还有海面升起的暗雾，和灰冷的晨曦。
> ——梅斯菲尔德（John Masefield）《为海发烧》（*Sea Fever*）

在古代，西方文明基本上是来自中东，然后环绕地中海发展，因此航海、贸易、建立海外据点、发展殖民地等等是最普遍、最为人熟悉的经常性活动，亦是其文化基因的一部分，从米诺斯和迈锡尼文明、古希腊、腓尼基、古罗马、迦太基，以至罗马帝国都是如此。这观点有无数散见于神话、史诗、史书和近代考古的例子可以印证。

神话、史诗与史前文明

在希腊神话中，欧罗巴（Europa，亦即欧洲名字之源）是巴勒斯坦海岸边上推罗（Tyre）城邦的腓尼基公主，她被化身为大白公牛的宙斯大神诱拐，伏在牛背上渡海到克里特岛（Crete）[*][①]，在那

---

[*] 本文征引书籍仅列作者姓氏（或加出版年份），书名及其他讯息见文末所列参考文献，在其中书籍俱按作者姓氏排列。

[①] 在希腊最早的史书中，此事有个更为现实的解释：推罗公主欧罗巴原来是被希腊或者克里特航贸商人掳拐的，起因是报复到希腊各地巡回贸易的腓尼基商人曾经掳走阿戈斯（Argos）公主，而这就导致了欧亚民族日后戎兵相见，云云。见 *Herodotus* 第一卷开头。

里与神相交生下米诺斯（Minos），那就是日后的克里特王①。这位国王得罪了海神波塞冬（Poseidon），所以王后被魅惑，疯狂爱上海中涌上来的一头大白公牛，与它交媾生下了著名的牛首人身魔王弥诺陶洛斯（Minotaur）。借着希腊巧匠代达罗斯（Daedalus）的帮助，国王建造了一所迷宫（Labyrinth），将弥诺陶洛斯困在其中，又迫使希腊每九年贡献七对童男童女供它享用。在作第三度进贡的时候，希腊王子忒修斯（Theseus）自告奋勇应征前往，他得到克里特公主的垂青和指点，跟随一个神奇的滚动线团进入迷宫核心，在那里杀死弥诺陶洛斯，然后循原先线路走出来。但他没有兑现诺言带走公主，反而把她抛弃在荒岛上。由于她的诅咒，在回程中他竟然忘记升起白帆作为胜利归来的信号，使得父王埃勾斯（Aegeus）误认为他已经牺牲，伤恸之余投海而死，那就是爱琴海（Aegean）名字的由来。除此之外，欧罗巴还有一位兄长卡德摩斯（Cadmus），他受父王命令往西寻觅出走的妹妹，结果流落希腊，在那里建立底比斯（Thebes）城，并且引入腓尼基式文字；传说中他还因为争夺水源而杀死了恶龙，由是成为希腊第一位英雄②。

上面那些神话荒诞不经，但背后有个基本史实，那就是欧洲文明包括其文字本是来自巴勒斯坦，亦即间接来自两河流域，克里特是它往西传播的第一个落脚点。至于岛上的迷宫、弥诺陶洛斯、以童男女作为献祭，乃至希腊英雄闯进迷宫杀死魔王等等情节，其实

---

① 为纪念此历史典故，克里特岛的 Agios Nikolaos 镇在 2005 年赠送了一座巨大的欧罗巴公主骑牛渡海雕像予位于斯特拉斯堡的欧盟议会。见 *Price & Thonemann*, 2010, p.3.
② 卡德摩斯将腓尼基文字引入希腊一事，*Herodotus* v.57 有相当详细的记载；至于与他有关的神话，则见希腊神话汇编，即 *Graves*, 1959 的相关各条。

也都有历史的影子甚至根据，那就是克里特岛上以繁复建筑物与年轻女祭司为特征的米诺斯文明起初主宰了东地中海，但由于不明原因（其中很可能包括锡拉岛［Thera］在公元前1600—前1400年间的火山大爆发），为后来在希腊本土发展的迈锡尼文明所消灭。将这几个文明联系起来的其中一条线索，就是希腊文是从腓尼基文所演变成的克里特的Linear A和迈锡尼的Linear B等文字演变出来[①]。由于牵涉过广，这些就不详细讨论了。对于我们来说，最重要的是，所有这些神话和史前史都有一个共同背景：海洋——上面提到的几乎每一桩事件、每一个发展都与大海、渡海有关。换而言之，地中海是西方文明的摇篮，爱琴海则是希腊文明的摇篮[②]。由于近代地理大发现的刺激和影响，这种由文化基因孕育出来的情怀越发炽烈，本节开头所引梅斯菲尔德《为海发烧》的诗句正好为其写照。

远航与探险传统

希腊文明的特征是它的史诗和哲学。希腊哲学发源于希腊本土周围三个地区：小亚细亚半岛西端的爱奥尼亚（Ionia）海岸，由西西里岛和意大利南部构成的所谓"大希腊区"（Magna Greacia），以及爱琴海北端的色雷斯（Thrace），而这些都是早期希腊人从本土出发，渡海建立的殖民地。事实上，到海外建立殖民地，正就是古希腊文明发展的模式。

[①] 有关米诺斯文明见 *Willetts*, 1976 与 *Fitton*, 2002；有关迈锡尼文明见 *Webster*, 1964 与 *Chadwick*, 1972；有关这两个文明的文字见 *Palmer*, 1965。
[②] 有关地中海作为欧洲文明的摇篮，见剑桥大学地中海历史教授阿布拉菲亚的巨著 *Abulafia*, 2011。此书以地中海而非其周边地区为中心，故此特别着重海上交通与国际贸易的作用。

这种武装海外移民有极早、极重要的根源，其中最为人熟知的，就是塑造希腊宗教、文化乃至心灵的两部荷马史诗。如所周知，《伊利亚特》（Iliad）的大背景是希腊联军渡海攻打和洗劫达达尼尔海峡入口处的特洛伊城（Troy）。此事的真实性历来有争论，但20世纪的大量考古发掘证实，它并非神话，而是公元前1200年左右的历史事件，荷马则是公元前900—前800年间的历史人物[①]。不但如此，荷马另一部名著《奥德赛》（Odyssey）又可以视为西方文明中最早的远航记载：它虽然充满神话和离奇故事，却也是一部地中海游记——而且，古代历史学家就是那样看，并且很认真地考证书中地名的[②]。当然，现代学者不再认为那有意义，但书中巨人Cyclops所居之地被认为是西西里岛，它邻近的海怪卡津布狄斯（Charybdis）与Scylla是指险恶的墨西拿海峡（Messina），海伦的丈夫墨涅拉俄斯（Menelaos）死后享受永生的"福岛"（Isle of Blest）是指直布罗陀海峡外的加那利群岛（The Canaries）等，至今还被普

---

① 《伊利亚特》所描述希腊联军征服特洛伊城的故事多年来被认为是向壁虚构，但它的历史根据却由于19世纪施里曼（Heinrich Schliemann）及后来许多考古学家在特洛伊废墟的发掘而得以证实。最近的大量研究，包括对于同时代的迈锡尼文明、赫梯文明（Hittite Civilization）以及埃及文明彼此互动关系的深入探讨，更进一步揭开了此史诗中大量细节的历史性及真实性。Cline, 2013不但概括了特洛伊城的漫长发掘历史，而且是上述最新研究成果的一部精简介绍；Latacz, 2004则是对相关问题的详细论述。

② 古典学者韦斯特（Martin L. West）对于《奥德赛》的结构与写作过程有详细分析与论证。他认为此书成于公元前7世纪末，作者并非荷马，但有意仿效《伊利亚特》的宏大规模，却采用了许多来源不同的元素，包括与特洛伊战争有关者，但最突出的则是"丈夫归家"故事，因此它占了一半篇幅，见West, 2014。至于古代学者考证《奥德赛》的地理者包括：历史学家希罗多德和波里比阿（Polybios），地理学家埃拉托色尼（Eratosthenes）和斯特拉波（Strabo）；以及斯多葛哲学家克里特斯（Crates of Mallos, fl. 公元前150），他甚至称荷马为地理学的创立者。见Harley & Woodward, 1987, pp. 162–163。

遍接受①。此书清楚显示，对于地中海文明所孕育的心灵而言，在茫茫大海中航行，发现与征服不知名的新地方，自古就是普遍而富有吸引力的事情——在这意义上，奥德修斯可谓哥伦布的精神始祖②。

不但在希腊，在环地中海的其他文明也有种种远航记载，最有名的共三趟。首先，大约公元前600年，埃及法老尼科二世（Necho II）派遣腓尼基船队环航非洲，那当时称为"利比亚"。他们从西奈半岛出发，穿过红海南下非洲东岸，沿途登岸种植收成以补充粮食，如此环绕非洲一大圈之后，再经过直布罗陀海峡东入地中海，最后回到尼罗河口，前后历时三年。因此，他们证实，"利比亚是被大海环绕"，只在西奈半岛处与亚洲大陆相连。一个重要细节是，归来的船员宣称，绕过"利比亚"南端时船虽然西行，太阳却是在"右手边"亦即偏北。此事证明，他们的确是到过南半球③。此后百余年，迦太基航海家汉诺（Hanno the Carthaginian Navigator）又作了一次有名的殖民远航：他率领据说有六十艘船的庞大队伍西出直布罗陀，循非洲西岸航行，在今日的金河口〔（Rio de Oro），里奥-德奥罗（地区）〕附近建立了七八个迦太基殖民地，然后继续南下，最远到达的位置可能是非洲最西端的佛得角（Cape Verde），甚至更

---

① 书中说它在地之尽头，无寒冬无雨雪，西风浩荡，随洋流带来清爽。有关此岛，见 *Odyssey*, iv, 561–570（Gorge Palmer, tr., Mifflin, 1949, p. 62）。
② 卡里与沃明顿的《古代探险者》是讨论欧洲古代航海探险的专书，有关《奥德赛》部分尚见该书 pp. 17–19。
③ 这故事见古希腊史家希罗多德的 *Histories* 4.42–4.43（Herodotus, Penguin, 1959, pp. 254–255）；此事在许多现代专著也提及，其中 Cary & Warmington, 1929, pp. 87–95 有详细讨论；此外见例如 Harden, 1962, p. 170; Thomson, 1965, pp. 71–72。

南的几内亚湾①。这样看来，航海家亨利亲王日后的大业，迦太基人早二千年已着先鞭。

到了公元前4世纪末，还有一位精于天文学的马萨利亚人皮西亚斯（Pytheas of Massalia）作北欧探险，其目的可能是寻找锡矿和琥珀。他宣称西航出直布罗陀，然后循西班牙和法国海岸北上，经英格兰和苏格兰西岸到奥克尼群岛，至终抵达图勒（Thule，可能即冰岛），其后又到过波罗的海，甚至极圈。他提到了日夜长短跟随纬度的系统变化，还有太阳终日不落、冰封海洋等现象，以及北方虽然极为寒冷，但仍可居人。当时这些都被当作胡说，今日看来则都是合理的②。

以上几次远航虽然见诸历史记载，但也免不了传说意味，至于亚历山大的东征则是震烁古今，影响深远的历史性事件。这位年轻的马其顿国王雄才大略，胆气过人，傲然以《伊利亚特》中第一英雄阿基琉斯（Achilles）自居。他为了报复波斯的入侵，率领数万大军作迢迢万里的十年东征（公元前334—公元前323），从小亚细亚出发，经巴勒斯坦、埃及、两河流域、波斯、阿富汗，沿途建立城池和殖民地，宣扬和传播希腊文化，以迄抵达印度河畔，然后才由于士兵鼓噪而班师。这空前壮举为西方文明留下了凭借气魄、才

---

① 此事确切日期不详。据说汉诺本人曾将经过记录下来并且悬挂在迦太基某神庙中，但后世学者多认为他的记载包含蓄意造假或者混淆视听的成分，以免泄露机密，影响迦太基的独占地位。这记载后来被翻译成希腊文但随即失散，只有片段散见于希罗多德（*Histories* 4.196）、普利尼的自然史和其他文献中。详细讨论见Warmington, 1960, pp. 61–69与Harden, 1962, pp. 170–179。两书都翻译出了汉诺记载片段的拼合本，但对于记载中各地位置的判断则大不一样。对此行程Thomson, 1965, pp. 73–78亦有详细讨论。

② 他的事迹记载在斯特拉波的《地理学》中，见Harley & Woodward, 1987, pp. 150–151; Cary & Warmington, 1929, pp. 33–40; Thomson, 1965, pp. 143–151。

略而长期冒险闯荡,卒之"征服世界"的典范。不唯如此,如所周知,他又是亚里士多德的弟子,对学术有强烈兴趣,所以带同许多学者出行,将沿途行程、地理、见闻详细记录,在归程中又命舰队沿人迹罕至的阿拉伯海北岸航行,然后入波斯湾,上溯巴比伦,由是为整个小亚细亚、西亚和南亚的自然、地理与人文环境留下实证记录[1]。这大量资料为西方地理学的发展提供了巨大助力,希腊的视野和世界亦由是而大大扩展[2]。

东征使欧洲人的眼界从波斯拓展到印度,此后远航印度就成为冒险家的梦想。托勒密王朝时代有一位欧多克斯(Eudoxus of Cyzicus,约公元前120),他曾经两度从红海东航印度,其后因为在归程中曾经流落东非海岸,由是忽发奇想,以私人财力,两番从希腊出发,试图绕过非洲大陆然后航抵印度,但都以失败告终[3]。不但如此,他的壮举到了中世纪仍然有维瓦尔第兄弟呼应[4],这在下面还会提到。

从以上这些充斥文学著作和历史记载的例子可以清楚见到,古代西方文化的确有一股强大的,以远航、探索、征服为能事的冒险精神,它在后世的潜移默化作用是不可忽视的。更具体地说,在古代西方文明中,绕航非洲和在空中飞翔一样,看似绝无可能,却始终是激动人心,导致无数尝试的梦想。

---

[1] 有关亚历山大大帝的书籍汗牛充栋,其一生事迹见 Robin L. Fox 的详细传记即 Fox, 1974;其东征详情则见 M'crindle, 1969,该书直接引用原始资料甚多。至于 Cook, 1962 则是将东征作为希腊人向东扩展的一部分来讨论,不甚顾及细节,但视野较开阔。

[2] 有关亚历山大东征与地理学的关系,见 Cary & Warmington, 1929, pp. 62–67; Thomson, 1965, pp. 123–135。

[3] 地理学家博斯多尼乌和斯特拉波对此有记载,见 Cary & Warmington, 1929, pp. 98–103; Thomson, 1965, pp. 175, 185。

[4] 见 p. 119 注释②。

中国有相类似传统吗?

那么,在传统中国,是否也同样有冒险传统呢?这个问题表面上简单,但考究起来,却颇为复杂,不可一概而论。

中国是大陆国家,经济和社会基础在农耕,而不在商贸,而且陆上远行较之仗赖舟楫困难得多。更何况,中国传统文化所讲究和宣扬的,是社群的和谐稳定而非个人冒险犯难、独立特行,所以远游和探险绝少获得认同,更不用说形成传统。然而,勉强也可以找到一些零星例子。譬如,比诸《奥德赛》,我们会想到《穆天子传》,它以细致描述周穆王会西王母于瑶池的故事而广为人知[①]。这两部著作分属两个不同文明,却也包含一些相类似的元素,包括王者率领随从作长期远游,大量陌生地域和住民的描述,王者与当地住民交换礼物、一同饮宴和举行祭典,等等。甚至,它们似乎也有相类似的意含,即通过王者或英雄的巡游,远方变为可知。不过,更重要的,则是两者的基本分别,即奥德修斯的游历起于妄自尊大而惹祸,整个过程充满困厄、惊险,他能够度过危机,全凭个人机智和勇气。周穆王却是率领庞大军队和携带财宝安稳出巡,接受朝见、礼拜、进贡。因此两者气氛、色彩迥然不同,所塑造的文化意识也截然相反。

说到希腊的海外移民,或者汉诺的西非殖民,我们自然也会想起以寻访神仙为借口,率领三千童男女和大批工匠远渡东瀛的

---

① 此书被认为是战国早期的赵国文学作品,内容根据本地和西域商旅传说得来,见郑杰文《穆天子传通解》(济南:山东文艺出版社,1992)第137—151页的详细考证。

徐福。他很可能是成功的，而且此后千百年间，大概还有许多不知名的后来者散布海外。但在国人观念中，他们是逼不得已或者纯粹为了营生方才离乡别井，铤而走险，而绝非可钦羡的英雄。除此之外，我们当然还会想到张骞和班超通西域，那对中西交通和贸易有莫大功劳。他们地位远低于亚历山大大帝，只是受命出访，见机行事，说不上"西征"，但倘若单纯就胆色、智谋而言，也未必逊于后者。不过，认真比较的话，两者也有更基本的分别。亚历山大气吞山河，倾全国之力以成大业；对张、班背后的汉朝皇帝来说，则中原是根本，西域是边陲，边患需要根除，但不应为之花费过巨，动摇国本。这种思想无论在朝在野都深入人心，坚如磐石。换而言之，由于悠久稳定的文化与政治体制，远征、远游、域外冒险这类壮举在中国一般不受鼓励，无人钦羡，也缺乏发展土壤。

不过，汉朝以后情势就大变了，因为宗教力量能够令人不顾传统，冲决网罗，做出前所难以想象的壮举来。如所周知，自东晋以至唐宋那六七百年间，前往天竺求经问学的僧人不绝如缕，像法显、玄奘、净义、悟空等都是显例。他们或循陆路，或买舟楫，历尽千辛万苦，甚或葬身异域，但都义无反顾。这种热忱和大无畏精神比诸尼科法老所派遣的腓尼基船队，或者皮西亚斯、欧多克斯等探险家，实不遑多让。虽然中西文明中这两类"探险家"的动机和精神面貌大不一样，但吊诡的是，到了近代，西方远航的动力也并非纯粹出于好奇、冲动，而更是夹杂了宗教热忱和图谋巨利。因此，归根究底，西方的古代冒险传统虽然对它的近代壮举有绝大影响，但那仍然只是因素之一而已，它必须和其他因素相结合，方才能够产生那惊人的颠覆性后果。

西方地理科学

古代西方文明的另一个大传统是自然哲学，这点我们曾经在《继承与叛逆》一书中详细论证[1]。在古希腊，地理科学是与自然哲学同时在公元前6世纪左右兴起的，创立者阿那克西曼德（Anaximander）是著名哲人，也是地理学家。相传他曾经制造天球模型，又曾描绘世界地图。他认为大地像个扁平石鼓，人居其中一个圆形平面之上[2]。这虽然可笑，却是认真回答地理学最根本的问题"大地到底是何形状，有无边界"的尝试。稍后的阿里斯塔哥拉斯（Aristagoras）曾经在波斯大军入侵时带了一张镌刻在铜板上的圆形世界图前往斯巴达求救，图上显示了波斯与爱奥尼亚之间所有邦国的位置。这类地图都是根据阿那克西曼德的构想而来，它显示由欧亚非三大洲构成的陆地居中，外面大海环绕[3]，特点是将大地整体的拟想观念与已知世界相结合。

其后两百年间（约公元前580—公元前380），多位自然哲学家如阿那克西米尼（Anaximenes）、阿那克萨哥拉（Anaxagoras）、德谟克里特（Democritus）等对大地形状的看法都相差不远，即或为扁平圆柱体，或为圆形薄片，总之人所居地都是平面。这观念到了柏拉图终于发生革命性变化：他首次清楚地提出大地为球

---

[1] 陈方正《继承与叛逆》（北京：生活·读书·新知三联书店，2009），特别见第二章。
[2] 有关他这方面成就的讨论相当复杂，见 Guthrie, 1962, pp. 73-75 以及 Harley & Woodward, 1987, v.1, p. 134。
[3] 这两件事包括环形地图希罗多德都有详细说明，分别见前引 Histories 5.48-5.51 & 4.36-4.54（Herodotus, pp. 328-329, 253-260）。

状,而他的两位弟子,4世纪末的亚里士多德和尤得塞斯(Eudoxus of Cnidus),则确定和推广了这观念。这非常重要,因为由此就产生了经纬度以及赤道、回归线、极圈等观念,以及通过观测北极星或者太阳高度即仰角,来决定所处地点纬度的客观方法。这样,用平面"环图"来描述整个世界的做法,就不再能够成立,而天文学和地理学也就联结起来。亚里士多德的弟子狄西阿库斯(Dicaearchus)所绘的世界地图已经截取部分地面而变为长方形,其上还加设了粗略的坐标,即以通过直布罗陀的东西横线分隔南北,以通过罗得岛的南北纵线分隔东西,这就是经纬度网络的滥觞[1]。所以,在公元前4世纪即战国时代,西方地理科学的基础已经奠定了。

亚历山大大帝统一了希腊然后东征直抵印度,却在归途中猝然去世。他征服的庞大地区分裂为三个王国,其中以埃及亚历山大城(Alexandria)为中心的托勒密王国着意发扬希腊文化,它所建立的学宫(Museum)秉承柏拉图学园(Academy)和亚里士多德吕克昂学堂(Lyceum)传统,继雅典而成为古代希腊文化的中心,希腊科学在此迎来了它的黄金时代。埃拉托色尼是此时期的重要学者。他撰写了《地理学》一书,在其中将天文观测应用于确定的地表位置,将地图绘制和经纬线条结合,并且通过两地距离的实测以及夏至正午时分的日方向仰角来推断地球周长,得到与现代值几乎一致的四万公里[2]。跟着他还估计了地轴的倾角,由是得到极圈和北回归线的位置,从而估计所谓"可居带"的南北宽度(从北极圈以至北

---

[1] 见 Harley & Woodward, 1987, p. 152; Thomson, 1965, pp. 153–155。
[2] 详见前引《继承与叛逆》第212—215页。

回归线纬度之半）和东西长度（西起葡萄牙海外岛屿，东迄印度大陆），发现长度是宽度的两倍。当然，经度的估计困难得多，但所得结果的误差只是在20%—30%之间，也足够惊人的了！（图1）因此，他被尊为"地理学之父"是很有道理的。

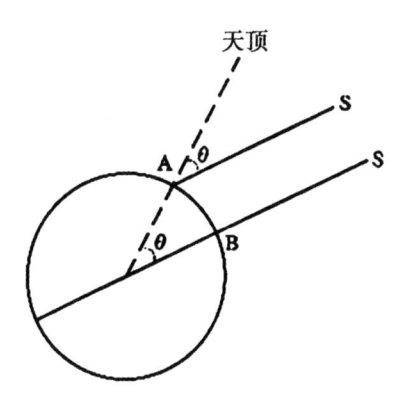

图1 埃拉托色尼测量地球周长图
（根据《继承与叛逆》第213页图5.4）

古代地理学的高峰

到了公元前后，地理学开始成熟。这首先归功于斯特拉波，他在亚历山大图书馆博览群书，完成17卷《地理志》[①]，它包含有关地理的数学、地形、政治、历史等四方面，并且搜罗、融汇了大量前人著作（包括埃拉托色尼的《地理学》，它因而得以流传），成为内容最丰富的一部古代地理百科全书。其后由于罗马帝国一统地中海世界的影响，"已知世界"再度扩大，它被认为北至北极圈，南

---

① 斯特拉波的生平和学术见 Dueck, 2000；他的《地理志》有 Horace Leonard 翻译的 *Loeb Classical Library* 出版于 1917—1933 年间的希腊文与英译对照本。

至南回归线，西起加那利群岛，东达"丝地"（Seres）即中国。如何将地球弯曲的表面上如此庞大的地区准确描绘于平面上是制图学上的投影法（projection）问题。马里诺斯（Marinos of Tyre）在其《世界地理图之修订》一书中首先提出坐标（coordinates）观念，即以方格网确定地理位置，在其中横方向（x-轴）代表经度，纵方向（y-轴）代表纬度。这有类于日后的圆柱投影法，它的优点是简明与方位正确，缺点是仅适用于小范围，否则会在高纬度出现极大的距离误差与变形。

托勒密（Claudius Ptolemy）是古代科学的最后一位大师，他的《大汇编》是古代天文学经典，其八卷本《地理学》也集古代传统之大成而有突破性发展。此书第一卷讨论地图绘制，随后六卷是地理志，列出了八千地点和数百城市，包括它们的经纬度、方位，以及相关自然地貌，末卷则是一幅世界图以及二十六幅区域地图。这部巨著图文并茂，把已知世界作了一个全面、详细，可以让后世覆按、重建的记录[①]。此书首次将大地为球形这事实，与大面积平面地图的绘制问题相结合。他提出两个方案来在平面上重现我们所见地球仪上的经纬线（图2）。第一方案相当于人环绕地球仪行走所见，在其中经线表现为直线，纬线表现为同心圆弧，圆心就在北极。这大致相当于今日的圆锥投影法。第二方案则相当于人在固定位置所见地球仪，在其中纬线仍然以同心圆弧表现，经线则以不同心的圆弧作近似描绘，它进一步减低第一方案的误差和歪曲。今日的"彭纳投影法"（Bonne projection）就是在此方案基础上发展出来。

---

① 有关托勒密见《继承与叛逆》第260—292页；他的《地理学》有两种英译本，详见前书284页注释。

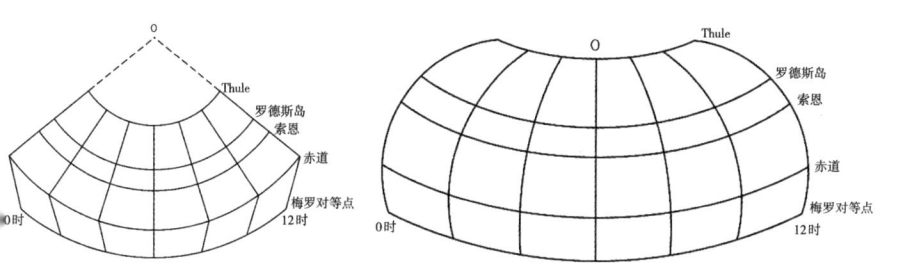

图2 托勒密的第一（左）和第二（右）地图投影方案，根据《继承与叛逆》第288页重绘图

  从以上简略论述，可见经过将近七百年的持续发展（公元前550—公元150），西方地理学已经能够将天文、地理和数学三者融汇为一体，成为名副其实的一门科学了。它有非常详细的描述性部分，但真正重要的，则是大地的整体观，凭借天文观测决定纬度的方法，以及在平面上描绘、计算地球表面上地形的可能。

  在托勒密之后，古希腊科学就开始衰落以至失传，他的《地理学》一书重新进入欧洲学者视野，已经是15世纪之初，亨利亲王开始推动远航的时候了。其实，对于他和他手下的水手来说，天文地理学仍然太复杂深奥，也没有实际需要。可是，对于在他之后的那些航海家，特别是哥伦布而言，这些就变得越来越重要，以至不可或缺。

中国的地理学传统

  中国也有很长远和丰富的地理学传统，但它基本上是描述性的，缺乏对于大地整体形状的探究。如所周知，中国最早的地理典籍是《山海经》和《禹贡》，它们都成书于战国中期即公元前300年左右。但这里所谓《山海经》其实是指《山经》亦即《五藏山经》,其余《海外四经》《海内四经》《大荒经》《海内经》等四部分则被认为是西汉的后出模仿之作①。它们的重要性在于反映当时已经形成系统地描述"已知世界"的整体观念。此后,《汉书·地理志》开创了正史地理专篇的范例,它同样是天下已知疆域的系统列举;除了本国行政区域以外,它也提到了诸如都元、邑卢没、谌离、夫甘都卢、黄支等南洋和南亚地名。早期地理学著作中最有系统、最丰富瞻详的,无疑是北魏郦道元(约470—527)以数十年之功编纂的《水经注》。它以神州大地数千条水流(包括干流与支流)为骨干,对相关的自然、人文和历史地理作了系统而详细的叙述,因此被称为"北魏以前我国古代地理的总结"②。但此书虽然名为"访渎搜渠"之作,其实大部分是基于文献的搜罗、排比、分析、缀合而写成,实地观测考察的成分不多,因此南方水系是其弱点③。在这问题上,郦道元与西方的斯特拉波很相似,后者甚至被质疑是否到过雅典。当然,他们的书也是可以相提并论的。

除此此外,中国也有一个强大的地图学传统。从最近在中山王墓出土的铜板《兆域图》(公元前320)、天水出土的多幅木板《放

---

① 讨论中国地理学史特别是这两部典籍的书很多,主要见侯仁之《中国古代地理学简史》(北京:科学出版社,1962);王成组《中国地理学史》上册(北京:商务印书馆,1982);胡欣、江小群《中国地理学史》(台北:文津出版社,1995)等三种。《山海经》和《禹贡》成书年代历来有很多争论,侯仁之跟从顾颉刚,认为两者先后成于战国中期,王成组则独排众议,认为《禹贡》为孔子著作,《山海经》是战国后期著作。最近遂公盨的出现使得有人认为《禹贡》可定为西周早年,但该盨并非出土器物,所以这推论并非绝对可靠。
② 见前引侯仁之《简史》第20页。
③ 见前引王成组《中国地理学史》第130页。

马滩图》(公元前239)①,还有长沙马王堆汉墓出土的帛绘《地形图》和《驻军图》(公元前168)等,可知在相当于托勒密王国的时代,中国就已经有精细、大致合乎比例的地图。此后这传统又孕育出西晋的裴秀和唐代的贾耽两位地图学家,他们所绘制的巨幅《禹贡地域图》和《海内华夷图》已经失佚,但裴秀的"制图六体"则留存下来。它的理论水平自不可能和托勒密的巨著相比,但也是很切合实际的。宋朝是绘制地图的黄金时代,如传世的《古今华夷区域总要图》②,和刻石的《禹迹图》《华夷图》《九域守令图》等③,都达到非常精确,可以和今日地图大致重合的地步。《禹迹图》更以一寸为百里,用方格网络为神州大地定位,那已经具有原始坐标意味了。

因此,就描述性(包括文字和图形)地理学而言,古代中国和西方一样,都有丰富而强大的传统,在地图的具体绘制上,中国甚至可能更仔细和精密。这反映它在汉帝国崩溃之后还能够维持政治文化的相对稳定,而没有如西方在罗马帝国覆灭后陷入长期混乱和衰退。两者的根本分别在于:中国传统只注重具体记载和描绘,但缺乏对大地本身的探究,一贯凭直觉将大地视为平面,而始终没有发现它是球面④;此外,它也缺乏几何学与地理学的结合,因此经纬

---

① 见曹婉如等编《中国古代地图集》(战国—元)(北京:文物出版社,1990)图版1—27及相关讨论文章。
② 该图载丁税礼安编《历代地理指掌图》,此书出现于北宋,唯一南宋刊本现藏日本东洋文库,嗣经谭其骧的努力,由上海古籍出版社出版了影印本(1989)。
③ 皆北宋末年所刻,分别见前引《中国古代地图集》图版54—66及相关论文。
④ 中国传统天文学历史悠久,对日月星辰也作过仔细观测和计算,但始终未曾意识到地的形状是圆球,"地球"的观念虽然可能在元朝一度从西方传入,但未为一般文士知晓。它一直要到16世纪由耶稣会士引进之后方才为国人普遍认识。

度观念、根据天文观测来确定地球表面位置,以及地图投影问题等等,都无从谈起①。这些观念和问题在古代并非当务之急,甚至到了航海家亨利的时代它们与西非海岸探索的关系最初也不大,但其后就变得越来越重要,以至成为地理大发现的关键因素。换而言之,中国地理学过分注重实际而轻忽更深远和根本的思虑,至终局限和桎梏了它的发展。

三、地理探索在中古的发展

西方罗马帝国覆灭后,欧洲陷入大混乱,文化倒退,古代科学和地理学传统失传,保存在东罗马帝国的大量典籍则束之高阁,无人问津。另一方面,新出现的伊斯兰文明则发展迅速,在百年间便成为横跨欧亚非的庞大帝国,由是对欧洲的宗教、政治、文化各方面产生强大冲击。到了11世纪下半,这冲击终于导致基督教国家在罗马教宗的号召与领导下,发起对周遭伊斯兰地区的全面军事斗争。这包括诺曼底武士进军西西里岛(1060—1090)、多次十字军东征(从1096开始),以及在伊比利亚半岛上的"光复运动",那日后成为葡萄牙海外探索的启动力量。在此阶段最值得注意的是,地理学从一个意想不到的方向,得到了巨大的刺激,那就是蒙元帝国的崛起。

---

① 郑和下西洋的确有用观测星座高度以确定航路的方法(见下文),但这只是纯粹凭经验而订定的步骤,其来源当是阿拉伯人的导航方法,所根据无疑是伊斯兰天文学。

蒙古的冲击

蒙古崛起,建立横跨欧亚的大帝国是13世纪震惊世界的大事,但对欧洲的直接影响则只是在拔都西征之际(1235—1242),大军一度深入波兰和匈牙利①。然而,此事的间接影响则极其深远。这可以分两方面看。首先,欧亚大陆内部本来是由无数散处高山旷野草原沙漠的大小部落邦国分据,蒙古帝国建立后,它广大的中央部分就成为在同一政权统治之下,可以恒常跨越行旅的已知区域。当时从克里米亚旅行到杭州需要大约九个月,使用驿马则迅速得多②。由于行旅方便,欧洲遂开始意识到东方的广大和富庶,从而生出钦羡之心。除此之外,指南针间接传入西方(当然还有这里不能够讨论的火药和印刷术),由是掀起海上航行技术的革命。这两者都对于中古欧洲的地理观产生了极其深远的影响。

欧洲眼界的开拓

蒙古帝国出现之后,就有不少欧洲教士前往东方③,在他们著录之中,两位教士的报告书最为重要④。第一位教士柏朗嘉宾

---

① 这就是所谓里格尼茨(Liegnitz)与萨耀河(River Sajó)之役,前者在波兰平原西部,离德国边境不足百公里,后者则在今布达佩斯东北160公里,位于匈牙利平原入口。
② 见 Larner, 1999, Appendix II 的讨论。
③ 有关欧洲与蒙古帝国的关系,英文著作见 Morgan, 1986, Ch. 7;有关教廷遣派特使的经过以及他们的报告,见 *Papal Envoys to the Great Khans*,即 Rachewiltz, 1971;至于马可·波罗,则见 *Marco Polo and the Discovery of the World*,即 Larner, 1999。至于中文论述则见方豪《中西交通史》(1983)第三篇第七章,即下册第512—533页。
④ 他们的报告书以及其他相关文献有下列英译本:Dawson, 1955。

（Giovanni de Plano Carpini）是教皇在1245年派遣前往蒙古的特使，此行肩负与大汗建立外交关系、了解实况、探听军情等任务[①]。他此行历时两年，不但出席大汗的登基大典，而且与上下人等交谈，沿途观察山川形势、风俗习惯，知悉蒙古的历史沿革、宗族结构，回教廷后著成欧洲第一部确切记载东方的文献即《蒙古行纪》（*History of the Mongols*）[②]。随后教士鲁布鲁克的威廉（William of Rubruck）自行前往蒙古传教（1253—1255），他的经历与柏朗嘉宾相仿佛，但观察更为清晰准确，所撰《行纪》（*Itinerarium*）[③]亦更深入详尽，可惜直到17世纪方才出版。同时代的罗杰·培根（Roger Bacon）曾将《蒙古见闻录》及《行纪》的资料收入他的《主集》，但后者也要数百年后才引起学者注意[④]。

比教士报告书影响力大得多的，是马可·波罗（Marco Polo, 1254—1324）的著作[⑤]。他是威尼斯人，年方十七，便由家人带往东方经商，此去前后历时二十四年之久（1271—1295），遍游中亚、蒙古、中国各地，经商、成为大汗亲信、出任地方官员，重返威尼斯之后参加海战被俘，在拘禁生涯中与通俗作家鲁斯蒂谦（Rustichello da Pisa）合作，写成《马可·波罗行纪》，此书一出即

[①] 有关柏朗嘉宾的出使详见Rachewiltz, 1971, Ch. 4；此外Morgan, 1986, Ch. 7对欧洲与蒙古的关系有整体叙述。
[②] 见Dawson, 1955, pp. 3–76。此书被收入博韦的文森特（Vincent of Beauvais）在1260年左右编成的巨大百科全书《大镜》（*Speculum Majus*）中的《史镜》部分，因此迅速流行。
[③] 见Dawson, 1955, pp. 89–220。
[④] 详见Rachewiltz, 1971, Ch.6。
[⑤] 马可·波罗研究是显学，有关论著汗牛充栋，我们主要依据Larner, 1999，并参考Collis, 1950, Hart, 1967以及Akbari & Iannucci, 2008。Collis平易简短，但结论和考证精严的Larner相同，Hart有条理顺畅，并且撮要《行纪》原书的好处，至于Akbari & Iannucci则是最新的论文集。

大为风行，此后影响历久不衰，以迄19世纪①。

它的内容以地理为主，但也及于物产、习俗、宗教、历史、政制等等。它被称为"一部有关亚洲的百科全书，不啻那个时代具有最重要教育意义的著作……（因为）包含大量极重要资料，是谨慎、冷静、认真地撰述，而不受轻信、宗教偏见、神怪幻想、缺乏常识的影响"；并且"具有广角视野"和系统组织的地理学著作，而非一般的游记、商旅指南，或者人类学著作，都是很有见地的②。

《行纪》展示了一个前所未知，比欧洲要庞大、复杂、富庶和强大得多的东方世界，在其中大汗君临天下，信仰不同宗教的不同民族可以和平共处，纸钞可以畅通无阻。这一切和欧洲人的意识格格不入，按理应该很难被接受。但在13—14世纪间，蒙古帝国和教廷关系密切，使节往来频繁，前往中国经商者络绎于途，他们留下的记载，都能够印证马可·波罗的著作③。除此之外，还有一部名为《曼德维尔游记》(The Travels of Sir John Mandeville)的虚构小说风靡一时，它的内容荒诞不经，却是取材于上述多种记载，因此

---

① 此书最完善的中译本是冯承钧译《马可·波罗行纪》（石家庄：河北人民出版社，1999）。马可·波罗一生大小事迹，包括他是否真到过中国，是被关入监狱抑或拘留在平民家中，他与鲁斯蒂谦合作的性质等，每事都充满疑点和争论，都经过学者仔细研究，此处所叙，是一般公认的大略而已。
② 分别见 Collis, 1950, p. 184; Larner, 1999, p. 97.
③ 教士来华最重要的包括：孟高维诺（John de Monte Corvino），他被委为中国总教士主教（1307—1328），留下三封信函；和德里（Odoric da Pordenone），他1922—1328年间来华居留，返意大利后口述此行经历；马黎诺里（Giovanni de Marignolli），他在1338—1353年间来华，亦留下行纪。详见前引《东西交通史》，第522—530页；Larner, 1999, pp. 116-126.

也间接促进了《行纪》的可信性[①]。这一切，都为日后欧洲的远航与海外拓展提供了心理动力——《行纪》不但激起葡萄牙人从海上直航印度的意念，也是促成哥伦布西航的原因之一[②]。不过，当时东西交通畅通只是昙花一现，从14世纪中叶开始即因为种种原因戛然断绝，但以上多部著作的影响力则历久不衰，继续发挥作用。

航行指南图和世界图

有关东方的记载扩展了欧洲人的视野，但蒙古帝国混一欧亚最重要的影响，可能还是促成中国四大发明的西传[③]。欧洲知道磁石，是从佩里格林纳斯（Peregrinus）于1269年发表的《磁学书简》开始。至于为航海需要而绘制，其上满布罗盘方位线的专业地图，即所谓"航行指南图"（portolan charts）[④]，则最早出现于1270年，那就是由不知名作者所制的"比萨航海图"（Carte Pisane）。从这两者都出现于13世纪中下旬之交亦即蒙古建立三大汗国的末期看来，它们

---

① 此《游记》从1366年起风行，留下了三百多种抄本。作者很可能是一位名为勒龙（Jean le Long）的修道院长，他在1351年就已经翻译过六种东方见闻录，包括数种教士的回忆录和马可·波罗《行纪》，见Larner, 1999, pp. 130-131。关于此书与《行纪》的比较以及其在中古欧洲的影响，并见Akbari & Iannucci, 2008, Ch. 6 & 7。
② 哥伦布遗物中有《马可·波罗行纪》一书，但据考证，他首次西航之后才知道此书，所以其初只是间接受此书影响而动意西航。详见Larner, 1999, pp. 153-160。
③ 培根在其著作《新工具》中提到了印刷、火药和罗盘等三项发明的重要性，但并不知道这些发明的来源，也没有提到第四项同样重要的发明，即纸张。目前并非所有西方学者都承认这些发明是由中国传入，甚至有人认为火药应用于投射式武器，在西方更早。这些问题我们不在此讨论。
④ 意大利文portolano的意思是"航行指示"，即沿海岸航行的指示文本而非海图，这类航海图上满布根据磁针指向而定的线条，其实应该称为compass chart，但portolan charts之名相沿已久，已不能改变，故此中文翻译为"航行指南图"。有关航行指南图的详细讨论，见Harley & Woodward, 1987, Part III（Ch. 17—21）；其中Ch. 17是综论，Ch. 19专门讨论航指图。

极有可能就是由于中西交通畅通，令中国早已经知道和应用的指南针和罗盘得以西传所致。

航行指南图（简称航指图）的大部分出现于14—15世纪，在前期大多是由热那亚或者威尼斯人绘制，在后期绘制中心转移到马略卡（Majorca）[①]。图中海岸线描绘得异常精细准确，一般附有比例尺度和大量地名，图上满布依据磁针指示的角航线（loxodromes）亦即经罗盘方位线（rhumb line），所以毫无疑问，本来是专为航行而绘制的海图。它们流传至今的，大约共有180幅左右，绝大部分是黑海、地中海和欧洲大西洋沿岸的航行图。航指图的出现颇为突然，它的起源有许多不同看法（包括起源于古代），但最有吸引力的猜想，则从它最先出现于1270年之前，亦即罗杰·培根和佩里格林纳斯的时代，而推测这与磁针的出现和应用相关。当然，那正是蒙古帝国鼎盛时代的开端，因此也颇惹人猜想，磁针和航指图两者，都和当时东西交通的开通导致指南针西传有千丝万缕的关系[②]。

14世纪是航指图的黄金时代，著名绘图师包括在威尼斯工作的维斯康特（Pietro Vesconte, fl. 1310—1330），格调从简洁意大利风过渡到华丽马略卡（Majorca）风的达洛托（Angelino Dulcert／Dalorto, fl. 1339），以及科勒斯克（Abraham Cresques, 1325—1387）。科勒斯克与儿子亚胡达（Yahuda Cresques）共同绘制了加泰罗尼亚

[①] Crone, 1978, Ch. 2是有关航指图的一个极扼要说明，该书第15页将"比萨航海图"的中央部分与当代地图作对比，清楚显示出其精确。这方面的另一部重要参考文献是两巨册的《葡萄牙地图学史》即Cortesão, 1969，特别是该书第三章最后一节，第215—232页。当然，无可避免，在航指图的起源问题上，此书偏重马略卡亦即加泰罗尼亚（Catalan）多于北意大利。

[②] 详细讨论见 Harley & Woodward, 1987, pp. 380-386。

世界图（Catalan Atlas），在其中《马可·波罗行纪》和从其他来源所得大量的中亚和东北亚等地理特征都反映出来[①]。在15世纪，最有名的则是威尼斯教士毛罗在1459年绘制的巨幅圆形世界图：它没有角航线，却结合了托勒密和马可·波罗的影响，并收了大量东非洲资料，被认为是中古制图学的最高峰，从中可见，其大陆海岸线和岛屿的轮廓已经颇符合实际了[②]。

统而言之，航指图的重要性有两方面。首先，是朴素航指图上所绘海岸线的精细准确以及经罗盘方位线的应用，显示了一种从实际需要而产生的着重经验与实事求是的精神；其次，则是由此所发展出来的世界图，对巴勒斯坦以东广大未知区域有细致描绘，这反映了自13世纪中叶以来，通过实际旅行而逐渐发现和累积的地理新知识。这两者对于海外远航都是具有重要意义的。

中国的航海与海图

中国是大陆国家，对山川描绘精确，了如指掌，见诸自古以来的多幅地理图，这在上节已经讨论过。但亦正以此之故，历代地图对于海上、海外、域外都不甚了了，很明显地，只是凭模糊印象，将传说中的地名依大略位置填上而已。例如，在著名的纸本《古今华夷区域总要图》中，只有与中国相邻的平壤、高丽、百济、新罗等地位置

---

① Crone, 1978, Ch. 3对此世界图与地理新知识的关系有详细讨论，其加绘的简化图尤其能够说明该图的特点；Harley & Woodward, 1987, pp. 314–315对此图也有讨论。除此之外，他还留下多幅其他航指图，但无署名，只能从风格辨认。

② 原图已经遗失，现存图本是毛罗应威尼斯政府要求所绘复制本，现存威尼斯Marciana图书馆。此图的详细讨论见Harley & Woodward, 1987, pp. 315–316；Crone, 1978, pp. 28–32。

稍符实际,至于扶余、日本、虾夷、倭奴、毛人等则笼统地称为"东夷",被无序地放置在东海各处,苏门答腊(三佛齐)和阇婆(爪哇)更被挪到了台湾附近的位置。现存日本东京栗棘庵的《舆地图》(约1270)被称为我国"最早绘出海上航线的地图"[①],但对于海外地理位置同样轻率,例如日本被放在长江口的正东,"虾夷""扶桑"更移到了雁荡山东南方向。至于图中标示的航道"过砂路""大洋路""海道舟舡路"等等,都只是在波涛图像间的粗略虚白线,所指示的最多是航道的起讫点,而绝难令人相信具有里程和方位意义,这比之同时的"比萨航海图",其精准细致之差不可以道里计。因此,虽然唐宋两代的海外交通那么发达,商贾与僧人经常来往中国、日本,或者买舟从漳、泉、广州等地出发,经过南洋和马六甲海峡前往印度,而且直接或者间接参与、涉及这种贸易的文士、官员也不在少数[②]。但征诸流传下来的记载,这广大海外区域的地理、海岸、航线却都不受重视,也缺乏研究和仔细描绘。当时的舟师都不可能是凭借地图来航行。

航海的需求从民间和个体上升到国家层面,是在元代,造成这关键性转变的,则是以江南粮米供给燕京庞大人口需要,所导致的以"海运"替代"漕运",那是在忽必烈平定天下之后不久(约1283)开始的。说得具体一点,这就是将从江南各地收集的粮食集中到刘家港,即今日太仓市,然后用成千上万巨舶将之运出长江口,沿海岸北上,绕过山东半岛,入"直沽"即塘沽口卸交,航程

---

① 见梁二平《古代中国的海洋观:中国古代海洋地图举要》(北京:海洋出版社,2011),第39页。此书的重点即在论述古代的海外航图和知识,可惜图版素质与安排尚有改进余地。
② 其普遍情况从桑原骘藏著,冯攸译《中国阿剌伯海上交通史》(台北:商务印书馆,1971)的论述可见。

仅半个到一个月,运输量最高达三百六十万石。为了这史无前例的巨大航运作业,宰相伯颜破例起用"久为盗魁"的"海上亡命"朱清、张瑄二人主持其事,并且授以高官,由是可知,海运是以民间固有知识、技术为基础而发展起来的[1]。

到了明代初年,航海事业有空前发展,那自然就是郑和下西洋(1405—1433)。这是个大题目,我们在此不可能细究,而只能够就几个与本文有关的问题稍为一提。首先,从渊源来说,它显然是在元代"海运"的基础上发展起来,郑和七次出海都是在刘家港"起锚",建造船只的"宝船厂"也是在太仓,可为明证。其次,郑和早年出身于云南伊斯兰世家,父亲曾经远赴"天方"朝拜这个背景是很值得注意的。他之被派遣率领空前庞大的船队远赴南洋、孟加拉国湾和印度洋沿岸诸国,其动机历来有查访惠帝下落和宣扬国威等说法。但我们不可忘记,船队亦同时积极从事商贸,而多个世纪以来,在红海、波斯湾以至印度、苏门答腊、爪哇一带建立和掌握了巨大商贸网络的,正是信奉伊斯兰教的土王和当地人。因此,就其性质而言,下西洋与他的个人背景可能有相当密切的关系。

但最重要的,则是在导航方面,因为郑和留下了相当详细的资料,即茅元仪在《武备志》所载的航海图[2]。有关此图,我们可以作

---

[1] 见危素《元海运志》,收入《丛书集成初编》第997卷(上海:商务印书馆,1936);佚名《海道经》,收入《明清史料汇编》初集第二册第579—644页(台北:文海出版社,1967)。

[2] 见徐玉虎《明代郑和航海图之研究》(台北:学生书局,1976),此书详细考究该航海图的源流、其中所用术语的意义,以及讨论逐段航程记载,书后并附有航海图原图及现代重绘图各一幅。并见下注。除郑和《航海图》外,与其远航相关的导航文献尚有《顺风相送》与《指南正法》,俱收录于向达校注《两种海道针经》(北京:中华书局,1961)。

两个观察。首先，他船队的实际导航方法在当时可算相当先进，比诸15世纪欧洲航海家不但毫无逊色，而且似乎更为详密。经考证，图中所载的导航方法最少包括以下各项：计算里程，观察沿岸地理景象及水深，用罗盘定航向（即所谓"针路"），以及观察众多星宿的高度——这主要是载在航海图之后的五幅"过洋牵星图"，其中绘出了十数星座包括北辰、北斗、南斗、牛郎、织女、南十字等等，至于实际测量仰角的方法则是利用"牵星板"，而以若干"指"（1指相当于大约2厘米在眼睛至臂长的距离所张角度，即1.7度）为高度标准[①]。

然而，在细看"郑和航海图"之后，我们惊叹其实际与细密之余，亦不可能不感到，它委实不是一幅反映地理位置的航海图（marine chart），而是一套附有图像的"航行指示"，略相当于西方中古的portolano（这不是航指图，而是它赖以得名的文字指示）或者后来的rutter，这从它所绘的地点只讲究顺序和相对位置，而完全不计较海岸线的形状，和不同地点之间的距离比例便可知，这比起西方在十五六世纪的海图甚至中古的航海指示图来[②]，在观念上落后多了——虽然就郑和当时的实际需要而言，影响可能不大。除此之外，明代还有不少海防地图，例如《筹海图编》[③]，它们显然也同样

---

① 见孙光圻《中国古代航海史》（北京：海洋出版社，2005），第405—417页。
② 航指图我们在上面已经讨论过，至于15世纪的海图，则见 Diffie & Winius, 1977, Illustrations 中的大量15世纪航指图；Morison, 1978, pp. 286-287 有哥伦布在1493年绘的海地北岸图，和其他两幅关于同样地域的海图，那都可直接与现代海图比较。
③ 见明代郑若曾撰《筹海图编》（北京：中华书局，2007），此书初刻于1562年，是受倭寇之祸所激发，其中有大量海防地图以及与国防有关的记载、议论和具体细节。

试论西方地理大发现的文化与历史渊源

是指示图而非实测比例图。何以中国具有那么悠久的历史，又发展得那么精确的陆上地图观念，却没有移到海图上来呢？这是值得深思的。

四、为了十字架与黄金：亨利的梦想

汤因比在《历史研究》中提出了著名的"挑战与响应"说，"被侵略的受害者不会以自卫为满足；倘若自卫成功，它就会进而反攻"，因此"文明遭遇"所产生的并不止于单一冲突，而是"连串碰撞"，那可能连绵数百年，甚至上千年之久①。从这命题的角度来观察基督教与伊斯兰教的长期碰撞，是再恰当没有了，而促成西方海外远航的原始动力，正就由此碰撞而起。但这只是就大势而言，至于触发远航的实际因素，则必须求之于葡萄牙立国前后的具体历史。

伊比利亚半岛上的光复大业

在摩尔人渡过直布罗陀海峡北上伊比利亚半岛的时候（711），西歌德人已经在半岛上建立王国和信奉基督教数百年，因此它的基督教传统是根深蒂固的。那些半岛北端的基督徒，几乎立刻就开始了漫长的反攻，这就是最早期的"光复运动"。在整个基督教欧洲，特别是罗马教宗和法国武士的协助下，他们经过五六百年的艰苦奋斗，终于成功"光复"了伊比利亚半岛绝大部分，只剩下东南部的

---

① Arnold J. Toynbee, *A Study of History*, Abridgement of Vol. VII–X by D. C. Somervell (Oxford: Oxford University Press, 1957), Ch. XXXII, 特别是 p. 212。

格拉纳达（Granada）山区仍然为摩尔人所盘踞，这是1300年左右的事情。

到底谁是"光复者"呢？半岛上曾经有许多侯国、王国，它们互相吞并，到14世纪只剩下三个王国：西侧的葡萄牙，东侧的亚拉冈（Aragón），和中央的卡斯提尔（Castile）。当时强大的卡斯提尔不断企图并吞葡萄牙，但深得民众拥戴的约翰一世（João I of Aviz, 1385—1433在位）在英国人协助下最后击溃前者（1385），建立稳定的民族国家①。卡斯提尔至终通过缔婚与亚拉冈合并，成为西班牙。

葡萄牙为什么会成为欧洲向海外发展的先锋呢？这一方面是古代远航传统由于柏朗嘉宾报告书和《马可·波罗行纪》的刺激，而重新得到发扬：热那亚的维瓦尔第兄弟（Ugolino and Guido Vivaldi）以私家财力装备了两艘划桨航船（galleys），宣称要远航到东方开展贸易，于1291年5月扬帆西出直布罗陀，循非洲海岸南下，其后不知所踪；马略卡的法尔勒有大致相同的冒险②；此外还有马洛切洛在14世纪初重新发现加那利群岛，那无异于海外探索与殖民的滥

---

① 葡萄牙的中古与近代历史见Disney, 2009, vol. 1。它的立国以1179年获教宗承认王国为标志，至于大致完成其今日疆界，亦即征服最南省份Algarve，则在1249年左右。此后150年间它经历了黑死病肆虐与内部巨大政治动荡，迄大有为的约翰一世登基，这才算真正稳定下来。

② 维瓦尔第兄弟是热那亚商人，他们自费装备了两艘桨帆船于1291年5月西出直布罗陀，扬言要环航非洲直抵印度，以带回商品贩卖，其后不知所踪。此事发生于蒙古帝国建立后不久，显然是受了某些关于东方的报道（例如教士柏朗嘉宾或者鲁布鲁克所作，但不可能是《马可·波罗行纪》，那出现于1299年）的影响。详细记载见Cortesão, 1969, pp. 298-299以及Cary & Warmington, p. 103; Thomson, pp. 185-186。在这两本书中还有大量其他古代和中古的远航记载。至于费雷尔（Jacme Ferrer, 1346）则是马略卡人，他在1346年沿西非洲海岸南下寻找"金河口"，亦即所谓"西尼罗河"，亦同样下落不明，此事记载于Abraham Cresques所绘航海图的图注中。见Russell, 2000, p. 118及相关注释。

筋①。但这些都只是小集团行为,虽然令人惊叹,实际上并不能够发生重大影响。

真正的重大改变是葡萄牙人在立国之后将远航与海外探险视为国家大计,订立明确与坚定的目标,长期投入大量资源,这才终于获得巨大突破,从而改变国家乃至整个欧洲的命运②。但蕞尔小邦葡萄牙为什么竟然会做出如此特殊的决定呢?它虽然位处欧洲西南端,面对浩瀚大西洋,渔业发达,在地理位置上适合远航。可是,除此之外,它并无优势,而就资源、文化、社会、经济而言,还可以说是处于劣势,因为它既无优良河口港湾,又历史短浅,缺乏商贸经历和科技传统③。更何况,当时作海外探险的个别欧洲人不绝如缕,但政府则绝少愿意为此成效渺茫之举花费公帑④。

这个疑问的答案是:首先,在14世纪之初葡萄牙已经将国境推进到半岛南端,它的自然延伸就是进一步征服北非;更重要的

---

① 马洛切洛(Lanzarote Malocello, fl. 1312—1336)同样是热那亚人,相传与葡萄牙人合作或者得到他们舰队支持,在14世纪初发现了加那利群岛中最东,如今以他命名的兰萨罗特(Lanzarote)岛;相传他在岛上逗留长达二十载(1321—1341)。这发现影响了Angelo Dulcert在1339年所绘的海图。见Cortesão, 1969, pp. 253-254; Randles, 2000, pp. 7-8, Paper II;以及Benthencourt & Curto, 2007, p.139。
② 有关葡萄牙的远洋探险与海上帝国之建立有多种专书,如Boxer, 1969; Diffie & Winius, 1977; Winius, 1995; Bethencourt & Curto, 2007。至于专题论述,特别是与科学发展有关的,则有Winius, 1995, Ch. XVIII的专章,兰道斯的论文集Randles, 2000亦极为精要。
③ 对于这点,现代葡萄牙科学史家会有很强的不同意见,见Cortesão, 1969, Vol. II, Ch. V。
④ 卡斯提尔是"光复大业"的主力,它对海外扩张本来也有野心,但在15世纪之初,它仍然面对两个棘手问题,一是盘踞于半岛中南部格拉纳达山区的摩尔人凭天险顽抗,久攻不下,成为心腹大患;二是他们和东边的强邻亚拉冈王国互争雄长,争战不已。这两个问题直到15世纪最后三十年方才得以解决,在此之前卡斯提尔和亚拉冈两国都无暇分心他顾。

是，它出了个有眼光和抱负，又深得王室信任的亨利亲王。他看准了弱小贫乏的葡萄牙绝难与欧陆强邻像卡斯提尔、法国、威尼斯等竞争，要发展唯有向隔海相望的非洲。而且，它的里斯本和波尔图（Porto）这两个海港城市长期以来有不少热那亚、佛罗伦萨、德国商人成群定居，他们有先进的商贸经验和专业知识，也有能力调动大量资金，所以对葡萄牙的海外探索与发展成为重要助力——他们甚至也往往直接参与这些活动。

艰辛创业的亨利亲王

葡萄牙的约翰一世登基建立阿维什（Aviz）王朝之后，王后诞下五名男嗣。其中长子爱德华（Duarte I, 1433—1438）继承大统，二子彼得（Pedro）为人仁厚，深得国人爱戴，以十年光阴（1418—1428）游历欧洲诸国，折冲樽俎，洞悉世界大势，王兄去世后储君年幼，被推举为摄政王（1438—1448）。排行第三的亨利（Henry the Navigator, 1394—1460）则思虑深远，性格倔强，意志坚定，而又雄心勃勃。他深得父王宠爱，又得到两位兄长信任和支持，故此能够畅行其志，以葡萄牙西南端荒凉的萨格里什岬角（Cape Sagres）为基地，策划和指挥远航大计，由是赢得"航海家"的美誉——虽然他从未亲自参加远航[①]。

葡萄牙的"南进"是从1415年开始的。当时约翰一世连同五位

---

① 亨利亲王有多部传记，包括同时代的数种记载，但由于其名声太大，有关他的事迹颇多增益附会溢美之词。比斯利在19世纪末的著作即Beazley, 1968（1895）即是经典例子，它有将近一半篇幅是叙述背景，可资参考，但整体已经过时。罗素的当代传记即Russell, 2000考证綦详，立论平实，是本分节的主要依据；此外Randles, 2000亦颇多可以参考之处，特别是其Paper III。

王子，在十字架旗号下率领由上百船只组成的庞大舰队和两万大军渡海，攻克直布罗陀海峡对岸的摩洛哥要塞休达（Ceuta）。此役亨利亲王表现果断勇猛，因此随后被委为该城总督。很自然地，数年之后他推动远航探索，也就得到父兄的认可与支持。亨利的南进大业是建立在四条支柱之上的。经济上，他在1420年被委任为葡萄牙"基督军团"（The Order of Christ）的总督（Governor），因此可以动用其庞大土地收益来支持他的海外探险。法制上，他多次得到王室诏令，赋予他探索和征服非洲海岸的专利，并豁免他各种海外收益的税项。在宗教与国际上，他多次通过王室获得罗马教廷诏令，承认他在非洲海岸的专营权和专属传教权——虽然这与卡斯提尔的原有权利相冲突，因而导致不断的教廷诉讼。政治上，则约翰一世和他兄弟都赞同、支持他的海外扩展大计，从而压下国内反对声浪。因此，这不仅仅是亨利的个人事业，更是葡萄牙的长远国策，故而在资源、法制、宗教、政治等各方面都有坚实基础，但其所以能够坚持数十年不懈，原动力还是来自亨利本人的眼光、意志和决心[①]。

那么，亨利劳师动众，以毕生精力推动远航探索，他的远大目标到底何在？他要为葡萄牙争取的到底是些什么呢？这可能有一小部分是出于求知或者好奇，但绝大部分，说到底，亦不外名与利。所谓名，就是所谓的十字军（Crusade），那是亨利为他所有海外政策与行动所树立的旗帜，所提供的法理根据。所谓利，则是黄金与黑奴，那是意大利人（特别是那些并不理会宗教对立，也就是不顾"道义"的威尼斯与热那亚人）在与北非摩洛哥伊斯兰教徒的贸易中获利极

---

① 详见 Russell, 2000，特别是 Ch. 3。

丰厚的两项商品。借着探索非洲西海岸而绕到伊斯兰教徒的背后，去追寻这些商品在非洲内陆的源头，然后加以控制和独占，正是亨利的长远目标。当然，在这两大目标之下还有若干细节。例如，为了弘扬正教，他很可能还有一个梦想，即寻找隐藏在非洲大陆内部的所谓"约翰长老王"（Prester John），与他结盟，携手对付北非乃至中东的伊斯兰教徒①。然而，在他所有的具体目标之中，却并没有东印度的香料，换而言之，在其初遥远东方的诱惑还未曾对他招手②。

亨利所主持的探索可以分为四个阶段。首先，是试图征服早已经为欧洲人知悉的马德拉（Madeira）和加那利（Canary）两个群岛。前者阒无人迹，因此他们得以顺利占领和开发，后者有强悍土著盘踞，其中一岛又已经为卡斯提尔捷足先登，故此徒劳无功。其次，从1418年左右开始，他每年派遣船只南下，沿非洲西岸测绘、探险，以迄1434年获得突破，船队越过传说中极其险恶的博哈多尔岬角（Cape Bojador）③。不过，他们当时越过的，其实是该岬角以

---

① "约翰长老王"的传说起源于1122年，当时有名为约翰的长老到访罗马，他自称来自印度，曾经向罗马教廷讲述印度的状况，以及该地的圣多玛节神迹，颇引起轰动，但其真实身份不可考。1218年第五次十字军东征到达巴勒斯坦，其时西契丹人和蒙古人先后打击了中亚伊斯兰教徒，这便在1217—1221年间被附会成约翰长老王和"戴维王"（King David）的作为。此后这两位传说人物就不断在欧洲对东方的想象中出现。事实上，这亦非完全捕风捉影，因为在非洲东岸的阿比西尼亚高原上的确有一个古老的基督教王国，它曾经数度派遣特使到罗马教廷，甚至也曾经与亚拉冈王国商讨联姻的可能性。详见 Russell, 2000, pp. 120-127 以及 Rachelwiltz, 1999, pp. 30-40 及其他部分。

② 有关亨利亲王海外探索的动机，见 Diffie & Winius, 1977, pp. 74-76；但亦有认为，在此阶段他已经想到远航东方的，见 Cortesão, 1969, Vol. II, p. 100；并见以下有关约翰二世动机的讨论。

③ 据考证，在此期间亨利的船只可能在不断攻击和搜掠西非沿岸的摩洛哥据点，否则进展不致如是之缓慢，要十几年功夫方才陡然获得突破。见 Russell, 2000, pp. 128-129。

北的朱比角（Cape Juby），在此西南流向的强大加那利洋流被夹束于海岸与对面相距仅百公里的富埃特文图拉岛（Furteventura，加那利群岛之一）之间，故而湍急异常，流速可达六海里，更往往横斜冲向海滩，令欧洲航船视为畏途，历代相传一旦越过就绝不可能返回。熟悉情况的摩洛哥土人自然明白底蕴，而亨利亲王也从古籍得知此消息，故有信心命令船只穿越这天险①。

在此突破之后的十五年（1435—1450）是进展最迅速的第三阶段：他们相继达到金河口［(Rio de Oro)，里奥－德奥罗（地区）］、孤悬大西洋的亚速尔群岛（Azore Islands）、布兰科角（Cape Blanco）和相邻的阿尔金湾（Arguin Bay）、非洲大陆西端的佛得角（Cape Verde）、塞内加尔河口（R. Senegal），以至冈比亚河口（R. Gambia），从而向南推进纬度15度，测绘欧洲人从未踏足的海岸两千公里之遥，这样他们就真正进入了"黑人非洲"区域即所谓的"几内亚"（Guinea）。在此阶段他的船队除了探索、测绘之外，兼有探听风俗民情和开展贸易的任务。事实上，从到达阿奎姆湾并且在那里建立第一个很粗陋的贸易站开始，他们就已经能够通过相当有利的交易换取金沙、黑奴与其他土产，从而补贴远航的巨额开支了。这就是欧洲向海外扩张，以及建立殖民帝国的第一步。至于探索最后阶段（1450—1460）则以发现佛得（Verde）群岛，沿冈比亚河探索内陆，以及在新发现各地开展贸易为主，向南推进反而不再是当务之急了。

---

① 详见 Russell, 2000, pp. 109–115。

远航技术、知识和影响

欧洲人对地中海和北海航行很熟悉，航海指南图在13世纪的出现是最好的证明。但南下非洲沿岸作探索，则不免遇到两个难题。其一是如何能够在强劲洋流和海风中，向特定方向行驶，特别是航船顺着西北信风和洋流南下非洲海岸之后，如何能够向西北回航到葡萄牙。对此问题，一般答案是，葡萄牙人特有的卡拉维尔帆船（caravel），船身修长轻巧，所挂大三角帆（lateen sail）能够随意转动，在戗风航行（tacking）时，航向可以近风不超过30°，因此非常灵动，能够以来回转向的折线方式，沿来路回航。从15世纪中期开始，所有远洋探险基本上都是应用卡拉维尔式帆船[1]。不过，亨利亲王却直到1441年方才开始用上它，在此以前（例如绕过朱比角的时候），仍然是用传统的单桅方帆带桨船（barcha）。它们在回航时，很可能是利用北赤道环流的特点，即从西非海岸利用右舷风先朝西北方向航入大西洋之中，待到达亚速尔群岛附近方才转而向东，顺风驶回葡萄牙，这就是迂回的所谓"几内亚航线"（Guinea run）。它费时较长，但简单可靠。这航线何时发现和采用已不可考，但显然是从尝试中领悟出来，亚速尔群岛也可能是在此类航程中发现[2]。

第二个难题是，在茫茫大洋中，如何确定位置和方向。过去相传，亨利亲王在萨格里什曾开设天文和航海学校，以及延聘马略卡

---

[1] Russell, 2000, Ch. 9是专门讨论卡拉维尔帆船的，特别见pp. 225–230。但这种帆船也有缺点：它虽然灵动方便，但吃水浅，载货量低，居住条件简陋，因此不适宜用于贸易。
[2] 见Russell, 2000, pp. 99–101。

的著名航海图专家科勒斯克（Jehuda Cresques, 1360—1410）到此作教授①，甚至他对卡拉维尔船的构造也有贡献，但这些推测现在都已经被考证否定。事实上，亨利是位有远见和决心的王公，但并非学者或者航海专家②。因此他所派遣的船只只能够以传统方式导航，所依靠的主要是三个法宝：指南针、粗略航海图，以及根据风力和航行时间所推断的距离，即所谓"航位推算"（dead reckoning）。至于天文导航，即通过观测北极星或者正午太阳高度（即仰角）来推算纬度，则要到15世纪末甚至16世纪方才出现③。

在亨利的时代，航海技术和知识都还很简单粗糙，他们的远航探险，只能够因陋就简，摸索前进，但在此过程中，通过长期实际尝试，却获得许多宝贵经验，也大大增加了对远洋活动的信心，例如上述以风向、洋流知识为基础的"几内亚航线"就是显著的例子。除此之外，他们还开始了认真的非洲内陆探险。例如，亨利的忠诚家臣费尔南德斯（João Fernandes）就曾经独自逗留金河口半年之久（1444—1445），从而发现了西非内陆的南北商队要道上的重要城市瓦丹（Wadan，即今毛里塔尼亚的Quadane）。威尼斯人卡达莫斯托（Alvise Cadamosto）则率领船队探测冈比亚河（1455—1456）上游，与当地土人王国建立商贸关系——而且，在航程中，他不但注意到北极星逐渐接近地平线，还初次观察到了所谓"南十

---

① 即上一章所提到的老科勒斯克（Abraham Cresques）之子，但从年纪上判断，这种可能性显然很小。
② 关于上述各问题的讨论，见 Diffie & Winius, 1977, Ch. 7; Randles, 2000, Paper, III; Russell, 2000, Ch. 9。
③ 关于15世纪欧洲的导航知识，特别是航海图的发展与应用，见 Diffie & Winius, 1977, Ch. 8。有关天文导航的详细讨论，见 Cortesão, 1969, Vol. II, Ch. VII。

字"星座。紧随其后的，还有亨利的家臣戈梅斯（Diogo Gomes, c. 1420—1500），他进一步沿冈比亚河深入内陆四百公里，到达了坎托（Cantor），从而获得不少有关金沙集散地亦是西非商道南端主要城市廷巴克图（Timbuktu）的消息[①]。

亨利亲王筚路蓝缕，惨淡经营，用了四十年工夫绕过维尔德角，但探索非洲西海岸其实还不到一半。不过，他证明了两件事情。首先，这探索是可行的，没有任何不能够克服的困难；更重要的是，它会带来大量新知识，而且通过独占性贸易，颇为有利可图，虽然还不是巨利。他在1460年去世，那时恐怕不会梦想到，此后三十年间，他开创的事业能够飞跃发展，六十年后，葡萄牙更会建立起横跨欧亚的远洋帝国来。

五、奔向世界：从非洲到亚洲

亨利亲王为远航事业打下基础，它的大发展和完成则是在他去世之后的六十年间（1460—1520），因此它可以视为约翰一世所建立的阿维什（Aviz）王朝之大业。亨利亲王主持的探索前后四十二年（1418—1460），那得到了他父王约翰、长兄爱德华、次兄彼得，以及侄儿阿方索（Alfonso V, 1438—1481）等三代四君的支持。在他之后，直接掌握海外扩展大计的，也同样有三代四君，即阿方索本人、其子约翰二世（John II, 1438—1495）、其侄曼努埃尔（Manuel I, 1495—1521），以及侄孙约翰三世（John III, 1521—1557）。

[①] 有关费尔南德斯、卡达莫斯托和戈梅斯等三人，分别见Russell, 2000, pp. 203-207; Ch. 12; pp. 327-333。卡达莫斯托和戈梅斯都留下了他们探险的回忆录。

绕航非洲大陆

阿方索对海外探索事业兴趣并不大,在叔父亨利去世后就将之付托予里斯本商人戈梅斯(Fernão Gomes),让他以承包形式负起海外探索的全责,此后又在储君约翰二世(John II, 1481—1495)年仅十九岁(1474)的时候,将此大任全权付托予他。结果是很惊人的,在亨利亲王所建立的基础上,戈梅斯以短短六年时间(1469—1475),就将葡萄牙势力从塞拉利昂(Sierra Leone)向南推进了三四千公里,即跨越整个几内亚湾,直达赤道以南的洛佩斯岬角(Cape Lopez)。此后葡萄牙和西班牙之间爆发激烈战争(1475—1479),结果西班牙在陆上交锋获胜,葡萄牙则在西非海战中获胜。双方在1479年签订和约,订定葡萄牙放弃继承西班牙王位的权利,西班牙则承认非洲海岸和相关岛屿(加那利群岛除外)属葡萄牙势力范围,这以后遂成为欧洲瓜分海外殖民的模式。

约翰二世对海外扩张野心勃勃,而且很早已经把眼光投向非洲之外,开始对东印度和向来由威尼斯垄断的东方香料贸易发生强烈兴趣了。这有好几个原因。首先,在1455年教宗尼古拉斯五世(Nicholas V)曾正式发布诏令,将征服非洲海岸"直到和包括东印度"的权益划归阿方索五世也就是葡萄牙。其次,非洲大陆、印度洋和印度三者之间的关系亦即相对地理位置向来不清楚。托勒密在他的《地理学》中猜测,非洲南端有长条陆地向东延伸,将印度洋包裹其中,亦即印度洋是个大湖,因此从大西洋东航抵达印度并不可能。到15世纪这观念开始遭到挑战:在1459年出现的毛罗世界地图(Fra Mauro Atlas)中,非洲已经被画成和现实大致相符合的形状,也就是大西洋和印度洋在它的南端相通连了。最后,1479年的阿尔卡索瓦斯条约已经清楚地把远航和经营东方的权利划归葡萄牙①。

约翰二世登基后,当年就派遣军队和工匠在黄金海岸建立名为埃尔米纳(Elmina)的贸易站和堡垒②,那迅即发展成为主要的金沙与黑奴集散地,以及继续南进的根据地。这样,经过六十年努力,亨利的大计终于得以由后人完成。但其实那只不过是开端而已:约翰二世最重要的成就是将海外探测推进到非洲南端。他最先派遣康迪奥戈(Diogo Cão)在1482—1484年和1485—1486年两度南下:第一趟发现了刚果河口(River Congo),然后到达南纬13度半的洛沃斯岬角(Cape Lobo),误以为已经接近印度洋入口而折回;第二趟他推进到南纬22度却仍然未见端倪,无功而返③。

其后约翰再接再厉,改派迪亚斯(Bartholomeu Dias, 1450—1500)于1487年8月南下。他在年底到达南纬26度半,其时遇上风暴,被迫驶入大洋直往南奔,13日后转向东方寻觅大陆不得,遂再转而向北,终于到达今日南非海岸的莫塞尔贝(Mossel Bay)附近。此后他继续沿岸向东北探索,直至今日的凯斯卡马(Keiskama)河口,确定已经绕过了非洲大陆南端,这才沿海岸折回,并且在回程

---

① 有关约翰二世的海外发展战略考虑,见Winius, 1995, pp. 89–93。
② 这城的全名是São Jorge da Mina(Saint George of the Mine),它本来就是土人与阿拉伯人聚集的贸易中心,葡萄牙人占据以后迅即将内陆贸易吸引到海岸上来。此城连同黄金海岸在1637年为荷兰占据,在1872年又为英国所占,以迄黄金海岸在1957年独立,那就是今日的加纳(Ghana)共和国。
③ 有关康迪奥戈远航的记载颇为混乱,他在第二次旅程之后也下落不明,有人认为他误判到达非洲南端故此被君主冷待,也有人推测他死于回程途中。详见Diffie & Winius, 1977, pp. 154–159;Winius, 1995, pp. 94–99。

中目睹非洲西南端高耸的好望角，在该处立碑。他至终在1488年12月回到里斯本，向约翰二世详细报告此行经历①。迪亚斯此行意义极其重大，因为他证明越过非洲南端之后，它的海岸就转而向北延伸，因此托勒密以印度洋为大湖的猜测极可能是错误的。

历史性发现：直航印度

照理说，在如此大发现的冲击下，葡萄牙自当立刻筹划远航印度，因为航道已经再没有什么障碍了。奇怪的是，他们却拖延八年之久方才作此壮举，原因有种种猜测，却至今未有合理解释，而且为了不明原因，约翰在这段时期的航海档案空白一片，所以这些猜想也无法证实②。无论如何，直到哥伦布发现新大陆，约翰二世去世，曼努埃尔登基之后，这位新君方才派遣达·伽马（Vasco da Gama, 1469—1524）率领四艘大船（其中一艘为半途毁弃的补给船）和170人组成的队伍出发前往印度，那已经是1497年7月了。

他们此行虽然极其艰苦，但由于有了迪亚斯的经验，对非洲海岸形状已经有大体认识，所以离开维尔德群岛之后虽然在不见陆地的茫茫大洋中航行三个月之久，却仍然能够于11月底抵达好望角。此后沿非洲东岸北上，在3月底找到东非最好的领航员，然后横渡印度洋，在1498年5月底到达印度西南的卡利库特（Calicut），航

---

① 详见 Diffie & Winius, 1977, pp. 160–162; Winius, 1995, pp. 99–101; 以及 Randles, 2000, paper VII。他们的背景和生平绝少历史记载。
② 有许多学者认为，是连串当务之急例如北非战争、与西班牙联姻、驱逐犹太人问题等影响所致；亦有学者提出，葡萄牙当局其实是在秘密研究、考察大西洋的风向、洋流，以为派遣方帆带桨船作准备——它航行没有那么灵便，但容载量更巨大，适宜于远航和贸易。至于档案之所以空白，有猜想是被约翰二世的政敌恶意销毁，见 Winius, 1995, pp. 103–115。

程历时十个月之久。回程更为艰辛，在失去一艘船只和只剩55位生还者的状况下，他们直到1499年7—9月间方才挣扎返抵里斯本，向国王复命，并且献上交易得来的香料，证明的确已经到达印度[①]。这样，在亨利亲王去世之后将近四十年，一件超乎他最狂野梦想的壮举得以实现，一千三百年前托勒密的猜想也终于证明为错误——那比起他以地球为中心的宇宙模型被放弃，还要早一个多世纪。

海上帝国的开端

达·伽马出发的时候，船队对于航抵印度之后的行动并没有周详计划，因此在卡利库特朝见萨摩林（Samorin，城主的称号）的时候，为了无法呈上适当献礼而极感尴尬。其实，在他出发之前，曼努埃尔已经召集过御前会议，讨论远航印度是否明智，当时颇有反对意见，认为西非的垄断贸易已经带来可观利润，倘若开拓新航线，不但开支浩大，而且势必颠覆整个东方贸易网络，从而引起大部分欧洲国家敌视，令弱小的葡萄牙四面受敌。最后曼努埃尔表态支持，于是迎来了那趟历史性远航。达·伽马胜利归来后，举国欢腾，再也没有反对声音，而且曼努埃尔早已经作好准备，所以短短几个月后第二次规模更大的远航又再出发。

这趟的司令是卡布拉尔（Pedro Alvares Cabral），他率领14艘航船，载了大约1400名船员和军士，在新世纪的3月初出发，抵达维尔德岬角后为求避开逆向洋流和信风，转而折向西南，航入南大西洋，经过赤道附近的无风区域，以迄到达相当高纬度，才顺风转

---

① 此行详情见 Diffie & Winius, 1977, Ch. 12；达·伽马有下列现代传记：Subrahmanyam, 1997。

而向东,直驶好望角入印度洋。这是一直到19世纪为止,所有从欧洲出发往东方的标准航线。但在此次航程中船队航向西南过远,竟然见到陆地,也就是无意中抵达南美洲东岸。卡布拉尔登岸考察,逗留大约十日,然后决定派遣三艘船回航向国王报告发现,那就是葡萄牙发现、占领和发展巴西的开端。

至于卡布拉尔则继续印度航程,在9月初抵达卡利库特,其后又转到其他两个邻近贸易据点科钦(Cochin)和坎纳诺尔(Cannanore),最后在1501年7月回到里斯本。他此行丧失了过半数船只,又有大量船员不耐远航中缺乏新鲜食物而死亡,但带回来的大量香料却赚得了数百倍暴利,在抵销所有损失和成本之后,仍然有极高利润。然而,不问可知,在印度各贸易据点的伊斯兰教徒对这批不速之客都怀有强烈敌意,在卡利库特他们就曾经发动突袭,杀害了打算留下做贸易的五十多个葡萄牙人。因此,到底小小的葡萄牙打算在遥远的印度做什么,又再成为激烈争论的焦点。

在卡布拉尔回来之后的第二次御前会议中,反对声音再度高涨。他们指出,倘若继续发展印度贸易,则不但要面对当地的大量伊斯兰邦国,而且所有和东方贸易有关的众多方面,包括东非、波斯湾、埃及的苏丹以及威尼斯人,也都将成为敌人——事实上,这个看法后来大部分应验。然而,曼努埃尔雄心勃勃,深信这是千载难逢的时机,不但可以带来巨大财富,而且可以为自己和国人留下不朽名声,因此必须悉力以赴。这样,此后百年大计就由他一言而决。于是从翌年开始,葡萄牙每年都派遣十几二十艘船组成的商贸队伍前往印度。但不久曼努埃尔就意识到,要达到远大目标必须有深远思虑和周详计划,由是定下了几条原则。首先,以征服为至终目标,谈判、妥协都只是手段而已。其次,要作整体和长远规划——虽然此时葡萄牙人对于印度洋的地理环境还只是一知半解。最后,由于途程遥远,讯息缓慢,所以必须委派专任总督(Viceroy)长驻当地,并且授以全权使得便宜行事。

首任总督阿尔梅达(Francisco de Almeida, 1505—1509)是个勇猛军人,他认为保持海上优势最重要,却对于行政和建立据点没有兴趣。在臣服东非两个土王之后,他遵训命在印度西海岸的Angediva岛建堡垒,又发现了锡兰,并相机在第乌(Diu)要塞大破当地苏丹,却对其他指令置若罔闻。真正为葡萄牙开拓印度洋帝国的是第二任总督阿尔布开克(Alfonso de Albuquerque, 1509—1515)。他勇猛坚定,而且充分认识几个关键据点的重要性。在短短六年间,他的巨大成就可以简单地用四个地名显示出来:果阿(Goa, 1510)、马六甲(Malaca, 1511)、摩鹿加(Moluccas, 1512)、霍尔木兹(Ormuz, 1515)。果阿是印度西岸中部的主要城邦,有河水环绕,易守难攻,这是他接任总督之后所攻克的第一个重镇,此后成为葡萄牙整个远洋帝国的"首府"。马六甲是印度洋和太平洋之间的咽喉,也是东方各种商品的集散地。摩鹿加群岛深藏于偏远的爪哇群岛当中,它也就是欧洲人梦寐以求的神秘香料产地。至于霍尔木兹,则位于波斯湾入口,所以是传统香料传送至欧洲两条路线之一的咽喉。阿尔布开克以二三十艘船,两三千军士,居然能够在几年间克服比他强大不止十倍的敌人,强行占领这四处要害之地,并且为永久计建立牢固堡垒,从而令葡萄牙得以囊括东方香料贸易绝大部分的巨大利益,实在是绝大奇迹。他唯一的遗憾,只是未能攻占红海入口的亚丁要塞而已。

六、从新大陆到环航世界

在中古,西班牙分成多个王国,历史错综复杂;它最后的统一和进入近代,是以年轻的斐迪南(Ferdinand II of Aragon)和伊莎贝拉(Isabella I of Castile)在1469年缔婚为转折点。他们本来有千丝万缕的姻亲关系,结合之后分别成为亚拉冈和卡斯提尔的君主,这两个王国遂能顺利合并。斐迪南为人严正忠诚,伊莎贝拉则雄才大略,两人情谊融洽,合作无间,所以能够同心协力,在1492年攻克格拉纳达天险,完成"光复失地大业"。此时葡萄牙已经致力于海外扩张七八十年,又刚刚发现了好望角,西班牙自不甘落后,而神差鬼使,哥伦布正在此时前来游说,于是,在获得胜利的兴奋时刻,伊莎贝拉批准了看来有如天马行空、非常渺茫的西航以达到东方的大计,由是迎来新大陆的惊人发现,自此不但欧洲,整个世界也都被彻底改变。

哥伦布的梦想

哥伦布(Christopher Columbus, 1451—1506)出身于热那亚的织工家庭,少年时代开始航海,二十来岁到里斯本定居,在1478—1479年间迎娶葡萄牙贵族之女。他岳丈本是亨利亲王家臣,也是马德拉群岛之一的总督,其遗留的远航海图和相关文件后来都由他承受[1]。在此前后他在大西洋累积了极其丰富的航行经验,往北到过荷

---

[1] 哈佛大学莫里森教授(Samuel Eliot Morison)所著哥伦布传即 Morison, 1942极为详尽,是这方面的权威著作,但面世已超过七十年,而且缺乏注释与参考文献;近期传记见 Phillips & Phillips, 1992,那精简得多,其中有大量篇幅讨论此大发现的背景与深远影响。

兰、英国、爱尔兰,甚至冰岛,往南到过马德拉群岛和非洲沿岸,更参加了1481年在黄金海岸建立埃尔米纳贸易据点的旅程。

他为什么会异想天开,认为在茫茫大西洋中西航,就可以到达亚洲大陆,而且不屈不挠,千方百计要作此尝试呢?首先,当时远航热潮因为葡萄牙西非探索成功而冒起,而且《马可·波罗行纪》对欧洲和对他个人都有极大影响。他遗物中就有此书,虽然那大概是在初次西航之后方才购入,因此所受影响只是间接的。但无论如何,在15世纪七八十年代,如何航抵东方是在商贸和航海圈里面极受关注的话题。这是他梦想的原始动力,而《行纪》中说日本(书中称为Cipangu)"金多无量,而不知何用",君主王宫"顶皆用精金为之",自然极有诱惑力①。其次,这梦想的根本可能性是来自"大地为球形"这自古以来就已经在西方意识中确立的道理。托勒密的《地理学》虽然失传超过千年,但它的希腊文抄本已经在十四五世纪之交从君士坦丁堡流入欧洲,并在1406年从希腊文翻译成拉丁文,又在1475年印刷出版。此书在15世纪下旬对学者影响极大,马尔特鲁斯(Henricus Martellus)在1489年的世界地图就是根据它的第二投影法绘制,其中清楚显示,从欧洲西航抵达亚洲是可能的②。

哥伦布是航海家而非学者,《地理学》和马尔特鲁斯地图他未必读过或者见过,但同样会有间接影响。肯定对他产生了直接影响

---

① 见前引冯承钧译《马可·波罗行纪》,第570页。他建议西航以求抵达日本而非产香料的东印度,那自然是因为日本在亚洲大陆的最东端,因此航程较短。
② 见 Harley & Woodward, 1987, pp. 316–317,该处并讨论了《马可·波罗行纪》对15世纪欧洲地图学的深远影响。但亦有一说,认为该图是哥伦布为了支持他的西航计划而与朋友伪造的。

的，则是一位佛罗伦萨医生托斯卡内利（Paolo dal Pozzo Toscanelli）在1474年写给里斯本一位教士以转达葡萄牙国王的信札，其中提出西航8000公里，经过日本然后抵达中国（当时称为Quinsai，即杭州）的具体计划，信中还有一幅附有经纬度以及航线沿途所经位置的地图，以显示此举的实际可行性。阿方索五世和约翰二世对此信都没有反应，但哥伦布却得到了此信和地图，并两度与托斯卡内利直接通信，那后来就成为他西航大计的主要根据[1]。

由于与葡萄牙王室有姻亲关系，所以他在1484—1485年间就对约翰二世提出西航直达日本的计划，并指出那要比环绕非洲来得更直接和快捷。这计划随即被王室专家委员会否决了：他们指出，地球周长比哥伦布所假定的要大得多，所以西航遥远，不可能在航船不着陆的最长时间（大约三个月）之内到达东方[2]。不久之后迪亚斯发现好望角，东方航道开通在望，葡萄牙王室对西航计划就丧失兴趣了。其后五六年间他仆仆风尘，往返于西、葡两国求助，但一再碰壁。最后他通过一位教士佩雷斯（Juan Pérez）居间大力游说，事情终于出现转机。当时伊莎贝拉一世已经和摩尔人谈妥了格拉纳达（Granada）投降的条件，她的行营中一片欢欣鼓舞气氛。但即使如此，也还是由于斐迪南的劝说，精明的伊莎贝拉方才抱着"小赌"以免机会落入邻邦手中的心情，而应允他的请求，在1492年4月与

---

[1] 见 Phillips & Phillips, 1992, p. 108; Morison, 1942, pp. 33–35; 63–65。
[2] 葡萄牙专家委员会所用的地球周长显然是埃拉托色尼测定的更准确古代值，而哥伦布所假定的则是托勒密跟从博斯多尼乌的错误值，那比确值小大约25%。此外，他更夸大了亚洲所占的经度宽度以及日本与亚洲大陆之间的距离。此问题的详细讨论见 Phillips & Phillips, 1992, p. 110–111; Morison, 1942, pp. 63–69。

他正式签订资助远航的协议①。

发现新大陆

这样,在1492年8月哥伦布率领三艘不及百吨的小帆船和统共九十名船员,南下加那利群岛,经过休整后在9月6日后往西直航。他非常幸运,因为此后天气晴朗,而且加那利处于北纬30度,他可以顺着北赤道洋流和信风直驶。当然,最重要的是,他对欧亚之间距离的估算虽然完全错误,但前所未知的美洲大陆却横亘其间。所以短短不到四十日后,即在10月12日,他就已经抵达巴哈马群岛中的圣萨尔瓦多岛(San Salvador)。在巴哈马群岛、古巴和所谓伊斯帕尼奥拉岛(Hispaniola,或称西班牙岛,即今海地和多米尼加)之间探索三个月后,他在1493年1月初启程返航,但途中屡屡遭遇强烈风暴,经过两个月的挣扎,方才狼狈不堪地驶抵葡萄牙,在觐见约翰二世并蒙优渥礼待之后,终于回到西班牙,接受王室盛大欢迎和封赠。他此行前后才不过七个月,比起日后达·伽马的航程来,实在是轻松简单得太多——他航经的距离,大概只及后者三分之一。

此后哥伦布又带领船队前往新大陆三趟(1493—1494、1498—1500以及1502—1504)。最初他得偿所愿,被封为"西班牙岛"总督,但他自大、残暴,不知怜恤民众,结果为人上告,最后被撤职查办,受押解回国。他最后一趟航程主要是为探索中美洲,但始终找不到西航通道,其后被困牙买加一年,几经波折才得返回加的斯(Cadiz)故宅,悒悒以终。所以,很讽刺地,他只到了加勒比众多

---

① 见 Phillips & Phillips, 1992, pp. 128–133; Morison, 1942, pp. 98–104。

岛屿和中美洲,而并没有意识到南北美洲大陆的存在,更没有见到梦寐以求的日本和黄金屋,更不要说中国及其人口稠密的大城市。而此时,从今日看起来好像是放过了天赐良机的葡萄牙,却早已经到达印度,并且忙于建立即将带来巨额财富的海上王国。

建立海外帝国

哥伦布的发现没有立即带来财富,但西班牙迅速将此事向教宗亚历山大六世(他是西班牙人,与王室关系极其密切)汇报,要求承认西航所发现的所有领土均属西班牙。葡萄牙对此提出异议,两国谈判后于1494年6月签订《托尔德西里亚斯(Tordesillas)条约》,将两国势力范围以经线42°W划分,以东属葡萄牙,以西属西班牙[①]。

哥伦布去世(1506)后,前往新世界的移民日渐增加,西班牙当局也开始设立官僚机构加以统筹管辖,但当地并未发现重要资源或者出现经济大发展,直到十年后形势陡变,从而迎来突破[②]。这起源于1517年一位住在古巴,名哥多华(Francisco Hernández de Córdoba)的乡绅带领百来人往附近海岛捕捉黑奴,途中遇风暴迷失方向,误打误撞登陆尤卡坦(Yucatan)半岛,在那里见到大群土人和极其坚固广大的城池,也就是发现了位于今日墨西哥的阿兹特

---

① 条约中所订其实是维尔德群岛以西370里格(league,约等于5公里)的经线,即42°W。根据协议,巴西的东凸角仍然属于葡萄牙。因此有学者认为,虽然卡布拉尔要到1500年才发现巴西,但在此之前葡萄牙人其实已经知悉其地之存在了。

② 西班牙帝国史见Lynch, 1981,即其《哈斯堡皇朝下的西班牙》与Parry, 1990(《西班牙海上帝国》)。

克（Aztec）帝国。它人口五百万，拥有多个属国和数十城池，并具有相当高的技术和文化水平。不可思议的是，古巴总督亲信，强悍勇猛的科尔特斯（Hernán Cortés）闻讯后不久，就率领尚不及千人的小队伍登陆墨西哥湾，不顾总督的训令与后至队伍的阻挡，竟然仅仅用短短两年时间（1519—1521），就一举征服了这庞大富足的帝国。

这令人咋舌的壮举是个信号也是强烈刺激，此后四五十年间大量移民蜂拥而至，向广大而未知的四方八面分散探索，征服和奴役当地帝国、部落、土人，建立他们的新家园。到了世纪中叶左右，他们已经到达北美洲南部海岸、整个中美洲和整个南美洲——但广大的巴西则格于协议而留给葡萄牙。这第二波扩张的核心是处于安第斯山脉西侧的印加（Inca）帝国，它其时正处于发展高峰，国土延长4000公里（相当于今日厄瓜多尔、秘鲁以及玻利维亚、智利、阿根廷等的部分），人口1200万，财用富足，首都位处数千米高山深处，据有天险。同样不可思议的是，皮萨罗（Francisco Pizarro）在经过两趟失败之后，再次带领百余人的小队伍从巴拿马出发，沿途招纳雇佣、同盟，居然也只是用了两年工夫（1532—1534），就生擒然后杀害了它的皇帝，随即直捣都城和皇宫，也就是将此庞大帝国灭绝；虽然帝国属土的征服和平抚仍然需时多年，但那是后话了[①]。

哥伦布没有找到日本的黄金屋，但科尔特斯和皮萨罗却为西班牙找到了金山和银山，因为墨西哥和秘鲁都有巨大、似乎是取之不

[①] 科尔特斯和皮萨罗的事迹见《征服者列传》，即Descola, 1957；对西班牙征服美洲的整体论述见Bacci, 2008及Parry, 1979。

竭的金银矿藏。在16世纪这顿然使得它一跃而成为欧洲政治势力的中心——特别是，在刚刚出现的宗教改革风暴中，它使得极为保守的西班牙能够为天主教一方提供强力支持，从而令16—17世纪的新旧教较量最后以双方大致平分欧洲结束。但通货不等于财富，西班牙大量金银流入欧洲市场带来长期通货膨胀，这连同它在宗教战争中的挥霍无度，最后导致它在17世纪迅速衰落，然后堕入长达三个世纪（约1640—1950）的经济、政治、文化停滞之噩梦，待得佛朗哥时代终结，则"再回头已百年身"了[①]。

西航通道与环航世界

在欧洲的海外探索中，葡萄牙苦干，西班牙则幸运，两度捡到从天而降的便宜[②]。麦哲伦（Ferdinand Magellan）出身葡萄牙显赫家族，1505年随第一任总督阿尔梅达出使印度，1511年随阿尔布开克出征马六甲，随后更航入爪哇海域，找到安汶（Ambon）和班达（Banda）等出产香料的岛屿[③]。有此经历后，他想到哥伦布的西航策略本来不错，倘若往南绕过南美洲，则仍然可以直达摩鹿加群岛。其后他试图说服葡萄牙国王支持此计划，但无法赢得好感和信

---

① 有关16—17世纪西班牙的整体发展见Lynch, 1984；有关其大量金银财宝所导致的长期通货膨胀，以及国家财政之失控，见该书Vol. 1, Ch. 4,特别是pp. 129-142；有关其17世纪的衰落，见该书Vol. 2, Ch. 5。有关西班牙自17世纪以来的衰落与停滞，见Vicens, 1970, Ch. 17-20; Carr, 1980则是其19—20世纪政治悲剧的详细分析。
② 有关麦哲伦的事迹见以下两部传记Joyner, 1992及Zweig, 1938；并见Morison, 1978, Ch. 21-27。
③ 出产香料的摩鹿加群岛星罗棋布，散处于东经128度和赤道附近，亦即在西里伯斯和新几内亚之间，帝汶岛以北。有关它的地理历史详情见《伊甸园的芬芳》即Corn, 1998。

任，于是破釜沉舟，在1517年转投西班牙，以"香料群岛应该是位于《托尔德西里亚斯条约》所划分的西班牙势力范围之内"①来说服当时的西班牙国王，至终获得批准。

麦哲伦在1519年9月率领五艘船离开塞维尔（Seville），沿非洲西岸南下，葡萄牙闻讯派军舰追截但未能成功。他们两个月后横过赤道，于年底抵达南美洲，在今日里约热内卢附近停泊补给，过冬后循南美洲东岸南下，沿途仔细寻找往西出口，最后在1520年10月22日找到看似是通往另一边大洋的通道。他用一个多月探索那长达六百公里，曲折险恶非常，后来以他命名的海峡，至终带领三艘船只（其余两艘叛变了）在11月27日到达平静清丽的大洋，将之命名为太平洋。

此后他们沿南美洲西岸北上，在南纬40多度位置转以西北偏西方向横渡太平洋，用两个月时间到达赤道，再用两个月抵达菲律宾。意想不到，在与土人的剧烈冲突中麦哲伦伤重死亡，尸骨不知所终，余下船员人数不足，只能够在曾经叛变麦哲伦的埃尔卡诺（Juan Sebastián Elcano）指挥下驾驶两船在1921年6月底继续航程，由当地向导带领经过北婆罗洲，最后千辛万苦来到摩鹿加群岛，采购了大量香料，在年底起航返国。但其中一船渗漏严重，最后在暴风中沉没；余下最后一艘避开马六甲海峡，在新年初绕过帝汶岛东端西航，于1522年5月初抵好望角，9月初返抵塞维尔，离出发刚好三年，当

---

① 倘若将托尔德西里亚斯分界线视为西经42度的话，这相当于说摩鹿加群岛的位置是在东经138度以东，如今我们知道那是错误的，但当时分界线的位置并不那么确定，更何况，太平洋的宽度仍然无人知道，摩鹿加群岛的位置同样模糊；在Schöner 1515年造的地球仪上，日本离墨西哥只有几百英里。因此麦哲伦的说法难以被挑战，问题只在于是否能够找到绕过南美洲的通道而已。

年出海的五百船员仅得18人回归，豪情万丈的麦哲伦则赍志以殁。

麦哲伦此行本是为开辟西通航道，他自己虽然未曾抵达香料群岛，但如愿觅得麦哲伦海峡，又无意中促成人类首次环航，由是具体证实地为球体的想法，亦大可自豪。但除此之外，此行还有其他后果。首先，它导致西、葡两国直接展开香料群岛的争夺，最后它们在1529年订定《萨拉戈萨（Zaragoza）条约》，协议摩鹿加群岛仍归葡萄牙，更广大的菲律宾群岛虽然经度相同，则归最初发现的西班牙。其次，船员返国之后，发现他们虽然谨慎记录年日无误，比之欧洲日历却无端缺少一天，由是订定国际日期线的必要开始为人认识。最后，他们在南半球观察到了与银河系相似但略小的另一个星云，即今日以麦哲伦命名的星云。

航海技术与科学

在亨利亲王时代，远航只靠罗盘、航海图和"航程估算"，到了十五六世纪之交亦即迪亚斯、达·伽马、卡布拉尔、哥伦布和麦哲伦的时代，不知不觉间，这方面技术开始出现许多变化[1]。首先，由于大半个世纪无数次远航经验的累积，航海家开始能够掌握大西洋和印度洋各部分在不同季节的洋流、风向，也逐渐熟悉了非洲大陆和印度洋沿岸的地理位置。其次，经纬度的概念变得普遍，领航员开始用简单的仪器如星盘和四分仪测量北极星或者正午太阳高度（仰角）以决定纬度。但经度始终是个难题，直到19世纪方才由于精密时计的出现而彻底解决。在15世纪末唯一的可靠方法只有通

---

[1] 见 Morison, 1978, pp. 26–32, 508–512; Phillips & Phillips, 1992, Ch. 4。

过比较两地出现月食的时差来推算，但这需要预测某个对照点的月食。很幸运，德国天文学家雷吉奥蒙塔努斯（Regiomontanus）在1474年印刷出版了《星历》（*Ephemerides*），它列出了1475—1506年间每日的日、月和五大行星的绝对位置，亦即包括了日月食数据[①]。哥伦布西航时携带此书，两度观测月食用以推算所到地点的经度（但所得结果都不准确），又借此预测月食以慑服土人[②]。最后，远航把人带到广大地球上完全不同的区域，特别是南半球，使得航海家经常从不同纬度观测星空，而这又是与其所处位置密切相关的，因此天文与地理的密切关系更深入脑海了。

　　远航需要两类完全不相同，但密切相关的知识。一类是对地理、海洋、气象、天文（主要是星座）等现象的具体和实证性（empirical）认识，它们需要通过长期经验和大量观察得来。另一类则是根据这些现象和通过数学和推理，以决定航行者在地球表面位置的方法。这两类知识是互相促进的。为了实际需要，十五六世纪的航海家不但促进了第一类知识的累积，也同样促进了第二类知识的普及和发展，以及两者之间的结合。在这个意义上，地理大发现不但本身极其重要，而且对现代科学的出现也有微妙、深远的启示性意义，因为它显示：从现实吸取实证性知识重要（培根的观念），理论性知识同样重要（笛卡儿的观念），但两者密切结合起来则最重要（牛顿的观念）。这个转折，正就是偏重于推理的古希腊科学蜕变为现代科学的关键。

---

① 此书出版后风行一时，它与托勒密的天文学巨著《大汇编》以及当时刚刚兴起的印刷术都有密切关系，详见前引《继承与叛逆》第492页。
② 见Morison, 1978, pp. 467, 507, 540–541。

七、总结：为何西方作出地理大发现

到了16世纪二三十年代，随着葡、西庞大海外帝国的出现和麦哲伦环航的完成，西方海外探索和扩张的第一阶段就结束了，此时离亨利亲王最初在萨格里什岬角筹划大计已经一个多世纪。当然，这同时也是新阶段的开端，此后它的步伐不断加速，原动力不断向荷兰、英、法、德、意等其他欧洲国家转移，直到四百多年之后方才消耗殆尽，那时整个世界也都被彻底改变了。然而，就在这个历程的开端，在世界另一边的明帝国也有类似壮举。它的规模庞大得多，表面上没有遇到阻力，结果似乎也相当成功，但不知为何却没有延续下去，几十年后就烟消云散，始终没有为中国带来什么重大改变。这巨大的反差，说明了些什么呢？这可以从两个不同方面来考虑，一方面是知识性的，也就是地理科学的角度；另一方面则是人文的，也就是文化、政治、观念等角度。它们交互作用，彼此影响，往往不容易清楚分辨，但仍然是两个独立的、不相同的角度。以下我们就从这两方面来做总结讨论。

地理科学的角度

就地理科学而言，西方之所以能够做出地理大发现，毫无疑问，最主要原因之一就是自古以来就已经牢牢建立起"地为圆球"的学说；以及根据这个学说所展开的，对地球表面的大量研究，包括对赤道、南北回归线、极圈、经纬度等的认识。前者触发了哥伦布的奇想，后者则为天文导航提供了理论基础。在古代，这套学说虽然为学者接受，但对一般人没有太大意义，甚至罗马帝国的百科全书编纂家例如普林尼（Pliny）、卡佩拉（Capella）、伊西多尔（Isidore）对它也都不甚了了。它最后能够在哥伦布身上发生决定性作用，是和许多人文因素分不开的，包括希腊科学在15世纪的复兴，葡萄牙酝酿出来的远航热潮，马可·波罗笔下那个富有吸引力的东方，还有热那亚的远航、贸易和绘制地图传统，等等。

至于中国，虽然地理学自古就很发达，但仅限于描述性数据，理论性的地理科学阙如，这基本缺陷使得它不可能触发像哥伦布那样的奇想，也难以成为远洋探索的支撑力量。我们特别指出，从郑和《航海图》的内容看来，他下西洋所依赖的，基本上是大量舵手、舟师在多个世纪累积起来的经验，那虽然非常实用，但只限于航海者已经熟悉的海岸和地域，而不可能为航海家提供凭借，以跨越茫茫大洋，探索遥远未知之地。

导致大发现的另一个原因，则是对整个大地，包括尚未知悉的远方的强烈好奇和兴趣。这表现于欧洲人在古代对印度，在中古对中亚、中国、日本等遥远地域的向往，以及不断作出绕航非洲的尝试。它同样表现于自古以来就相当发达的"世界图"，其重要特点是对尚未知悉究竟的远方同样仔细描绘，而并不采取草率态度，这自古希腊时代的"世界环图"发展到中古"航指图"，再蜕变为14—15世纪的"世界图"可以看得很清楚。相比之下，中国地图虽然对神州大地描绘得异常精细准确，但对于海外疆域，乃至本土沿海岛屿，就显得不认真而草率，只能够称之为示意图了。换而言之，中国士人绘制地图的心思主要止于熟悉的本土，而未能延伸到神州之外，更遑论远方海域，因此也不可能提供远方探索的思想动力。这是个根本差别,既属地理学,亦关系人文因素。

总括而言,比起西方来,中国传统地理学有两方面的局限,即不曾发展基本理论,和目光囿限于中土,而忽视域外和海外。

宗教、商贸与个人野心

地理科学只是基础而已。如我们在本文以上几节所试图显示,海外探索的原动力来自宗教热忱与巨大商贸利益,而把这两者转化为实际行动的,则是冒险精神与个人野心,那不妨笼统地称为英雄主义。那从荷马史诗开始,经过亚历山大东征、十字军东征,以至葡萄牙远航,可谓自古一脉相承。我们要特别指出,葡萄牙的海外扩张本来是以进军北非为开端,但攻陷休达要塞之后,征服相邻商港丹吉尔(Tangier)的企图彻底失败(1437),这才转而专心向海上发展。以收复耶路撒冷为目标的十字军基本上是失败的,因为它的伊斯兰对手与欧洲旗鼓相当。海外探索则获得巨大成功,因为远航使欧洲找到了两个它具有相对优势的地区:阿兹特克与印加帝国的文明程度和政治意识比之旧大陆相去不可以道里计;至于南亚和东南亚众多小邦则缺乏强大中央政权,又未曾发展海军[①]。

当然,郑和所率领的舰队规模空前庞大,包括巨舶数十百艘,官兵二三万人,它的财资、军力无可置疑,它所到之处诸藩王或禽然臣服,或束手就擒,那比之达·伽马甚至阿尔布开克的艰辛,委实不可同日而语。那么,它即使不能够发现新大陆,但要独占当地贸易,或者建立南亚帝国,应当是绰绰有余的,为什么大明帝国劳

[①] 葡萄牙赢得南亚海上帝国极为艰难,程度远远超过西班牙赢得美洲殖民帝国,对此 Diffie & Winius, 1978, Ch. 14 有详细分析与讨论。

师动众三十年之久，却未获得厚利，也未建立政权或留下政治影响力呢？简单地说，那是不为也，非不能也。历代皇朝都以国泰民安为要务，对于向外扩张视为"疲中国以奉四夷"，历来抱有戒心，西域犹然，更何况万里海外？其实，明宪宗本来有意再下西洋，所以曾经下诏索取郑和出使的水程，却被郎中刘大夏匿藏。兵部尚书项忠严诘小吏，争辩之间刘大夏抗辩说，"三宝下西洋，费钱粮数十万，军民死且万计，纵得奇宝而回，于国家何益？此特国家一时弊政，大臣所当切谏者也"，从而折服项忠。这故事清楚点出下西洋戛然而止的真相，也说明了当时大部分官员对它的敌视态度[①]。

但这里还有个更深刻的问题，那就是：中国同样不乏桀骜不驯、野心勃勃的冒险家，何以他们不能够假借朝廷威势以成就大业？何以张骞、班超、郑和不能够转变为中国的哥伦布、科尔特斯、皮萨罗？这就必须从政治文化与体制寻求解释了。我们要记得：哥伦布在西班牙只是外来"客卿"，但远航之前他竟然胆敢要求，而伊莎贝拉也同意，双方签下条约，详细订明未来利益的分配，以及届时他个人应该享有的地位、称号，等等。因此西班牙王室是愿意与这个"白丁"分庭抗礼，平等交易的。至于科尔特斯则是个见机而作的冒险家，他征服阿兹特克帝国是违抗古巴总督命令的，但事后不但得到王室认可，赏赐盾徽，还被委任为"新西班牙"总督，集军政法大权于一身，近乎"裂土封王"。至于冒险家皮萨罗则越过巴拿马总督，径直觐见国王，获得批准征服秘鲁并且预封为"新卡斯提尔"的总督，然后完成征服印加帝国壮举。在中国传统政治观念

---

① 见前引《明代郑和航海图之研究》第13页所引严从简《殊域周咨录》的记载。

中，这些混淆上下尊卑的行径都是匪夷所思、绝不可能容忍的。换而言之，16世纪西班牙虽然厉行中央集权，却仍然高度重视个人身份，以及客卿和子民在海外的开拓能力。这种观念到底是从何而来的呢？那恐怕就非得追溯到本文开头提到的大量古代远航和征服事迹不可了，其中阿伽门农和奥德修斯的传说，还有腓尼基、古希腊、迦太基诸民族的武装海外移民传统都是长期影响西方观念的重要因素，它们为勇敢果断之士的海外冒险牢牢地建立了心理、文化和政治上的基础。

从以上讨论我们或许可以将西方能够作出地理大发现，并因此而向全球扩张，归结为两个根本原因：一方面是它自古高度发达的地理科学；另一方面则是它在历史传统、文化、社会、政治等各方面的动态观念，那可以归结为一种渴求征服与扩张的冒险精神，和由此而生出的，对于个人价值与地位之重视[①]。

2016年4月24日于用庐
2021年2月16日修订

---

① 必须澄清，这里所谓"个人"是有限度的，大抵只指欧洲人：他们在新世界所遭遇的土著，即被视为"化外之民"甚至"非人"而不在此例，可以任意处置、奴役、屠宰而无须负责，亦不会导致良心责备；即使这些土著信奉了基督教，也仍然不可能获得与欧洲人同等的地位。因此，我们绝无意美化、歌颂新世界的众多"征服者"或者扩张、征服运动本身，那事实上是一场旷世浩劫，造成了难以想象的人道灾难。除此之外，如上一节所提到，它对于西、葡两国本身，所带来的也并非真正福祉，而是另一种灾难，即文化的停滞与昏睡。但这些问题牵涉过多，已远远超出本文范围了。

参考文献

[1] Akbari, Suzanne C. and Iannucci, Amilcare, ed. *Marco Polo and the Encounter of East and West*. Toronto: University of Toronto Press 2008.

[2] Bacci, Massimo Livi. *Conquest: The Destruction of the American Indios*. Carl Ipsen, transl. Cambridge, UK: Polity Press 2005.

[3] Beazley, C. Raymond. *Prince Henry the Navigator: the Hero of Portugal and of Modern Discovery*. New York: Burt Franklin 1968 (1895).

[4] Carr, Raymond. *Modern Spain 1875–1980*. Oxford: Oxford University Press 1980.

[5] Cary, M. and Warmington, E. H. *The Ancient Explorers*. London: Methuen 1929.

[6] Chadwick, John. *The Mycenaean World*. Cambridge: Cambridge University Press 1976.

[7] Cline, Eric H. *The Trojan Wars: A Very Short Introduction*. Oxford: Oxford University Press 2013.

[8] Cook, J. M. *The Greeks in Ionia and the East*. London: Thames & Hudson 1962.

[9] Corn, Charles. *The Scent of Eden: a Narrative of the Spice Trade*. New York: Kodansha 1998.

[10] Cortesão, Amando. *History of Portugese Cartography*. 3 vols. Lisbon: Junta de Investigacoes do Ultramar, 1969.

[11] Crane, Nicholas. *Mercator, the Man Who Mapped the Planet*. New York: Henry Holt 2003.

[12] Crone, G. R. *Maps and their Makers: an Introduction to the History of Cartography*. Folkestone, Kent: Dawson 1978.

[13] Dawson, Christopher, ed. *The Mongol Mission*. London: Sheed & Ward 1955.

[14] Descola, Jean. *The Conquistadors*. Malcolm Barnes, transl. London:

Allen & Unwin 1957.

[15] Diffie, Bailey W. & George D. Winius. *Foundations of the Portuguese Empire 1415-1580*. Minneapolis: University of Minnesota Press 1977.

[16] Disney, A. R. *A History of Portugal and the Portugese Empire: From Beginnings to 1807*. Vol 1: *Portugal*. Cambridge: Cambridge University Press 2009.

[17] Dueck, Daniela. *Strabo of Amasia: A Greek Man of Letters in Augustan Rome*. London: Routledge 2000.

[18] Fitton, J. Lesley. *Minoans*. London: The British Museum Press 2002.

[19] Fox, Robin Lane. *Alexander the Great*. London: Penguin 1974.

[20] Guthrie, W.K.C. *The Earlier Presocratics and the Pythagoreans*. Cambridge: Cambridge University Press 1962.

[21] Hammond, N.G.L. *A History of Greece to 322 B.C*. Oxford: Clarendon Press, 1986.

[22] Harden, Donald. *The Phoenicians*. London: Thames & Hudson. 1962.

[23] Harley, J. B. and Woodward, David, ed. *The History of Cartography. Vol 1. Cartography in Prehistoric, Ancient and Medieval Europe and the Mediterranean*. Chicago: Chicago University Press 1987.

[24] Herodotus, *The Histories penguin*, 1954.

[25] Joyner, Tim. *Magellan*. Camden, Maine: International Marine 1992.

[26] Latacz, Joachim. *Troy and Homer: Towards a Solution of an Old Mystery*. Kevin Windle and Rosh Ireland, transl. Oxford: Oxford University Press 2004.

[27] Larner, John. *Marco Polo and the Discovery of the World*. New Haven: Yale University Press 1999.

[28] Lynch, John. *Spain Under the Habsburgs*. 2 vols. New York: New York University Press 1984.

[29] M'crindle, J. W. *The Invasion of India by Alexander the Great as described by Arrian, Q. Curtius, Diodoros, Plutarch and Justin*. London:

Methuen 1969 [1896].
[30] Morison, Samuel Eliot. *Admiral of the Ocean Sea*: *a Life of Christopher Columbus*. Boston: Little, Brown & Co. 1942.
[31] Palmer, Leonard R. *Mycenaeans and Minoans*: *Aegean Prehistory in the Light of the Linear B Tablets*. London: Faber and Faber 1965.
[32] Parry, J. H. The Discovery of South America. London: Paul Elek 1979.
[33] Phillips, William D., Jr. & Carla R. Phillips. *The Worlds of Christopher Columbus*. Cambridge: Cambridge University Press 1992.
[34] Rachewiltz, I. de. *Papal Envoys to the Great Khans*. London: Faber & Faber 1971.
[35] Randles, W. G. L. *Geography, Cartography and Nautical Science in the Renaissance*. Aldershot: Ashgate 2000.
[36] Subrahmanyam, Sanjay. *The Career and Legend of Vasco da Gama*. Cambridge: Cambridge University Press 1997.
[37] Thomson, J. Oliver. *History of Ancient Geography*. New York: Biblo & Tannen 1965.
[38] Vicens Vives, Jaime. *Approaches to the History of Spain*. Joan C. Ullman, transl. Berkeley: University of California Press 1970.
[39] Warmington, B. H. *Carthage*. London: Robert Hale 1960.
[40] Webster, T. B. L. *From Mycenae to Homer*. London: Methuen 1964.
[41] West, Martin L. *The Making of the Odyssey*. Oxford: Oxford University Press 2014.
[42] Willetts, R. F. *The Civilization of Ancient Crete*. Amsterdam: Hakkert 1991.
[43] Winius, George D., ed. *Portugal, the Pathfinder*: *Journeys from the Medieval toward the Modern World 1300–ca. 1600*. Madison 1995.
[44] Zweig, Stefan. *Conqueror of the Seas*: *The Story of Magellan*. New York: Literary Guild of America 1938.

第三辑

科学进步的历史有规律吗？

——波普尔与库恩学说评析

自17世纪科学革命以来，科学作为一套探究自然规律的方法和模式，迅即取得巨大成功，而且不断进步和扩展，涌现为人类智力活动一个最活跃、最重要的范畴。与此同时，对科学本身的研究、评论也开始了，其中最早也最著名的，当数18世纪哲学家休谟，他提出科学定律不可能证明为必真的怀疑论；还有康德，他将科学视为知识论的一部分，试图为它建立一个稳固的、先于经验的超验（transcendental）基础。到了19世纪，则有赫威尔和马赫。他们本来是科学家，其后转向科学史和科学哲学研究。在20世纪初，由于新一轮科学革命即相对论和量子学的刺激，以及由罗素和维特根斯坦所推动的逻辑学之蓬勃发展，又有所谓"维也纳哲学圈"（Vienna Circle）兴起，它的信念是"逻辑实证论"，即对世界的了解须以实证知识为基础，并通过逻辑分析加以澄清。波普尔（Karl Popper）就是出于这个圈子而又反叛了它的专业科学哲学家。到了20世纪中叶，科学史迅猛发展，库恩（Thomas Kuhn）则是出现于这个时期之末的专业科学史理论家。波普尔和库恩都以提出独特而带有悖论性质的学说知名,在科学哲学领域可谓大名鼎鼎,甚至在整个社会科学界,也都享有崇高声望和广泛深远的影响。

同时,波普尔和库恩又是极富论争性的人物,澳洲哲学家斯托夫(David Stove)甚至将他们称为"非理性主义者"(irrationalist)。那也许有点过分,但波普尔的名望与他在冷战时期的鲜明态度不无关系,而库恩的学说在科学界激起了相当强烈和普遍的反对声音,则是不争的事实。所以,他们有关科学的理论到底是怎么样一回事,这些理论与科学本身以及它的发展经历是否契合,是很值得深究的。

不过,这两位学者的著作和有关他们的研究汗牛充栋,我们不可能,也没有必要详细论述。本文所将集中讨论的是:他们两位对于"科学进步的历史有规律吗"这个问题的看法。为什么呢?因为波普尔的成名作是《科学发现的逻辑》,库恩的成名作是《科学革命的结构》,而他们书题中所谓"科学发现",所谓"科学革命"也者,无非就是科学史,亦即我们所谓"科学进步的历史";至于他们所谓"逻辑"和"结构",说到底,其实亦即我们所谓"规律"。因此,他们学说的核心就是为科学史亦即"科学进步的历史"(而非科学本身)找到规律。我们所要提出的问题是:这样的规律存在吗?它们是何等性质的规律,对于科学史的整体有效吗,并无例外吗?

一、波普尔学说评析

波普尔是奥地利人,1902年出生于维也纳一个改宗路德新教的犹太人家庭,父亲是执业律师,但藏书万卷,历史、哲学、马列思想无所不窥。波普尔自幼深受影响，中学时代即对科学和哲学发生兴趣，1918年决定辍学自修，同时到大学旁听，此后经历了马克思主义、心理治疗、音乐作曲、手工艺、社会服务等各种不同性质的追求，直至1922年方才重返大学就读，1928年获颁心理学博士学位，翌年觅得中学教职①。他很早就对科学的基础特别是科学与伪科学的判分标准发生兴趣，并且颇不以逻辑实证论为然，此时遂开始与克拉夫特（Victor Kraft）、费格尔（Herbert Feigl）、施利克（Moritz Schlick）等维也纳哲学圈中人物交往，并且在他们的鼓励和帮助下于1934年出版《科学发现的逻辑》，由是知名国内外，奠定一生事业。其时纳粹已经掌权，欧洲大乱将至，他于1937年赴新西兰任大学教职，随后在经济学家哈耶克（F. A. Hayek）的影响之下转向社会科学研究，嗣出版为自由主义辩护的《历史主义贫困论》（1944）和《开放社会及其敌人》（1945）两部政治与历史哲学著作；1946年受哈耶克邀请，出任伦敦经济学院逻辑学与科学方法教席，以迄1969年退休。

分辨科学与非科学

波普尔在1934年出版《科学发现的逻辑》②，它的核心观念是

---

① 有关波普尔的经历和学术背景，见他的自传即 Karl Popper, *Unended Quest: An Intellectual Biography*（London: Routledge, 1992），其中译本为卡尔·波普尔著，赵月瑟译《波普尔思想自述》（上海：译文出版社，1988）；此外，尚见他的学术传记：Malachi Haim Hacohen, *Karl Popper——The Formative Years, 1902-1945: Politics and Philosophy in Interwar Vienna*（Cambridge: Cambridge University Press, 2000）。
② Karl Popper, *The Logic of Scientific Discovery*（London: Hutchinson, 1968）；以下核心观念的陈述见pp. 40–42.

"证伪说"（criterion of falsification），即原则上只有能够被事实证明为错误的陈述才属于科学的范围，否则就是"伪科学"。根据他的自传，这个说法是由爱因斯坦的广义相对论在1919年戏剧性地为爱丁顿（Arthur Eddington）远赴南非所作的天文观测所证实（当然也很可能就此被否定），以及对当时盛行的马克思、弗洛伊德、阿德勒（Alfred Adler）等的社会和心理分析理论之不满而触发[①]。其实，在今天看来，这样一个分辨科学与非科学或所谓"伪科学"的原则，即他所谓"demarcation"，只不过是常识，是无须争辩或者讨论的，因为这样一个区分早在17世纪就已经在培根、波义耳、牛顿等的"实验哲学"观念之中出现了——虽然随着科学的发展，它后来经过了重新阐述和精致化。我们无意在这里考究这段历史，但毫无疑问，波普尔所发明的，最多是"证伪"这个词语，而绝非这个观念或者原则本身。

科学理论的不稳定性

不过，对波普尔来说，"证伪说"还有进一步的重要意义，即原则上科学理论必然会被证伪，也就是被更精确、更全面的新理论所取代。因此，在他看来，所谓科学理论也者，只不过是尚未曾被证伪的假说而已；而科学探索，科学进步，就是一连串的证伪过程。这非常激进、非常惊人的思想，就是他总结出来的科学进步历史的规律。他在《科学发现的逻辑》一书总结部分，以及他退休之后方才出版的《客观知识》（1972）一书开头部分，分别这样说：

[①] 见上引 *Unended Quest*, pp. 31–38.

科学不是由肯定的，或者经过充分论证的叙述句所构成的系统；它也不是一个稳定地朝终极状态迈进的系统。我们的科学不是知识（episteme）：它永不能宣称已经获得真理甚至它的替代品，例如机率。……科学原先的理想即知识——也就是绝对肯定，可验证的（对事物之）认识——其实是个偶像。科学客观性的要求无可避免地使得每个科学叙述句永远都只能够是暂时性的。……只有在我们的主观信念，也就是坚信不疑的这种主观经验之中，我们才会有"绝对肯定"。①

我意识到我们必须放弃证实（justification）的追求，也就是证实"某个理论为真"的宣称。所有理论都是假设；它们全部都可能被推翻。②

他这观点的论据何在呢？很明显，相对论的出现使得已经统治科学世界两个多世纪之久，被奉为天经地义的牛顿力学被"证伪"，是这规律的最好例证，也是这规律最初灵感的由来；量子力学在其后不久的发现，自然更为这规律添增了有力支持。而且，倘若我们回顾十八九世纪化学和生物学在草创时期的轨迹，或者20世纪天文物理学和地球科学的发展过程，那么科学通过"证伪"已经被发现和接受的规律，而不断进步的例子可谓不胜枚举，俯拾皆是。所以，必须承认，作为科学进步历史的规律，"证伪说"是有大量例

---

① 前引 Popper, *Logic*, pp. 278-280。
② Karl Popper, *Objective Knowledge: an Evolutionary Approach*（Oxford: Clarendon Press, 1972），p. 29.

证，也就是看来相当稳固的实证基础的。

自然规律是永恒不变的吗？

不过，波普尔真正重视的，不是例证，而是逻辑。所以他的根本论据是：从逻辑上看，无论有多少实验或者例证，科学叙述语句或者理论都不可能被"证成"（justified），而只可能在未来被"证伪"。换而言之，归纳推理（induction）根本不能够成立，我们必须回到18世纪怀疑论大师休谟那里去。因此他宣称：

> 正相反，即使我们的物理理论为真，我们所知道的世界连同其全部与现实相关的规律，也同样可能在下一秒钟崩溃。在今天，这对任何人都很明显；但我这样说是在广岛（原爆）之前：其实发生地区性、局部或者整体灾难有无限可能性。①

必须承认，这观念基本上没有什么不对——不过，波普尔以广岛原爆为例却不免幼稚：即使他进一步提出地球随时可能被掠过的小行星或者黑洞在瞬间毁灭，那仍然不是有意义的例子，因为无论原子弹、小行星或者黑洞的毁灭作用，都仍然没有超出现有物理规律体系之外，而且地球即使不再存在，在原则上处身太空站的科学家仍然能够意识到，并且通过遥测来证实这一点。

事实上，物理学远比波普尔所意识到的更复杂、精妙和具有包容性。举个例子，他的《逻辑》出版之后不久，即1937年，狄拉

---

① 前引 *Objective Knowledge*, p. 22.

克就曾经提出，万有引力可能一直在缓慢减弱，也就是说，万有引力定律中的"比例常数"并非恒定不变；那样就可以解释，为何在目前，万有引力远远小于电磁和核作用力。他这个假设后来被"证伪"了，但它充分说明一点：现代科学并不包括，也并不假定"物理定律恒久不变"这个观念。此外，近年宇宙学和宇宙观测的飞跃发展，为我们带来了其他更重要的例子。例如，在宇宙的起始点，即"大爆炸"（Big Bang）发生之初，由于其难以想象的高密度、高温度，物质所服从的定律就肯定和目前我们在地球上所发现的不一样。又例如，不到二十年前发现的"黑能量"（dark energy）使我们意识到，不但微观世界规律（即量子力学）和宏观世界的（即经典力学）完全不一样，而且比"宏观世界"更大得多的宇宙整体，也同样有不一样的规律。

那么，对于波普尔所提出来的科学史规律，即"科学客观性的要求无可避免地使得每个科学叙述句永远都只能够是暂时性的""所有理论都是假设；它们全部都可能被推翻"等等，究竟应该如何看待呢？这需要在好几个不同层次来讨论。首先，就科学本身而言，从哲学或者逻辑角度看，他和休谟也许都对。问题是：这对于科学本身有重要性吗？毕竟，科学的核心是自然规律，而自然规律是被科学家以种种不同方式（包括猜测、灵感、不完全的归纳等）所"发现"，而绝对不是如他所说，用逻辑（即归纳法）得出来的。在波普尔之前，相对论和量子力学的出现早已经使科学家充分意识到，物理定律是具有局限性的，也就是它只能够适用于某些尺度和能量范围。不仅如此，量子力学的阐释（即所谓"哥本哈根阐释"）根本就包含了大量"不符合逻辑"之处，例如组成物质的电子和质子都兼有截然相反的波动（wave）和颗粒（particle）性质，这导致了无数逻辑悖论，那也早已经为人熟知了。

科学事实可以证伪吗？

所以，波普尔理论的立足点是在哲学，特别是逻辑，而不是科学。然而，科学史又如何？他的观点是否为科学进步的实际历史带来了某种整体性模式，某种普遍规律呢？当然，回顾18世纪的燃素说（flogiston theory），19世纪的热量理论（caloric theory）、自然发生说（spontaneous generation）、以太假设（ether hypothesis）等，更不要说相对论和量子力学的发现，我们心中自不免产生强烈感觉，"所有理论都可被推翻"的确就是科学发展史的规律！

然而，果真如此吗？倘若我们反省一下，就会发现这个规律的普遍性是有问题的。让我们举四个最简单的例子：拉瓦锡发现水是由氢、氧两种元素合成，巴斯德发现细菌总是由同类细菌滋生出来，科学家发现原子核是由质子和中子构成，贝特（Hans Bethe）发现恒星的光是由内部核聚变（nuclear fusion）而来。这些科学的发现也可能被"证伪"吗？从逻辑上讲，的确是可以的。譬如，"重水"（我们可以承认它也是水的一种）的分子所包含，就不是氢元素（其核是一颗质子），而是氢的同位元素氘（其核由一颗质子和一颗中子构成）。又譬如，现在有不少创造极端环境，以模拟生命起源的实验，它们倘若成功，那么自然可以从无机物质产生生命，包括细菌；甚至，我们也很可以相信，在其他遥远星球的特殊环境下，细菌的自然滋生是可能的。而所谓"超核"（hyper nucleus），即包含一两颗"超子"（hyperon，泛指Λ、Σ、Ξ等寿命短促的重粒子）的原子核，早在20世纪50年代就已经在加速器中制造出来了，它们虽然寿命极其短促，但在那瞬间所包含的，自然不限于质子和中子。最后，内部并无核聚变但仍然能够发光的"恒星"的确存在，例如"白矮星"（white dwarf）①。从逻辑上讲，这些无疑都可以视为上述科学发现的"证伪"。但这样的"证伪"，或曰科学发现的推翻，实际上相当于科学专用名词意义的厘清，或者科学叙述语句的精确化、精致化而已。那在逻辑上可能重要，但就建基于自然语言上的科学史而言，则毋宁是新知识的发现而并非旧知识的"推翻"。这里"知识"一词不是随便用的，因为我们有很好的理由坚持，就科学史而言，水是由氢、氧组成，原子核是由质子和中子组成，恒星所发光热由内部核聚变而来等，是真确不变的事实，亦即知识（episteme），而非随时有机会被推翻的假设。上述科学叙述句倘若有问题，那只不过是它所使用的自然语言有定义上的限制，因此从逻辑上说，这定义可能被颠覆或者扩展而已。说到底，有实质意义的科学叙述句绝不可能是逻辑命题，这问题康德早已经在《纯粹理性批判》一书中详细讨论、分析过了②。因此，我们很有理由反问：波普尔所提出的"科学客观性的要求无可避免地使得每个科学叙述句永远都只能够是暂时性的"这一规律，有实质意义吗？

---

① 必须指出，白矮星的内部结构早在1931—1932年间就为钱德拉塞卡（Chandrasekhar）和伽莫夫（George Gamow）发现，而一般恒星内部核聚变是其所发光热的来源这一点虽然早在1920年就为爱丁顿所提出，但那纯粹是猜测而已，因为当时原子核的构造还未曾被发现。一般恒星内部的核聚变机制是贝特在1939年首先发现，其细节要到1954年方才被厘清。换而言之，在恒星内部结构和能源机制真相大白之际，白矮星是"例外"这一点早已经很清楚了。
② 康德将包含事实的命题称为"综合判断"（synthetic judgment），而将基于逻辑的命题称为"分析判断"（analytic judgment），两者截然划分，不可混淆。很明显，所有科学规律都属综合判断。

基本科学理论可以证伪吗?

然而,即使科学"事实"如水或者原子核的组成(那在发现之初也同样是理论)不能够被推翻,更基本的理论如牛顿发现的经典力学又如何?我们要在此指出:其实,一个经过充分验证然后建立起来的基本科学理论,例如牛顿力学,同样是不能够被"证伪""推翻"或者"取代"的——虽然它可能被超越、扩展。必须承认,相对论和量子力学的出现的确具有火山海啸般的戏剧性和震撼力,因为经过了两个世纪的验证,似乎稳如磐石的古典力学竟然被清楚显示,它在某些情况下(即高能量和微观尺度)是错误的,不适用的。"所有理论都是假设;它们全部都可能被推翻"的观念由此而生。因此,在20世纪30年代,它不只是由波普尔提出,而且也为许多一流物理学家衷心接受。

然而,在八十多年后的今天回顾,我们能够说科学体系中的古典力学是被"推翻"或者"证伪""取代"了吗?它和亚里士多德或者托勒密的理论不一样,至今仍然是理论物理学的核心部分,是所有理科和工科学生所必修的,也是人类了解和控制绝大部分宏观世界现象——汽车、飞机、火箭、桥梁、高楼大厦或者垒球的飞行、行星的运转,所绝对离不开的理论。更重要的是,在它广大的适用范围内,相对论或者量子力学的观念、方法是不适用,因而不可能替代它的功能的。诚然,在数学结构上,古典力学可以被视为相对论在低速度或者弱重力场情况下的极限理论;量子力学对于粒子运动的描述,也有与古典力学相通之处。但这三者的基本观念和数学结构不一样,它们毋宁应该视为三个不同的基本理论,各有不同适用范围。换而言之，古典力学这座古老大厦没有倒塌，更没有被拆掉——也不可能被拆掉，我们只是在它旁边的空地上另外建起了两三幢形式和结构都不一样的新大厦，它们之间有通道相连接，却仍然是各自占据不同空间，具有不同功能的建筑物。

有关新旧基本理论之间的关系，波普尔是这样看的：

> 虽然新理论需要解释旧理论已经解释了的，但也要修正旧理论，所以实际上是与旧理论相矛盾的：它包含旧理论，但（后者）仅仅是作为近似而已。①

就相对论和古典力学的关系而言，这说法好像不错，但其实同样有问题。以单摆那么简单的一个经典物理系统为例，在实际上，它能够用狭义相对论来作更精确的描述，而对经典结果"加以修正"吗？显然是不能够的，因为它的修正效应是那么细微，以致会变为毫无意义。例如，悬线长度由于摆动而产生的相对性（relativistic）变化是属于$(v/c)^2$数量级，亦即10^{-18}左右，对1米长的悬线而言，这相当于10^{-9}纳米（nm），也就是质子半径的千分之一。对于一根悬线而言，这样细微的变化根本没有意义，因为它涉及了悬线的微观结构也就是量子力学，但那样"单摆"作为一个物理系统也就没有意义了。事实上，不但单摆，就是抛射体、刚体、弹性体乃至所有宏观系统的观念和相关研究，也同样必须置于古典力学的简化前设（即相关速度远小于光速，而对象尺度远远大于原

---

① 前引 *Objective Knowledge*, p. 16.

子尺度即10纳米）之中才有意义，狭义相对论所能够处理的，基本上都是在上述前设范围以外的事物，即微观粒子的运动，而不是刚体或者延伸体的运动——但后者恰恰是经典力学的有效区域。因此，狭义相对论虽然和古典力学相通，而且在低速度极限变为后者，但就它们各自所能够处理的绝大部分实际物理学问题而言，它们是两个不同的理论。至于广义相对论与经典力学的关系，大体上也这样：就地球上几乎所有力学现象而言，它们分别具有不相同、不交叉的有效范围[①]；在天文现象中，它们的有效范围的确出现了交叠（最早也最著名的例子自然是水星近日点的移动），从而显示出波普尔所谓"矛盾""包含"和"近似"等关系。至于量子力学与古典力学，或者量子力学与广义相对论之间的关系，那就更为复杂了，可以说，至今还是完全不明白，还是在研究之中。统而言之，对于绝大多数物理系统而言，把古典力学、相对论和量子力学分别看作三个不同的基本理论，是有充分理据的。

既然如此，那么，就科学进步的历史而言，经过充分检验、论证发现，包括事实和基本理论，都是累积性的，恒久不变的，它们可以在原来的有效范围以外被超越、改变、扩展，但不能够在原有的有效范围内被推翻、证伪——最少，在人类的有限经验中是如此。这其实也并不是什么新鲜见解：从公元前6世纪的泰勒斯开始，古希腊人就已经兴起了"大自然森罗万象背后具有简单规律，而这规律是可以被发现的"的那么一个基本观念，经过了二千三百年的摸

---

① 倘若使用激光作长距离定位或者利用精确的原子钟在不同重力区域计时，那我们的确需要将广义相对效应计算在内，但这是和光的性质或者微观世界有关，而我们现在知道，两者的真正理解都是超越古典力学的：无论如何，我们不会认为，具有10^{-10}精度的时空测量，是属于古典力学范围。

索，这观念终于在牛顿那里得到实现，并且在他之后的三百多年发扬光大。我们在上面所提出来的，和波普尔完全相反的科学史"规律"，只不过是这段历史的浓缩叙述而已。

当然，纯粹从逻辑出发，波普尔可以很严格地论证他所提出来的"理论只是假设，它们全部可以被推翻"规律。不过，科学并不完全符合逻辑，而是牛顿所谓的"实验哲学"，它们是由无数人通过各种不同的方法、观念，在长时间内点点滴滴地建立起来的；它们虽然具有共同基础，但那是分裂的，并不形成完整的逻辑体系（广义相对论和量子力学始终未能融合就是这"基础分裂"的最佳例证），而且它们也还不能够完全解释所有的现象规律（phenomenological rules）。从经验上，我们知道得很清楚，这个仍然在建造中的庞大复杂结构虽然不断有添增和变化，但它基础部分却是稳定不变的——而且，科学的稳定进步，正就是建立在这不变性之上，那是无可争辩的事实。也就是说，科学史所显示的实际规律，和波普尔通过逻辑论证而得出来的规律，是矛盾的，截然相反的。那么，我们应当如何看待这个惊人的分歧呢？这令我们想起公元前5世纪的古希腊哲人巴门尼德（Parmenides）。作为历史上第一位辩证法大师，他通过了无可辩驳的逻辑证明，所有运动都是假象，都是不可能的，因此整个宇宙必然是浑然不动的一个圆球，人所见到的纷纭万象反而是虚妄。那么，如波普尔那样，从哲学的立场来看科学，把某些观念推演到其逻辑极限，从而得到相类似的惊人结论，也就是很自然的了。

二、库恩学说评析

库恩生于1922年,比波普尔小整整二十岁①。他出自哈佛大学(1943—1954),起初专攻物理学,历经本科、自由研究员和研究院等阶段,其后更任教科学史凡三年之久。他和波普尔一样,都受到了从科学转行哲学的亨普尔(Carl G. Hempl)影响。后者出身柏林大学,受数学大师希尔伯特(David Hilbert)和逻辑学家卡纳普(Rudolph Carnap)影响,但并非维也纳学派里面的人,其后他移民美国执教多间大学。库恩自称在20世纪40年代末由于接触到亨普尔有关语言、意义等的学说,因此成为"对哲学有强烈业余爱好的理论物理学者"。60年代两人相识之后过从甚密,库恩尊之为"敬爱的前辈老师"多年,所以他自认为其学问得力于逻辑实证论所遭遇的困难和科学史一样多②。然而,塑造库恩学术观念和问题意识的,除了科学、历史和哲学之外,还有第四个重要渊源,那就是社会学。这不仅由于他与前辈社会学家兼科学史家默顿(Robert K. Merton)的长期密切关系③,更因为他一生的决定性阶段(1958—1964)是在伯克利(Berkeley)的行为科学高等研究中心(Center

---

① 有关库恩,见吴以义《科学革命的历史分析:库恩与他的理论》(上海:复旦大学出版社,2013),其中第一章对库恩的出身与学术背景,特别是默顿对他的深刻影响,有详细叙述与分析。笔者蒙吴先生以此书相赠,至为感激。
② Thomas S. Kuhn, *The Road since Structure: Philosophical Essays, 1970—1993, with an Autobiographical Interview* (Chicago: The University of Chicago Press, 2000), pp. 106, 224—226.
③ 笔者据杨振宁教授告知,默顿曾经对杨说,库恩所用而后来风行一时的"典范"(paradigm)一词,最初其实是由默顿提出。

for Advanced Study in the Behavioral Sciences，即CASBS，现属斯坦福大学）度过。1962年出版的《科学革命的结构》[1]以及与此书有密切关系的几篇基础性论文，都是那个时期的著作[2]。1964年普林斯顿大学开设科学史与科学哲学专业，库恩应邀出任哲学与科学史教授，以迄1972年转往普林斯顿高等研究所出任研究员，他从1979年开始任麻省理工学院的哲学教授，以迄退休。整体来说，他的学问奠基于哈佛年代，成熟于伯克利时期，成大名在普林斯顿，但进入70年代之后，则新的竞争对手不断涌现，而科学哲学界的气氛也迅速变得复杂和混乱起来，这我们还要在下面提到。

科学革命的结构

库恩一生最大的成就是为科学革命提出了一个模式或曰"结构"。他所谓"科学革命"意义非常广泛，并不局限于哥白尼提出日心说，牛顿提出万有引力，爱因斯坦提出相对论那些划时代的巨变，而且包括了诸如天王星的发现或者X光的发现之类的科学突破，因为它们牵涉了对于久经观察的事物之重新诠释。而他所称为"革命"者，就是"世界观的改变"，亦即所谓"典范转移"（paradigm shift）。说得更直白，其实也就是"实质性的科学进步"。

---

[1] Thomas Kuhn, *The Structure of Scientific Revolutions* (Chicago: The University of Chicago Press, 1962)。

[2] 指收入Thomas Kuhn, *The Essential Tension: Selected Studies in Scientific Tradition and Change* (Chicago: The University of Chicago Press, 1977) 一书的下列论文：No. 7, "The Historical Structure of Scientific Discovery"（1962）; No. 8, "The Function of Measurement in Modern Physical Science"（1961）; No. 9, "The Essential Tension: Tradition and Innovation of Measurement in Modern Physical Science"（1959）。前述吴以义《科学革命的历史分析》第四章对这几篇论文及其他两篇论文所论述的对库恩学说的形成有详细分析。

我们在本文开头说，库恩所谓"科学革命"无异于"科学史"，就是这个缘故。不过，这说法他是绝对不可能承认的，因为他认为，科学的大部分活动都属于根据既定典范进行的"解谜"式工作，他称之为"正常科学"；只有在原有典范遭遇严重挑战（例如重大理论革新，或者大量实验结果与旧理论不符）亦即面临"危机"的时候，才会出现"典范转移"也就是"科学革命"。那么，科学家如何判断"正常科学"（它经常会遭遇，但也容忍、忽略大量与旧典范不符的小误差）和上述"危机"呢？对此库恩有个很惊人，具极大争论性的看法：这判断没有客观标准，也就是说，危机感或者典范转移并非由实验结果决定，而是取决于科学家群体的共同意识。

  但到底什么是"世界观"和"典范"呢？这又是个大问题，因为在《结构》一书中库恩并没有为"典范"作清晰明确的定义，只是在该书开头以不确切的方式加以描述。例如，它们等同于某些科学伟人（像托勒密、牛顿、拉瓦锡）的成就，这些成就有两个特征：它们是"空前的，足以长期吸引一群追随者，使他们离弃其他与之竞争的科学活动。同时它们也足够开放，使得这经过重组的科学活动群体仍然有各种需要解决的问题"，或者，它们是"一套对各种理论的反复与半标准化解释，以说明如何应用它们的概念、观察和仪器。这些就是（科学家）群体在其教科书、讲课和实验课中显明的典范。相应群体的成员就是通过对它们的学习和练习而入行"[1]。这里提到了成套的理论、概念，以及它们的实际应用，包括相应的观测和仪器，也就是包括科学某个领域（譬如说昆虫学或者海洋

---

[1] 前引 *Structure*, pp. 10, 43.

学）的理论和实践之整体了。但他心目中的"典范转移"所牵涉的，到底是这整体，抑或只是其中一部分，乃至一两项？其层次如何？从他所举的诸多例子看来，这是高度不确定，带有随意性的。因此，在《结构》第二版的"后记"中他被迫承认："在（本）书中，'典范'一词有两个不同用法。一方面，它指某（科学）群体的成员所分享的整套信念、价值、技巧等等。另一方面，它指这个整体的某个单独元素。"① 但这仍然不解决问题，因为他所谓"整套"信念、技巧等不可能是同类事物的松散集合，而必然是性质不相同的各类元素之有机结合，那么，其中"某个单独元素"的改变如何能够不牵动该领域的整体，乃至科学整体呢？也许，承认"典范"是个有创意、有吸引力，方便但模糊的概念，就是最佳的出路。无论如何，库恩所谓科学革命之结构是个相当复杂的过程，我们将以上讨论用下列图解表示出来，读者当可得到更全面的概观。

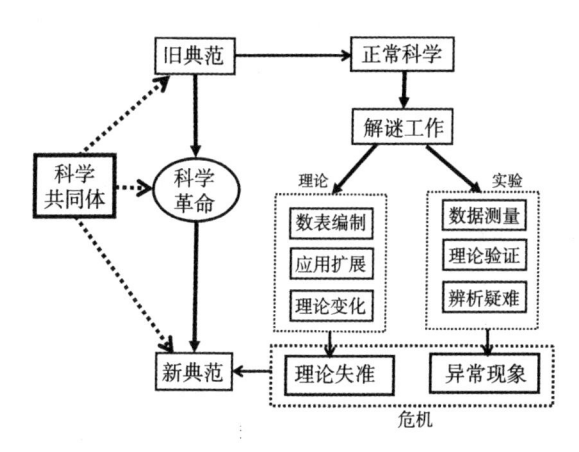

图1　库恩：科学革命的结构

---

① 前引 *Structure*, p. 175.

典范说的性质

现在让我们转向一个最根本的问题:《科学革命的结构》到底是怎样性质的一本著作？它所提出的"典范说"是怎样性质的一个理论？他既然对科学革命（也就是科学"进步"）提出了如此繁复的一个模式，而又用了不少例证来说明它，那么我们自然会猜想，这是一部寻求科学发展规律的作品。但这个想法，立刻就要碰到困难。倘若有一位天才横溢的历史学家，穷十年深思熟虑，写出一本名为"政治变迁的结构"的长篇论文，其中提出一个模式，可以解释古往今来一切政治变革，而且作者坚持，所有政治变迁都可以纳入这个模式，无一例外，那岂不是很惊人，很匪夷所思吗？倘若说，此书不但迅即为学界接受，奉为圭臬，自此成为研究政治史乃至社会史的基础理论，那自然就更是近乎神话了。然而，库恩的《结构》不正就是这么一本书吗？唯一分别只不过是，它所讨论的是"科学革命"而非"政治变迁"而已。

由此，立刻就要产生两个问题。首先，人类历史到底是否具有明确、毫无例外的规律或者模式可循？这问题自科学革命以来经过了很激烈的辩论，我想到今天它基本上已经结束了，再没有人会认为，千变万化的人类历史，是像自然现象那样，会具有严格的普遍规律。不过，科学史是否和人类一般历史有基本分别，所以即使政治史、社会史、民族史没有规律可循，科学史却仍然有规律可循呢？是不是由于自然科学本身是个理性结构，所以它的发展史、进步史也同样具有规律，具有理性结构呢？我们很有理由认为：不是的。原因就在于，科学史的主角是人，是具有千百种不同禀赋、气质、际遇的人，他们的智力活动无可避免要受千变万化的人文环境影响，而事实上，库恩本人也是这样想的[①]。既然如此，那么在16世纪的哥白尼和20世纪的爱因斯坦虽然都掀起了（库恩意义上的）科学革命，这两个革命，以及其他千千万万、大大小小、具有不同意义和背景的科学革命，从拉瓦锡到达尔文，从爱因斯坦到杨振宁，怎么可能都必然依循相同模式，也就是库恩所谓的"典范"转换呢？那岂不是更惊人，更匪夷所思吗？

而且，即使为了我们不知道的原因，科学史的确是有普遍规律，而库恩就是它的天才发现者，也就是说，他就是科学史的牛顿，我们还得面对第二个大问题。牛顿的《原理》是一部六百多页的巨著，其中充满数学原理、复杂计算、实测数据和详细论证，至于在牛顿之后阐释、证验、质疑、支持他理论的文章、书籍更是浩如烟海。然而，作为论证科学史规律的《结构》，却只有薄薄一百七十页，例证虽非阙如，却也远远称不上全面和有系统——而且，即使我们加上了他的基础性论文集《必要的张力》，也仍然改变不了这个基本判断。讨论具体历史规律却不需要征引和详细讨论大量例证，那不是很奇怪吗？最少，在《结构》出版之后数十年，我们有理由期望，库恩会写出有如吉本《罗马帝国衰亡史》或者汤因比十卷本《历史研究》那样庞大的科学史作品，来仔细审视自17世纪以来的整个科学发展过程，从而论证自己的宏伟理论吧？但这

---

① 库恩曾经写过一篇讨论专门历史与科学史关系的文章，虽然他只是集中讨论两者的外部关系，也就是一般历史学家和科学史家的关系，而只是略为提及这两个学科的内在关系，但大体上他没有提出两者之间的任何基本分别。见前引 *Essential Tension*, pp. 127–161。

期望落空了[1]——而且他身后出版的自辩集显然也并不能够作为替代品[2]。更奇怪的是，在他众多颂扬者、追随者中间，似乎完全没有人觉得这情况有什么不对，甚至好像认为，这是理所当然的。

很显然，我们这些疑问、评论本身必然有问题。事实上，也的确如此——它们的出发点就大错特错了！因为库恩所研究，所发挥的，其实是科学哲学，而并不是科学史本身！在晚年的回顾中，他曾经非常坦白地说出了有关此事的心声，那可是非常惊人的一个"招供"[3]：

> 一个世代之前，当我开始投入现在经常被称为"历史性科学哲学"（historical philosophy of science）这项志业的时候，我和大多数同侪都认为，历史是经验证据的来源，我们是从历史个案研究找到证据的，它逼使我们仔细辨认科学的本来面目。我现在觉得，我们是过分注重这项工作的经验性一面了。对我而言，后来显得最主要的并非个案的细节，而是研究历史个案所带来的视野或者意识形态。

> 我们这一代哲学家／历史学家觉得我们是在通过观察实际科学行为来建立一个（科学）哲学。现在看来，这样形容我们

---

[1] 事实上，在《结构》之后十六年，库恩的确出版了一部扎实而且有分量的科学史，即 T. Kuhn, *Black-Body Theory and Quantum Discontinuity 1894–1912*（Oxford: Clarendon Press, 1978），这是一部量子论兴起的历史，按理说正好作为将"典范说"应用于实际科学史研究与写作的"典范"，然而，很遗憾，此书却完全依照传统方式撰述，完全没有提到他的科学史哲学，而且亦未为科学界和科学史界普遍接受。有关此书的评述、背景与学界反应，见前引吴以义《科学革命的历史分析》第六章。
[2] 即前引 *The Road since Structure*。
[3] 前引 *The Road since Structure*, pp. 95, 111–112.

当时的作为不免有点误导。有了我所谓的历史视野，就可以得出我们所作的大部分主要结论，而不必对历史记录本身多瞧一眼。我们是很缓慢地，作为学习历史"事实"的副产品，学会把那个（科学的）静态形象替代以一个动态的、不断发展的事业或者实践方式的形象。而形成那种观点之后，要意识到我们从历史记录所作出的许多主要结论其实是可以从第一原理推断出来，就需要更长时间了。

换而言之，《结构》委实是科学哲学，而不是科学史研究！他的"典范说"所代表的，是一个观察科学史的框架，而并不是科学史的实证性规律——而且，这框架是可以"从第一原理推断出来"而不必对历史记录本身"多瞧一眼"的！但既然如此，我们为什么还要喋喋不休地说出上面那一番话来呢？原因在于，我们还有第三个问题：到底何谓"历史性的科学哲学"？倘若它的确是从实际历史记录"总结"或者"抽象"出来，那么它自然应该与历史细节相符合，否则就须要修改；另一方面，倘若它是"从第一原理推断出来"，而完全不必顾及历史记录本身，那么当它与库恩没有注意到或者不屑顾及的、令人尴尬的历史"细节"有明显矛盾或者基本冲突的时候，要怎么办呢？在这种情况下，他会修订他的哲学，还是宁愿抛开那些不方便的细节，来谨守他的"第一原理"呢？

三个尴尬的历史"细节"

我们现在要提出来的，就是三个似乎很难用"危机"和"典范转移"这一模式来充分解释的例子，而它们毫无疑问，都是具有库恩意义的，极为重要的"科学革命"。

（1）广义相对论：爱因斯坦的广义相对论是自然科学最重大的基本理论创新之一，这理论也改变了整个理论物理学的观念和词汇。然而，它是爱因斯坦在1907—1916年间单凭个人信念，锲而不舍地创造出来的，那并没有以往累积的实验结果或者任何数据与理论不相符的危机作为动力。在它出现之前，牛顿的万有引力定律并没有累积大量与观测不符的实例，也没有任何出了问题的迹象[①]。我们能够说"危机"或者"异常情况"是导致这一基本发明之必要条件吗？这一大发现有"结构"吗？而在此极为繁复的理论提出来之后仅仅数年，整个科学界就已经因为一个孤立的天文观测（即爱丁顿在1919年日食时星光为日球重力场摄动的观测）而全面接受它了，这岂不是一个完全基于实测证据而得以成立的理论之最坚强例证吗？

（2）弱作用宇称不守恒：1956年李政道和杨振宁发表论文指出，在弱作用（例如原子核衰变过程）中宇称性可能不守恒，这挑战了已经盛行二三十年之久的流行观念，当时科学界都一面倒地认为他们的猜想不能够成立。但同年年底吴健雄通过钴-60实验证明，事实的确如此，然后，戏剧性地，此结果和他们的猜想都在几个月内被接受，成为定论。这是个将长期为科学家群体接受为天经地义的理论直接与自然现象相比较，而得以将之判断为错误的典型例子。很显然，在此过程中，起决定性作用的完全是客观事实，而非库恩所强调的科学家群体的既定观念。

（3）粒子标准模型之建立："典范说"认为，科学进步在于通

---

① 当然，早已经观测到的水星近日点的移动是一个理论与观测事实不符的显著例子，但在广义相对论出现之前，它并没有引起任何不安或者危机感。

过典范辩论，然后"凭借信心"选择新典范，这是个十分粗浅简陋的描述，和某些重要史实完全不符。例如粒子结构是20世纪50—80年代物理学的基本问题，当时有许多互相竞争的新理论或曰典范，最后结果是两种不同典范（杨-米场和夸克模型）的结合与继续发展构成了"标准模型"也就是新典范。被淘汰的则是实际上没有继续发展可能的其他理论，例如散射关系（dispersion relations）和"自洽模型"（bootstrap model）。上述杨振宁和米尔斯（Robert Mills）在1954年提出来的规范场论，纯粹是凭借极其抽象的观念和数学原理而建立起来的理论，在这个理论提出来将近二十年之后，物理学家方才解决了要实际应用它所碰到的内在困难，并且进一步以它作为建构粒子"标准模型"的基础。

从以上三个例子看来，"典范说"的确能够解释某些科学发现过程，但它显然是偏颇、缺乏普遍性，完全不适用于多个众所周知的重大"科学革命"的。

为什么会有这些尴尬细节？

对于任何愿意持开放态度的学者来说，以上几个例子所产生的疑问是很严重的：它们对于"典范说"构成了明显的"证伪"——当然，其程度要视乎"历史性科学哲学"的开放程度，或者它的"第一原理"有多大弹性而定。但为什么才华洋溢，又辛勤钻研科学史二十多年的库恩，竟然没有看到这些问题呢？一个可能性是：科学（特别是基本物理学）进步和转变得太迅速了，从17到20世纪上半叶的大量个案研究（这是库恩早年下了大功夫的时期，它大体以中微子假说即20世纪40年代为下限）所得出的"视野"

（vision），所提炼出来的哲学，到20世纪下半叶早已经不适用了。所以，上面我随手举出的例子大半是出现于20世纪50年代以后。当然，广义相对论的例子太重要也太明显了，库恩不可能不知道或者没有想到它——他只是不愿意认真面对它而已。事实上，我相信，自19世纪以来，恐怕还有大量相类似但没有那么简明或者为人熟知的，与"典范说"相抵触、相矛盾的例子，那应该是很好的博士论文题材。

无论如何，也许库恩的确发现了一个有意义、重要，大体上（但不是普遍地）可以成立的"科学革命"（也就是科学进步）范式，但它显然是有局限的，是不可能覆盖20世纪下半叶或者21世纪的大部分"科学革命"模式的，因为科学在社会中的地位和作用不断改变，科学本身也不断改变，而且都在以加速度变化，其面貌在我们短短一生时间内已经是沧海桑田，完全不可辨认了。在这狂飙激流之中，要脱离科学本身也就是科学史（特别是当代科学史），而高谈科学哲学，未免有沦为文字游戏的危险。库恩是一位富有天才，经过多方面严格训练，而又具有强大雄心和自信的学者，可谓一位难得的理想科学哲学家。但他虽然名满天下，身后影响深远，却仍然令人惋惜，甚至，在我看来，是悲剧性的，其原因就在于晚年陷入"有了我所谓的历史视野，就可以得出我们所作的大部分主要结论，而不必对历史记录本身多瞟一眼"的观念——在这个时刻，就像希腊神话中的伊卡洛斯（Icarus）那样，他过分接近太阳，因此胶黏着他翅膀的蜡熔化了。换而言之，要像波普尔或者库恩那样，为科学进步的历史提供一种普遍的规律，恐怕不是科学哲学所能够承担得了的重担。最少，我是这样看的。

三、结语：对科学哲学的反思

当然，科学哲学并没有在波普尔和库恩之后停下脚步，反而是从70年代开始，更为加速发展，形成百花齐放、百家争鸣的局面。自此不但波普尔的"证伪说"，就是库恩的"典范说"，大概都已经成为"经典"甚至有"落伍"之虞，被更激进的"左翼"人物和更彻底倾向于社会批判观念者，例如拉卡托斯（Imre Lakatos）、费耶阿本德（Paul Feyerabend）和以爱丁堡大学为大本营的布鲁尔（David Bloor）等所谓强纲领派（Strong Programme），所颠覆和抛离。至于"右翼"的观念分析、语言分析，也发展到有如中古经院哲学那样细微的地步。这种情况，就真有如庄子所谓的"道术将为天下裂"了。当然，在学术自由的理念之下，特别是学术资源那么充沛，必须寻找出路的状况下，那不但无可非议，而且很正常，甚至可以说，是"势所必然"。

当然，这也就显示出另外一种危险来。配备了翅膀，可以凌空驭虚，自由自在地飞翔于观念或者言语天空中的科学哲学，到底要干什么呢？它是如狄德勒斯（Daedalus）那样，只为逃离迷宫之岛而升空，还是如伊卡洛斯那样受到诱惑，生出了奔日的雄心来呢？伊卡洛斯因翅膀熔脱而陨落的危险也许已经不复存在，但奔向无限穹苍，往而不返的失落，其命运可能还是相同。我这样说，是想到了希腊自然哲学发展之初。在当时，泰勒斯、毕达哥拉斯、赫拉克利特、巴门尼德……以至苏格拉底、柏拉图等这一大批哲学家各自发展，各显精彩，也同样没有任何共同方向或者框架，可以说同样自由自在，为好奇、为思辨，为获得一个对自己有意义、有吸引力的宇宙视野（vision）而奔向哲学，这和今天的科学哲学的确有若干相类似之处。

但希腊哲学并没有停留在猜测和思辨阶段，而是进一步积极地建构了一个与自然现象紧密联系的世界观——当然不是所有的哲学家都如此，但有相当一部分的确是这样，最后他们成为西方科学传统的渊源，也就是建构性的文明力量，并因此改变了世界。今天的科学哲学却不一样：它日渐远离科学和自然世界，已经成为纯粹观念的，或者社会批判的思辨游戏或者言语分析游戏了。它有改变社会的意图，但对于科学本身则是回避的、疏离的，谈不到也不屑于思辨性的了解。换而言之，科学哲学已经放弃了科学本身，而蜕变为针对科学的社会批判或者言语哲学了。当然，它这个基本转向自有其社会需求和背景，无可厚非。然而，在此之外，科学哲学是否仍然应该保持对于科学本身的好奇、探索，仍然应该发展积极参与的企图，以成为一种影响未来科学发展的建构性力量呢？这是值得科学哲学家深思的。

2013年10月底于用庐
2014年9月及2021年2月修订

后记：2013年11月中国科学院自然科学史研究所为庆祝《科学文化评论》创刊十周年举办学术研讨会，此文为在该研讨会上以及随后在中山大学哲学系所作报告的讲稿，嗣经扩充及修订。

好的故事

——吴以义《从哥白尼到牛顿：日心学说的确立》读后

> 这故事很美丽，幽雅，有趣。许多美的人和美的事，错综起来像一天云锦，而且万颗奔星似的飞动着，同时又展开去，以至于无穷。我仿佛记得曾坐小船经过山阴道，两岸边的乌桕、新禾、野花、鸡、狗、丛树和枯树、茅屋、塔、伽蓝……都倒影在澄碧的小河中，随着每一打桨……诸影诸物，无不解散，而且动摇，扩大，互相融和；刚一融和，却又退缩，复近于原形。
>
> ——鲁迅《野草·好的故事》

历史（history）往往被后现代主义者解构为"他的故事"（his-story），这虽然谐谑，其实颇有道理，不唯英文如此，中文亦然。在现代，历史已经不再从属于国家或者威权，而成为个人对于"故旧之事"的追述了。但不是所有故事都可以称为历史，它得是真实的——当然，那会引起无穷争论，所以让我们说，它得有证据。不过，倘若要处处提出证据来，那么又不免支离破碎，难以贯串成为完整故事。怎么办？这是所有书写历史（而不仅仅是作历史研究或者考证)的人所面对的难题:怎样讲一个好的,动听的,但又有根据的故事。书写科学史的人还得面对另一个难题,就是如何在不抹杀史实曲折、复杂,甚至隐晦面貌的前提下,作出评价——因为科学和人类其他活动不同,它是有明显目标和价值取向的①。

一、读书人之书

复旦大学吴以义教授刚刚出版的《从哥白尼到牛顿》②是一部将近四十万字的大书,以"日心学说"为线索,以哥白尼、第谷、开普勒、伽利略、笛卡儿和牛顿等人物为重点,讲述了16—17世纪两百年间现代科学革命的历程。这是西方科学史的核心,是个脍炙人口的故事,已经有许多人讲过,吴教授再来讲一遍,和前人有什么不一样呢?就中文著作而言,这不难回答。因为西方科学史书籍虽然很多,但以译作为主③,此外大多属于普及或者通俗性质,往往由

---

① 这样说,自然有被标签为"辉格式史学"(Whig history)的危险,也的确与不少时下流行的科学哲学观念相冲突,但我们无意也无法在此讨论这些题外话。
② 吴以义:《从哥白尼到牛顿:日心学说的确立》(上海:上海人民出版社,2013)。
③ 就通史而言,多年来为国人熟悉的是丹皮尔著,李珩译《科学史;及其与哲学、宗教的关系》,两卷本(北京:商务印书馆,2009 [1946]),原书 W. C. Dampier, *A History of Science and Its Relations with Philosophy and Religion* (1949 [1929]);近期的有:梅森著,周煦良等译《自然科学史》(上海:上海译文出版社,1980),原书 Stephen F. Mason, *A History of the Sciences* (1962);贝尔纳著,伍况甫等译《历史上的科学》(北京:科学出版社,1981),原书 J. D. Bernal, *Science in History*, 4 vols. (1971)。到了21世纪,更有大量译著出现,例如张卜天的下列多种译著:戴克斯特霍伊斯著《世界图景的机械化》(长沙:湖南科学技术出版社,2010),原书 E. J. Dijksternhuis, *The Mechanization of the World Picture: Pythagoras to Newton* (1986 [1950]);奥斯勒著《重构世界:从中世纪到近代早期欧洲的自然、上帝和人类认识》(长沙:湖南科学技术出版社,2012),原书 Margaret J. Osler, *Reconfiguring the World: nature, God, and human understanding from the Middle Ages to early modern Europe* (2010);弗洛里斯·科恩著《世界

少数几种外文原著编译而成，篇幅简短，内容但求生动流畅，近乎"说书人之书"，目标仅止于"启迪民智"，谈不上作为后学津梁①。当然，也有若干例外②。其所以然，当是现代以前的西方科学史到了最近方才受国人注意之故③。以此衡量，吴教授的新书确令人耳目一新，其专业水平之高是迄今少见的。

作者自己对此书颇为轻描淡写："从本质上说，这是一篇读书笔记，所谓'出其所读以供人之读'，而作者的想法则表现在对材料的编排取舍之中，——间或也穿插一些感想评论，未必得当，聊博雅君子一笑云……本书写成当然是老师们教导的结果。我始终没有达到他们手订的标准。"（原书第5页）但这是自谦之词而已，只要翻开此书，便可知它是经过长期累积，而且下了大功夫的：不但每页下端充满征引、注释以及对相关文献的介绍、评论，正文中更大量引用科学家著作和书信原文，乃至同时人或者后代人的评论，其绵密、细

的重新创造：近代科学是如何产生的》（长沙：湖南科学技术出版社，2012），原书 H. F. Cohen, *How Modern Science Came into the World* (2010), 等等。此外吴国盛主编的"北京大学科技哲学丛书"从2003年开始出版，至今有将近二十种面世，包括七种库恩与柯瓦雷著作，江晓原、刘兵主编的"萨顿科学史丛书"第一批五种在2007年出版，虽然不属通史范围，亦都相关，颇堪注意。以上方括号内为初版年份，下同。

① 此类作品优秀拔萃的可以下列两种为代表：李珩著《近代天文学奠基人哥白尼》（北京：商务印书馆，1963年初版）；车桂著《倾听天上的音乐：哲人科学家开普勒》（福州：福建教育出版社，1994）。

② 例如袁江洋著《哲人科学家牛顿》（福州：福建教育出版社，1997）和杨建邺、李继宏编著《伽利略传》（武汉：湖北辞书出版社，1998）都是认真的长篇作品，但仍属科普作品。至于像阎康年著《牛顿的科学发现与科学思想》（长沙：湖南教育出版社，1989）和吴以义著《牛顿》（台北：东大图书公司，2000）那样的学术著作则难得一见。

③ 但中国传统科学史则大不相同，它渊源久远，从阮元的《畴人传》（1799）算起已经有两个多世纪历史，即从李俨的《中国数学源流考略》（1919）算起，至今也将近一个世纪了。

致、认真,委实叫人惊讶。事实上,倘若将书中每章有关传主生平资料以及著作的注释汇集,已不啻一篇微型的文献提要(bibliographical essay),颇具金针度人之功了。因此,毫无疑问,它不折不扣是一本史实与证据并重的"读书人之书",乃至"专家之书"。当然,吴教授在西方科学史重镇普林斯顿得博士学位,系出名门正宗,不但亲炙多位明师,其后更潜心治学有年,此书有此格局、风范实不足为奇,甚至可谓理所当然。不过,我们有兴趣进一步了解的自然是,它的内涵如何,与西方同类著作相较属何类型,处何等位置,有何特色?

二、与西方同类著作比较

要作如此比较,我们首先会想到的,很可能是剑桥大学历史系师徒两人的作品,即巴特菲尔德(Herbert Butterfield)的《现代科学的起源》[1]和霍尔(A. Rupert Hall)的《科学革命》[2],因为它们所涵盖的时期和吴书基本相同,大体上可以视为西方学界对此问题一般性论述的典型。但我们很快便会发觉,三者的取向和目标其实迥然不同。吴书以叙述史实为主,但并非平铺直叙,而是提供大量论据以作为事实基础,更不惜笔墨勾勒细节以显露其复杂性,乃至模糊、隐蔽、不确定的一面,颇令人生出"山阴道上,应接不暇"之

---

[1] H. Butterfield, *The Origins of Modern Science 1300–1800* (New York: Macmillan, 1961 [1949]).
[2] A. Rupert Hall, *The Revolution in Science 1500–1750* (London: Longman, 1983);此书有两个早期版本,即 *The Scientific Revolution 1500–1800: the formation of the modern scientific attitude* (Boston: Beacon, 1956) 与 *From Galileo to Newton 1630–1720* (London: Collins, 1963)。

感。同时，此书不唯"写景"，也还穿插了不少画龙点睛的论断，例如对科学史本质的看法："做科学史的人常常有一种愿望，想把他们所处理的历史过程'说清楚'……但是，科学史和科学的差别是，前者更注重历史过程的追寻……最重要的概念在最初出现时，常晦涩模糊"（268页）；或者对牛顿苦苦追求万有引力之源的评语："我们行将看到……我们所追求的不再是一种……哲学解说，而是现象之间的确定和有限的，可以无歧义地表示的，可验证的关系；在这个意义上，描述就是解释。"（437页）当然，这些不一定全为创见，因此自谦为"聊博雅君子一笑"的"感想评论"。

相比之下，巴特菲尔德的著作长篇大论，天马行空——它的潜台词是：史实毋庸细表，因为对此读者或已了然于胸，或可按图索骥，作者只需高屋建瓴，纵览全局，发挥洞见就够了。这是剑桥教授宣讲的派头——事实上，此书正就是根据讲稿编成。至于他的弟子霍尔所写，则颇有别于其师，而较为接近吴书，因为他是专业科学史家（而非一般史学家），深切感到具体史实包括细节的重要。更关键的是，其书定版于1983年，比老师的晚了整整一代。在此二十多年间，近代科学史经历了翻天覆地的变化，最重要者有三：首先，肯尼迪（E. S. Kennedy）等发现，伊斯兰科学对于哥白尼学说有具体和重要影响；跟着，耶茨（Francis Yates）提出，魔法（magic）和其他非正统科学是科学思潮兴起背后的动力，这石破天惊之论至终为学界所重视乃至接受；最后，牛顿研究突飞猛进，从而阐明，这位大师所承受于其他学者（特别是笛卡儿和胡克）的，以及他长年沉湎于炼金术所受影响（特别是关于力的观念之演化），远远超过我们以往想象。在这些戏剧性发现冲击下，"西方正统"

的直线科学发展观出现大幅度修订,它的面貌因而变得更为复杂。因此,霍尔之书不但更为具体和扎实,观点上也反映了上述变化[1]。

吴教授此书比霍尔的又晚三十年,两者在格局上自然较接近,但仍有相当大分别。最明显的是,霍尔所论,是西方科学变革的整体,包括炼金术、实验哲学思潮、医学、生物学、磁学,乃至工艺、技术对科学的推动作用,全书有如滚滚洪流,气势磅礴,但就哥白尼至牛顿这一根主线而言,却未免有湮没不彰之憾。至于吴书,则集中讨论"日心说的确立",大体上就是"经典力学"上的突破,而以五位主要科学家(加上四位次要人物)为核心。至于像帕拉塞尔苏斯(Paracelsus)、迪伊(John Dee)、培根、波义耳、哈维(William Harvey)等主线以外的人物,则一概割爱,尽付阙如。这样一来,作者获得了从容论列精微细节的广阔空间,但整个画面,亦因此失去苍莽混沌气息,显得过分简洁纯净了。所以,从大致相同的题材讲出来的这两个故事,取舍不同,味道殊异,但难分轩轾,它们应该是各有短长,互为补足的吧。

无论如何,吴书充分吸收了西方科学史在整个20世纪的多方面发现、进展和思想,是一部站在时代前缘的作品[2]。但确定了取材

---

[1] 分别见前引Hall, *The Revolution in Science 1500-1750*, pp. 65-67, 32-34, 80-91, 292-295。

[2] 吴书征引綦详,以笔者浅陋所见,未见征引但可能有用的著作尚有J. L. Heilbron, *Galileo*(Oxford: Oxford University Press, 2010)。此外,作者在第七章的注释中对有关牛顿的各种文献、书籍旁征博引,但对其巨著《自然哲学的数学原理》反而只提及两个中译本(440页注6),而未见讨论两个英译本,即1962年的Florian Cajori译本,以及1999年I. B. Cohen & Anne Whitman的新译本;同时,亦未提及柯亨为其(与柯瓦雷一同)编纂的"原文多版比对本"所作的导言,即I. Bernard Cohen, *Introduction to Newton's 'Principia'*(Cambridge: Cambridge University Press, 1971),这似乎是个疏漏。

方针之后，它仍然有颇为独特之处，是不可忽略的。其中最明显的是：在整个论述中，开普勒是重心，所占篇幅比所有其他重要人物多出一成半到一倍半不等！这很令人惊讶。他在牛顿身上没有多花笔墨，可能是因为十几年前已经出版过这方面的专书吧①。但伽利略却是另一回事：从20世纪初开始，此公已被认定为科学革命的转折点，为什么吴书却对开普勒更重视呢？这问题很有趣，值得深入讨论，但那需要先绕个圈子，稍为一谈"科学革命"观念的演变②。

三、伽利略对开普勒：如何评价？

最早期的科学史家惠威尔（William Whewell, 1794—1866）著有三卷本的《归纳科学史》③，书中多次提到"科学革命"，但基本上认为科学进步是渐进的。比他晚一辈的马赫（Ernst Mach, 1836—1916）在1883年出版《力学及其发展的批判历史概论》④，其核心观念截然相反，认为现代力学的出现是革命性事件，而伽利略则是核心。他首先提出：伽利略的革命性在于"他不问重物为何下坠，而专注于下列问题：重物如何下坠？自由下坠的物体是依循何种法则

---

① 见前引吴以义《牛顿》一书。
② 关于科学革命的史学史（historiography）见 I. B. Cohen, *Revolution in Science* (Cambridge: Harvard University Press, 1985); Floris Cohen, *The Scientific Revolution: A Historiographic Enquiry* (Chicago: Chicago University Press, 1994), 此书中译本为：弗洛里斯·科恩著，张卜天译《科学革命的编史学研究》（长沙：湖南科学技术出版社，2012）。
③ William Whewell, *History of the Inductive Sciences*, 3 vols (London: Frank Cass, 1967 [1837])。
④ Ernst Mach, *The Science of Mechanics: a Critical and Historical Account of its Development* (transl. Thomas McCormack in 1893. Lasalle: Open Court, 1960 [1883])。

移动？①"在此，我们已经可以见到吴教授"描述即解释"的观念，而"断裂革命"与"连续进步"这两种对立观念的抗争早在19世纪末已经出现②。其后迪昂（Pierre Duhem, 1861—1916）来了一个戏剧性的"大翻案"：他认为，现代科学起源于贬抑亚里士多德思想的1277年巴黎宗教大会；巴黎大学的布里丹（Jean Buridan）和奥雷姆（Nicole Oresme）方才是动力学与地球旋转观念的始创者，亦即伽利略之前驱乃至"前辈"③，"17世纪科学革命"的观念由是受到严重挑战。比迪昂晚一辈的戴克斯特霍伊斯（E. J. Dijksternhuis, 1892—1965）深受前者影响，其《世界图景的机械化》④一书属"连续进步"阵营，但他是温和派，承认"哥白尼革命"是中古与现代的分水岭，并将"机械化"等同于"数学化"——因为伽利略说，"大自然之书是用数学语言写的"⑤。至于当代"正统"科学革命观的奠基者，则非柯瓦雷（Alexandre Koyré, 1892—1964）莫属⑥。他在二战爆发之际发表《伽利略研究》，断然驳斥迪昂论题："因为经典

---

① 前引 The Science of Mechanics 第二版130页，转引自 F. Cohen, A Historiographical Enquiry, p.43.
② 马赫对科学革命的看法后来有所修订，变得更为缓和，见前引 A Historiographical Enquiry, pp. 43–45，特别是注释60与66。
③ 迪昂是物理学家与科学史家，以三卷本《达文西研究》（1903—1913）与十卷本《宇宙观念史》（1913—1959）震惊学界。有关他的讨论与批判见前引 F. Cohen, A Historiographical Enquiry, pp. 45–53，并参见拙著《继承与叛逆》（北京：生活·读书·新知三联书店，2009）430—431，463—469页的综述。
④ 见前引 Dijksternhuis, Mechanization of the World Picture。
⑤ 见上引 The Mechanization of the World Picture, p. 299, 499。
⑥ 他的主要著作包括 Alexandre Koyré, Galileo Studies (transl. John Mepham. Hassocks: Harvester Press, 1978 [1939]); Newtonian Studies (London: Chapman & Hall, 1965); The Astronomical Revolution: Copernicus, Kepler, Borelli (transl. R. E. W. Maddison. London: Methuen, 1973 [1961])。前两书俱有中译本，即柯依列著，李艳平等译《伽利略研究》（南昌：江西教育出版社，2002）；柯瓦雷著，张卜天译《牛顿研究》（北京：北京大学出版社，2003）。

物理学的前驱和感召者并非布里丹或者奥雷姆,而是阿基米德"①,并且敏锐地指出:以数学研究自然现象虽然是现代科学的关键,但以数学研究天文学本来就是柏拉图学园所建立的古代传统,现代之突破不在天文学,而在超越柏拉图和阿基米德,以数学研究地上运动现象,并且以人为实验主动诘问自然(而不再陷于被动地观测天象),而这两者都是伽利略的独特贡献②。所以,对马赫、戴克斯特霍伊斯和柯瓦雷等两代三位科学史家来说,科学革命的关键人物都是伽利略,因为他开始以数学研究自然,特别是地上运动现象。

至于开普勒,则从柯瓦雷看来,是不能够与伽利略等量齐观的。他的行星运动三定律虽然精妙,而且是与古代天文学决裂的决定性一步,但其方向仍然是沿着柏拉图所建立的大传统前进,而没有伽利略那种冲破"天上"与"人间"界线的方向性转折。更何况,他回溯毕达哥拉斯神秘主义的追求,例如以五个正多面体的镶嵌来解释行星轨道大小的企图,或者认真地去计算行星因运行速度不同而产生的谐音,显然是走入复古歧途。所以在《天文学革命》一书中,柯瓦雷对他尊敬而冷淡,虽然以大部分篇幅讨论他,却只是追述他天文学工作的细节,最后以语调低沉如"金陵王气黯然

---

① 前引 *Galileo Studies*, p. 3,笔者译文,下同。
② 当然,这样做也就连带需要摒弃亚里士多德那种符合常识和观感印象的世界观,而代之以一个高度抽象化、理想化,可以用数学来描述的世界:"既然已经摒弃了亚里士多德物理学,建立符合常识的物理学亦归于失败,自此伽利略所试图建立的,便是阿基米德式的物理学……(亦即)基于数学假设的物理学,在其中运动规律、落体规律是'抽象地'推导出来的,不必牵涉力的观念,也不必依赖真实物体的实验。伽利略和他后继者所引用的'实验'……其实只能够是思想实验。"见前引 *Galileo Studies*, pp. 37-38。但上面这段话中有关伽利略的实验完全是"思想实验"的论断过于激进,其后逐渐被否定,但不影响主要论点。见前引 *A Historiographical Enquiry*, pp. 108-110。

收"的这么一句话为他定位:"他的宇宙是追随亚里士多德、托勒密和哥白尼宇宙的——它(后来)消失于牛顿科学的无限空间之中。神圣数学家(按:指上帝)的心思至终无人能解,它比开普勒所能够想象的要复杂和丰富不知多少倍,而且和音乐灵感毫不相干。"①

四、本书的独特框架

上述曲折吴教授无疑了然于胸,但就开普勒和伽利略这两位几乎同时的天文学家而言,他却提出了和柯瓦雷完全不相同的评价。他强调:开普勒并不满足于发现行星运动的现象规律,而还要追问这规律背后的"原因",也就是"力图把物理研究和数学结合起来"。具体而言,这分两步走。首先,开普勒认为"哥白尼提出了(日心说的)图景,但是……未能追寻日心学说的原因"亦即"驱动行星运动的力",因为"当开普勒跟着第谷,打破了固体(水晶)天球,他就给自己提出了行星运动的机制问题,而这个问题原来是靠天球的假设回答的"(242、245页)。然后,为了解释行星运行到底是受什么东西驱动,开普勒走出第二步,即是设想有一种非物质性的"力"从太阳里面喷射出来,它和光一样,可以传递到远处的星球,但会随着距离而减弱;这种力和当时所普遍认识的,通过物体间的直接接触、碰撞而产生的撞击力、压力完全不一样:它是可以超越空间,在远距离起作用的,略约与吉尔伯特在《论磁》(1600)一书中所讨论的磁力相类似(264—271页)。虽然

---

① 见前引 Koyré, *Astronomical Revolution*, p. 361。"音乐灵感"指毕达哥拉斯派的"天球谐音"。

开普勒最后没有发现这种想象中的"力"的本质或者规律,"但是他确实指出了正确的方向。正是这一点,使得开普勒成为人类理解宇宙秘密的伟大进程中的一个转折点,也足以使得他和哥白尼、牛顿比肩而立而不稍逊色"(285页)。换而言之,除了发现行星运动定律以外,开普勒还是万有引力观念的先驱,这两个贡献使得他和哥白尼、牛顿鼎足而三!当然,上述分析是有渊源的:戴克斯特霍伊斯《世界图景的机械化》一书论及开普勒时说:"这样,开普勒用力替代了灵魂……这意味他将它们(行星)视为无生命物体,因此服从适用于此类物体的力学规律……受到阅读英国医生吉尔伯特在1600年所发表《论磁》的影响,他提出了一个行星系统的磁理论大纲……这样,在17世纪之初,天体现象的动力学研究起步了;在该世纪结束之前,它将会在牛顿引导下达到开普勒所预期的目标"[1];金格里奇(Owen Gingerich)则在其《无人读过的书》中说"……我越来越对开普勒《新天文学》中有关技术的内容感兴趣。这本书与哥白尼《天体运行论》和牛顿的《数学原理》并称为16世纪和17世纪天文学革命中的奠基三部曲"[2],这和吴书"鼎足而三"之说如出一辙。而从书中注释可知,他对上述两本著作都很熟悉。

然而,如此一来,伽利略将被置于何地呢?事实上,细究吴书有关伽利略一章,读者心中疑团不免愈为滋甚。首先,该章标题就令人纳闷,因为那是为伽利略鸣冤而已,而前一章的标题却大张旗

---

[1] 见前引 *Mechanization of the World Picture*, pp. 312–314,笔者译文。
[2] 欧文·金格里奇著,王今、徐国强译《无人读过的书:哥白尼〈天体运行论〉追寻记》(北京:生活·读书·新知三联书店,2008),67页;金格里奇并将开普勒称为"我们今天所了解的哥白尼体系的真正锻造者",见同书64页。

鼓为开普勒"叙功"①。当然,这是个不重要的细节。重要的是,在论伽利略的第五章里面,我们读到了有关伽利略用望远镜观察月球和其他天体的大发现,也读到了他在《关于托勒密和哥白尼两大世界体系的对话》里面如何为日心学说亦即地动学说提供坚强证据,却没有找到对他的整体评价,若有之,那就是他对理性的执着和坚持:"细看伽利略的论述,贯穿始终的是一种理性的批判精神……从他论述中透出的,是一种分析和实证的精神,正是这种精神,带我们走出了中世纪"(331页);"根据理性,伽利略肯定了哥白尼;根据理性,他拒绝了开普勒;同样根据理性,伽利略确认自然在他的面前无尽地开展"(339页);等等。这些无疑都很重要,但讲的是治学态度,而非具体贡献。当然,贡献不必直说,也可见之于"材料的编排取舍"。但这又要引起一个新问题:伽利略的"地上物理学"论述,即惰性、等速运动、等加速运动、抛物体运动、相对性原理等,其实是他最重要的贡献,何以吴书好像都视而不见,没有提及呢?这些是伽利略在他最后一部作品《关于两门新科学的对话》②里面阐明的。此书的意念在伽利略胸中酝酿多年,但他一直受各种科学论争以及由之导致的罗马受审困扰,无法专注于此,直至审判完毕,被允许返回佛罗伦萨幽居之后,方才能够潜心命笔,于1634年完成此书,1638年将之辗转偷运到荷兰出版。令人大感不解的是,吴书第五章讲到伽利略返回佛罗伦萨之后就戛然而止,在正

---

① 该两章标题分别为"第四章开普勒在追寻行星运动的原因中发现了行星运动的规律"和"第五章伽利略给出了支持日心学说的最直接的论据因此受到了最直接的打击"。其实,第五章标题与343页第一段的论述似乎有矛盾。
② Galileo Galilei, *Dialogues Concerning Two New Sciences* (transl. H. Crew & A. de Salvio. London: Macmillan, 1914)

文中竟然完全没有提及这本著作，这又是什么缘故呢？

这连串问题不可能出在作者身上，因为他对《关于两门新科学的对话》和柯瓦雷的《伽利略研究》无疑都很熟悉[1]。那么，倘若我们仿效福尔摩斯的逻辑推理，问题就应当是读者自己造成的了。然而，上面的引文和推断似乎也没有什么毛病。因此，结论只能够是：问题本身压根儿就不对！为什么不对？因为就此书主题而言，开普勒的确要比伽利略重要，关键在于那个很特别的书题："日心学说的确立"——它涵盖的范围比本文开头笼统地说的"现代科学革命的历程"要小得多，甚至比上文所谓"'经典力学'的突破"也都还要具体，还要狭窄：它仅仅以天文学上的新观念和大突破为限[2]。弄清楚了这个关键，那么何以开普勒被视为全书的重心，何以伽利略《关于两门新科学的对话》中的"地上物理学"可以无视柯瓦雷的分析而被完全忽略，何以第六章讨论了笛卡儿、帕斯卡、惠更斯和胡克，但不提科学史上同样重要、名气更大的培根和波义耳，又何以牛顿那一章简短犹如"尾声"[3]，并且只集中讨论"超距力"（亦即

---

[1] 例如，本书293页注2对《关于两门新科学的对话》和落体实验有讨论，335页注1对柯瓦雷《伽利略研究》与思想实验之研究也有讨论。

[2] 在本书235页注1作者强调"本书的关注点在日心学说"，虽然那是在另一个语境下讲的。

[3] 在本书"尾声"部分，作者谈到哈雷彗星在1759年3月尾的回归与克拉欧（Alexis C. Clairaut）根据牛顿力学计算所得日期大致相合，将此作为日心学说得以完全确立的决定性事件，这似乎值得商榷。牛顿的《原理》出版后为英国学者接受，但在欧陆则其数学计算震惊学界，物理机制即万有引力规律则由于笛卡儿漩涡说的巨大影响而不被接受。至终改变此局面的决定性事件是1736—1738年间莫佩尔蒂（Pierre-Louis M. de Maupertuis）与克拉欧在法国科学院赞助以及法国政府资助下，率领科学队伍到北极圈附近作天文观测，至终证明地球形状为扁平而非（如笛卡儿派所认为）是尖长，扁平度与牛顿所计算相合，即赤道半径比极半径长27公里。此结果在1740年为欧洲学界认同，《原理》随即被广泛接受。见Mary Terrall, *The Man Who Flattened the Earth: Maupertuis*

万有引力）观念的发展，等等一大堆疑团，就都涣然冰释了。吴教授讲的，原来是在另一个框架里面看到的另一个故事——它和经常盘踞我们心中的"科学革命"虽然相近，却并不相同——正就是这微妙的分野导致了材料取舍和评价的大不一样！

科学史是个美好故事，它不如柏拉图那个阴暗洞穴壁上的投影那么模糊，但即使学者花了几辈子功夫，却仍然不可能把它完全说清楚，或者把每一个细节确定下来。随着每一位作者挥笔书写（现在应该说是敲打键盘了），它仍然会有新的晃动、纠缠、变形，就像山阴道旁小河里面被船桨搅动的倒影一样。也许，这正就是它的美妙之处和它的吸引力所在吧。

后记：本文蒙刘钝教授通读并提供宝贵意见，特别有关科学史的中文译著状况以及戴克斯特霍伊斯与金格里奇对开普勒之评论者，因得避免若干错误并加改进，至所感激，谨致深切谢忱。

2014年暮春于用庐

---

and the Sciences in the Enlightenment (Chicago: The University of Chicago Press, 2002), Ch. 3—5; J. B. Shank, *The Newton War and the Beginning of the French Enlightenment* (Chicago: The University of Chicago Press, 2008), Ch 3—4. 至于欧拉（Leonhard Euler）、达朗贝尔（Jean D'Alembert）、克拉欧等数学家至终证实万有引力可以准确解释月球运动的细节（1747—1749），以及1759年哈雷彗星如期回归，则有如锦上添花，属牛顿理论的进一步应用与证实了。

从诺贝尔奖看科学发展

自从20世纪初诺贝尔奖开始颁发以来,它的物理、化学、生理学或医学等三个奖项即被公认为标志科学成就的最高荣誉,并因此逐渐被视为整个国家或者地区科学水平的评价标准。其所以能够获得如此崇高地位,主要原因在于科学有客观标准,而历年瑞典皇家科学院颁发科学奖项的决定广为各方接受,绝少引起争议——虽然不无例外[①]。然而,诺奖虽然有其客观地位,而且是容易量化的现象,以之为衡量科学发展水平的客观指标却存在不少困难,至于能够由之得出何种结论,也还必须小心考虑。

本文以1901—2014年间全部575名诺贝尔科学奖得主为考察对象,制定了一个"诺奖指数"(Nobel index),为10个国家/地区在1901—2014年间的5个不同时段计算这个指数,由是得出若干结论,其中有众所周知的事实,例如美国科学以二次大战为契机的惊人崛起,但也有不少令人感到意外的结果,例如英国在一次大战之后以至70年代那半个世纪之间的突出地位,以及日本在二战后虽然迅速崛

---

① 例如1977年的诺贝尔化学奖颁予Ilya Prigogine就在物理学界引起相当大争议。

起，但仍然明显落后于西方，而俄国的表现更与其发展科学的悠久历史以及19世纪的突出表现不相称，等等。最后，我们讨论了以诺奖作为衡量科学发展水平标准的相关问题，并且对百分之九十以上诺贝尔科学奖项集中于欧美这一令国人扼腕的现象作了一个解释。

一、基本问题和解决方案

以诺奖作为指标来衡量不同地区/国家的科学发展水平和趋势很有吸引力，因为它似乎是个颇容易量化的客观标准。事实上，数年前英国广播公司（BBC）就曾经在其网上杂志 *BBC News* 发表《何国头脑最好？》的文章，列出1901—2010年间各国诺奖得主数目（包括分列的科学奖项得主数目），维基网页将之更新至2014年，并且以之计算各国每千万人口的得奖者数目①。这是个很能够吸引注意力的统计，但它也立刻暴露出好几个问题来。最基本，也最重要的是：如何将诺奖得主归入特定国家或者地区？是以得主出生地，或者其受教育与进修（这又有好几个不同阶段）地区，抑或其研究工作地区（那也可能不止一个）为准？因为三者可能都不一样。英国广播公司的做法是倘若三者不同，则不问情由，一律重复计算。这固然有清楚明了的好处，但对于衡量地区的科学发展水平而言，并没有多大意义，因为一个人的出生地可能和他日后的事业没有多大关系，甚至毫无关系。一个绝佳例子是1956年的物理学奖得主

---

① "Which Country Has the Best Brains？", *BBC News*（8 October 2010），见 www.bbc.com/news/。有关资料嗣经Wikipedia网站更新至2014年底，见http://en.wikipedia.org/wiki/List_of_countries_by_Nobel_laureates_per_capita。

Walter Brattain：他1902年出生于厦门，父亲为当地学校的美国教师，翌年即由父母携带回国，自此在华盛顿州成长，此后成就和中国再无关系。其次，应该以哪些国家或者地区作为衡量单位也需要小心考虑，例如英国广播公司将孤悬海外、人口仅数万的法罗群岛（Faroe Island，丹麦属地）和人口五十万的小国卢森堡[①]也列为得奖地区，那显然只是为满足一般网上读者的好奇心，并无学术意义。最后，维基网页以2013年人口为计算各国得奖比率的基准，那显然也很有问题：诺奖颁授是从1901年开始，在过去百余年间各国人口因为战争、动乱、经济发展、移民等因素的影响，大多数经历了各不相同的巨大变化，因此以最近人口为基准虽然方便，但意义就不清楚了。当然，英国广播公司和维基网页都是大众传媒，它们需要为读者提供简单明了、富有吸引力，而且不致引起争议的信息，所以其粗略做法无可厚非。但倘若要认真地以诺奖资料作为衡量地区科学发展水平的根据，则更细致的实质工作是必需的。

得奖者地区归属的断定

就以上三个主要问题，即得奖者的地区归属、地区划分和时期划分，我们提出了下列解决方案。首先，我们认为，诺奖得主应归入何国家/地区是个实质性问题，因此必须通过其个人实际经历的考察，来判断其得奖的发现到底是在什么环境中孕育出来，而不能机械性地以其毕业的学校或者获奖时任职机构所在地来判分——

[①] 1903年得生理学或医学奖的Niels Finsen出生于法罗群岛，青年时代移居丹麦本土；1908年得物理学奖的Gabriel Lippmann出生于卢森堡，少年时代由父母带回巴黎居住。

因为科学家的主要工作大多是在完成高等学位之后方才开始,而得奖又可能是在作出重大发现之后多年,其时任职机构很可能已经改变——虽然例外的情况也不少。此外,由于重要发现往往是经过长期酝酿,因此又会出现跨地域现象。我们采取的解决方案是这样的:通过阅读每一位得主的传略,我们对其得奖发现的国家/地区归属作出一个基本判断,这大约是以从博士后阶段以至作出得奖发现那一段时间为准;倘若在这段时间内得主在超过一个地区工作,则将之判归最重要的两个地区,各占0.5位得奖人。另一方面,为了简明起见,无论在何种情况下,我们都不再将得奖者的地区归属作进一步细分——虽然对好些得奖者而言,将之判归三个地区也许更合理。我们这解决方案必须凭某种程度的主观判断,而且对某些得奖者而言,也可能显得过分粗略,但经过反复尝试之后,我们估计,整体而言,由此而对至终结果所产生的偏差不会很大,这是因为下面的地区和时段汇集(aggregation)效应所致。

地区和时段的划分

我们跟着遇见的问题是:应当以哪些地区作为评比衡量的单位?最简单的答案自然是国家。但这会产生两个困难:首先,在某些具有相同语言、历史或文化背景的国家之间,科学家的流动性很大,由是使得上述判断得奖人地区归属的问题特别严重。其次,有些国家人口稀少,因此得奖人数目带有颇大随机性。为了克服这些困难,我们把某些具有相同语言、历史、文化背景的国家,特别是(但不限于)那些人口稀少的国家,合并为一个地区来作为衡量单位。同时,我们也排除了那些从没有产生本土诺奖得主的地区,或者只偶尔产生过一两位得主的地区：前者不予列出，后者笼统地归入"其他地区"。由于我们所定义的"诺奖指数"大体上已经撤除了人口和经济因素（见下），因此这些地区虽然人口悬殊，但仍然是可以互相比较的。根据上述准则，我们划定了以下11个国家/区域作为衡量单位：美国、英国、德瑞奥（德国、瑞士、奥地利）、法国、荷比（荷兰、比利时）、北欧（丹麦、瑞典、挪威、芬兰）、意大利、俄国（包括苏联）、日本、加澳新（加拿大、澳大利亚、新西兰），以及欧洲整体（即上述欧洲地区的集合）。此外还有一个不作评比的"其他地区"，包括印度、西班牙、葡萄牙、捷克、巴西、以色列等地，以上每个地区所产生的诺奖得主仅一两位（只有以色列例外，见下），统共11位左右，占总数不及2%，因此将它们略去所产生的误差不大。

最后，我们知道，在20世纪科学飞跃发展，而且不同地区的发展速率和幅度大不相同，所以单纯地作地区之间的比较会忽略掉许多重要现象；另一方面，诺奖每年颁发一次，科学奖只3项，得奖者统共不超过9名，因此对11个地区中的任何一个而言，每年得奖者数目都极稀少，因而统计误差很大，不能够显示稳定的趋势。要平衡以上两个问题所产生的困难，并且考虑到第二次世界大战所产生的断层效应，我们将1901—2014年这111年（不包括1940—1942没有颁奖那3年）分为以下5个时期：1901—1918（18年，即由最初颁奖至一次大战之末）；1919—1939（21年，一次大战后至二战开始）；1943—1966（24年）；1967—1990（24年）；1991—2014（24年）。这样每个时期的总得奖人数在55至169人之间，把它分配到11个地区就比较有意义了。至于每个时段长度不完全相同的问题，则如下文所示，可以很简单地解决。

如何界定"诺奖指数"?

最后,以诺奖得主的数目来衡量科学发展水平,我们还需要界定一个"诺奖指数",它应当是地区和时期的函数,但由于不同地区的人口悬殊,这显然不能够单纯地等同于诺奖得主数目。一个较有意义的指标显然是"人均年均"得奖率 r,即得奖者数目 N 除以某地区在某时期的平均人口 P 以及时期年数 T: $r = N/TP$。但这并非最有意义的指标,因为得奖者的年平均数一直缓慢上升,从早期(1901—1918)年均 3 人升至近期(1991—2014)年均 6.9 人(原因自然是科学发展迅速,竞争日趋激烈,每个奖项由两三人分享的情况越来越普遍),所以不能够用作不同时期的纵向比较。此外,它有特定单位亦即"量纲"(scale),例如每千万人每年多少得奖者,那并没有本质意义。我们需要一个"无量纲"也就是有本质意义的指标。这很容易解决:我们将"诺奖指数"n 定义为地区得奖率 r 与全球相关地区整体得奖率 R 的比例即可[①]: $n = r/R$。很显然,这个指数 n 和年期长度 T 以及该时期全部得奖者的总数 N 都无直接关系,而可以视为个别地区相对于全部 10 个得奖地区的科学发展水平。

当然,如此得出的"水平"基本上只能够是大体的质量(qualitative)判断而非精密的数量(quantitative)测度。这有两个原因:首先,"科学发展水平"本身就是个模糊、难以清楚界定,更不要说量化的观念。其次,诺贝尔科学奖的颁授虽然相当客观,

---

① "相关地区"指前述 10 个国家/地区的整体,它们不包括欧盟(因为与上述国家/地区重复)以及"其他地区"(因为它们得奖数目稀少而人口众多)。相关地区的统共得奖人数除以其统共人口和该时期的年数就是它的得奖率 R。

但由于其为极其稀少事件，因此必然带有若干随机性，也就是说，达到同样高标准的科学发现不获颁奖，或者对发现者的认定出现误判，都不可避免。这表现为诺奖得主人数 N 的统计误差 $\delta N \approx \sqrt{N}$。由于人口 P 的相对误差可以忽略不计，因此人均得奖率 r 的相对误差是 $\delta r/r = \delta N/N \approx 1/\sqrt{N}$。倘若全部得奖人（575）平均分布，那么每地区在每时期的得奖人数是 $N \approx 11$，相对误差达 30% 左右。但分布其实并不平均：就美国在 1991—2014 年时期而言，N = 99，相对误差是 10%，那是最低的；就法国、荷比、北欧等国家地区在某些时期而言，它可以高至 60%。至于诺奖指数 n 的相对误差，则很容易证明，和得奖率 r 的相对误差大致相同，即 $\delta n/n \approx 1/\sqrt{N}$。由此可见，时期和地区都已经不容进一步划分，因为即使对于某些有相当高诺奖指数因此颇为重要的地区例如北欧而言，相对误差也已经非常之高，再细分其意义就成疑了。

二、诺奖得主点算与诺奖指数计算

我们计算由上述准则而订定的诺奖指数的步骤很简单：首先，以诺贝尔委员会在其官方网站公布的资料为准，列出历年三个科学奖项的所有得主；然后根据上述方案（1）以及得主的官方小传和其他补充数据，将他们分别归入方案（2）所订定的 10 个区域或者"其他地区"；最后则就所得资料，点算方案（3）各时期内各地区的得奖人数，所得结果如下。

表1 各地区各时期的诺贝尔科学奖得奖人数

地区	1901—1918	1919—1939	1943—1966	1967—1990	1991—2014	1901—2014
美国	2.5	11.5	55	90	99	258
英国	8	17.5	23.5	20.5	16	85.5
德瑞奥	20	24.5（1）	19	21.5	11.5	96.5
法	11	5.5（2）	4.5	3	9	33
荷比	5	4.5（1）	1.5	3	4	18
北欧	4	6	4	9	4.5	27.5
意大利	1.5	1	2	1	0	5.5
欧洲	49.5	59	54.5	58	45	266
俄国	1.5	0	7	1	3	12.5
日本	0	0	2	2	12	16
加澳新	0.5	1.5	1.5	3	5.5	12
其他（3）	1	1	3	1	4.5	10.5
总计	55	73	123	155	169	575

（1）匈牙利的Albert Nagyrapolt（1937年生理学或医学奖）分别计入德瑞奥和荷比。

（2）法国的Charles Nicolle（1928年生理学或医学奖）在37岁迁往突尼斯（时为法殖民地）的巴克斯特研究所工作，以迄去世，他仍计入法国。

（3）属"其他"地区的包括印度1位，阿根廷2位，捷克、西班牙、葡萄牙各1位，以及以色列4.5位（他们俱获颁2004—2013年间的化学奖，其中2011年得奖的Dan Schechtman有一半计入美国），共10.5位，他们均不分列地区，也不纳入诺奖指数计算或者地区评比。

为了计算在上节订定的诺奖指数n，也就是比较各地区得奖的比率，我们还须应用各地区在上述5个时期的人口资料；由于每个时期长达18—24年，在其中人口一般会有很大变化，所以需要进一步决定各时期究竟以何年为准，即其"参照年"，我们的选择大体上是在各时期的中点左右。当然，我们也可以采用更精细的方法，即以该时期内各年人口的平均值为准。但这似乎流于烦琐而没有必要，因为诺奖指数的误差主要在于得奖人数的统计误差，它往往高达30%—60%，但20多年间的人口变化最多不过30%左右，由于选择基准数值而非真正平均值所造成的系统误差应该在3%—5%以内，因此可以忽略①。我们从各方面搜集所得人口资料，列在下表中。

表2　各地区各时期的人口估计（以千万为单位）（1）

地区	1901—1918	1919—1939	1943—1966	1967—1990	1991—2014	1901—2014
参照年	1910	1930	1955	1980	2000	平均人口（5）
美国	9.2	12.3	16.5	22.7	28.1	17.0
英国	4.1	4.6	5.1	5.6	5.9	4.7
德瑞奥（2）	7.5	7.6	8.2	9.2	9.8	7.9
法	4.0	4.2	4.3	5.4	5.9	4.5
荷比	1.3	1.6	2.0	2.4	2.6	1.9

---

① 事实上，人口普查一般每十年才举行一次，所以逐年人口数字大多是推算出来。

续 表

地区	1901—1918	1919—1939	1943—1966	1967—1990	1991—2014	1901—2014
参照年	1910	1930	1955	1980	2000	平均人口（5）
北欧（3）	1.1	1.3	1.9	2.2	2.4	1.7
意大利	3.5	4.1	4.9	5.7	5.8	4.5
欧洲	21.5	23.4	26.4	30.5	32.4	25.2
俄国	8.5	9.8	11.1	13.8	14.6	10.9
日本	—	—	8.9	11.7	12.7	6.7（6）
加澳新	1.3	1.8	2.7	4.2	5.3	3.0
总计（4）	40.5	47.3	65.6	82.9	93.1	62.7

（1）为求自洽，此表所列数据全部根据Jan Lahmeyer在下列网页所公布的系统历史数据：www.populstat.info，但亦曾参照其他网页上公布的官方资料，例如美、英、德各国统计局（分别为United States Census Bureau, United Kingdom Census, Federal Statistical Office of Germany）在网上公布的资料，以确定前者无重大误差。

（2）在一次大战前奥国是奥匈帝国的一部分，它除了今日的奥地利之外，还包括今日的捷克，1910年的人口约2820万；此表所列奥地利人口仅包括今日奥地利部分，根据Lahmeyer估算约为660万。

（3）芬兰在1918年方才脱离（革命后的）俄国独立，而且在二战前没有诺奖得主，故此其人口在1901—1939年间不计入北欧。

（4）人口总计仅以上列有诺贝尔奖得主的地区为限，但日本在二战前并无诺奖得主，故其人口并不计入1901—1918年及1919—1939年两时期的人口总计。表1中所列"其他"地区虽然有诺奖得主，但数目稀少，其人口亦不计入各时期之人口总计。

（5）全时期（1901—2014）各地区及总计的平均人口定义及实际计算公式俱见本文原来发表文本即《科学文化评论》（北京）12卷2期（2015年4月）5—19页的附录。

（6）为求资料自洽，本表所列日本平均人口仍以1901—2014年计，唯将1901—1939年间人口假定为0，但此结果并不用在表3的整体诺奖指数计算：日本的整体指数计算需以特别方式处理。

根据以上两个表，就可算出各地区在各时期的诺奖指数，这列在表3。为了简明起见，我们未将全部统计误差列出；如上文所说它分布甚广，大约是在10%—100%之间。

表3 诺奖指数n

地区	1901—1918	1919—1939	1943—1966	1967—1990	1991—2014	1901—2014
美国	0.2	0.6	1.8	2.1	2.0	1.7±0.1
英国	1.5	2.5	2.5	2.0	1.5	2.0±0.2
德瑞奥	2.0	2.1	1.3	1.3	0.7	1.4±0.1
法	2.1	0.9	0.6	0.3	0.9	0.8±0.1
荷比	2.9	1.9	0.4	0.7	0.9	1.1±0.3
北欧	2.7	3.0	1.2	2.2	1.1	1.8±0.3
意大利	0.3	0.2	0.2	0.1	0	0.14±0.06
欧洲	1.7	1.7	1.1	1.0	0.8	1.2±0.1
俄国	0.13	0	0.34	0.04	0.12	0.13±0.04
日本	—	—	0.12	0.1	0.5	0.27±0.07
加澳新	0.3	0.5	0.3	0.4	0.6	0.4±0.1
得奖者总计N*	54	72	120	154	164.5	564.5
人口总计P（千万）	40.5	47.3	65.6	82.9	93.1	62.7
整体得奖比率*	1.33	1.52	1.83	1.86	1.77	9.0±0.4

*得奖者数目总计并不计入表1中属于"其他"地区者，因此不是整数；整体得奖比率为N/P。

三、诺奖点算能够告诉我们些什么？

上面所做的只不过是简单的点算和比例计算而已，从中能够发现些什么呢？从表1看来，最明显的，也许就是证实美国在科学诺奖上的绝对优势：在全部575位得奖人中，它占了将近一半（45%）；和这相关，但恐怕尚未为人充分意识到的是，迄今为止欧洲整体仍然比它稍胜一筹，占46%。当然，这也就意味，科学诺奖几乎可以视为以欧美为主的西方世界之专利。在此以外就只有日本、俄国和一些零散地区得奖，全部合计只有5%左右[①]。这些都是众所周知的事实，我们只不过为它们提供了数据佐证而已。从表3所列出的诺奖指数之时间变化，则可以观察到更多细节。

高人口地区的比较

首先，让我们看（二战之后）人口过亿的四个地区：美国、欧洲、日本、俄国。图1所示，就是它们诺奖指数的时间变化（图中列入加澳新地区仅仅是为与日本及俄国比较）。其中最引人注目的，自然就是美国指数在20世纪的持续上升，和欧洲指数的相应下降，两者变化最剧烈的时期，就是二战前后，而交叉点则在二战结束之后，即1945—1950年间。如所周知，在二战之后美国崛起，取代欧洲执科学之牛耳，其基本原因在于大批欧洲科学家受纳粹迫害和二战影响而移居美国，尤以犹太裔科学家为甚。这有无数事例

[①] 除了欧美以外，加澳新和"其他地区"中的以色列、西班牙、葡萄牙自然也都属于西方世界。

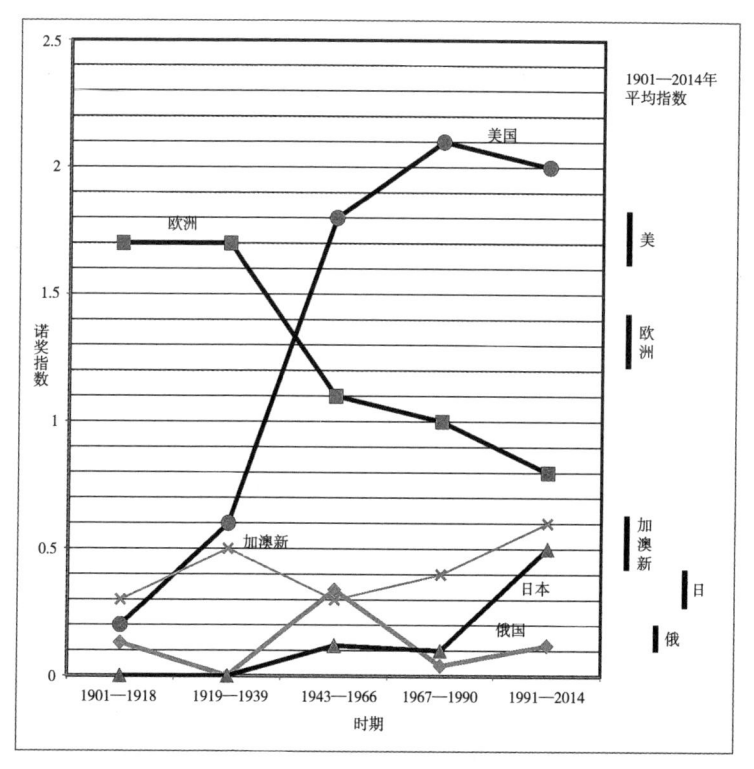

图1 四个高人口地区指数的比较

可资证明,毋庸细说。值得注意的,还有以下两点,即在最近时期（1991—2014）美国占了绝对优势,其得奖指数（2.0）双倍于全部得奖地区的合计（1.0）,而欧洲（0.8）则降到整体值以下。图1极右方显示美国在全时期（1901—2014）的整体指数也大幅度高于欧洲（1.7比1.2）。当然,这与欧洲平均人口（2.5亿）高出美国（1.7亿）甚多有关。

其次,让我们看公认为现代化最早也最成功的两个非西方地区：日本与俄国（包括苏联时期）：它们的诺奖得主总数其实不少，分别为16和12位（表1），但这与它们的庞大人口不相称，因此其指数和美国、欧洲或者个别欧洲国家远远不能相比，甚至也落后于加澳新地区，而只胜过意大利。这是个发人深省的事实，因为俄国从彼得大帝和叶卡捷琳娜二世时代即18世纪开始，就已经设立科学院和引进著名西方科学家，在19世纪更曾经有过极为辉煌的科学成就。然而，经历了足足三百年的现代化努力，它所达到的科学水平倘若以诺奖指数来衡量，显然比之西方还是遥不可及。这差距可能部分是由俄国与西方之间的国际隔阂甚至偏见造成，但更重要的原因则可能是20世纪初以来连绵不断的政治动荡和两次大战的影响。至于日本，它现代化的进程其实早于明治维新，至今将近两百年了，但日本人获奖却迟至二战结束后方才开始，虽然此后呈现缓慢而稳定的上升趋势，但到近期（1991—2014）也是只达到加澳新的水平而已。这两个例子显示，诺奖所代表的科学尖端成就与整个地区的科学文化之建立有深层关系。对于非西方地区来说，要将崭新的外来文化移植于本土，求其生根、发芽、开花、结果，是相当困难和缓慢的事情。

为了进一步说明此问题，我们还可以审视美国在二战前的科学发展，那由于19世纪的坚实基础，其1901年的起点（指数0.2）比80年代的日本稍高（0.1），但两者其后的进展则惊人地相似，都是在大约20年间指数提高了0.4（图1）。但这也显明，美国在随后那二三十年（1939—1966）的飞跃发展是"非常态"，亦即并非完全基于自身努力，而有赖于决定性的外来因素，即大量科学家的移民，以及他们所产生的刺激作用。事实上加澳新地区的指数在二战前与美国大致相若，但此后没有特殊情况令其产生大改变，因此到了21世纪之交也只是与日本相若而已。至于欧洲指数的持续下降，当有两个不一样的原因，即二战前后的外向移民潮，以及二战之后来自美国、日本和加澳新地区的竞争——因为诺贝尔科学奖项得主每年不可能超过9位，也就是24年内不可能超过216位。虽然实际得主数目离此极限尚有距离（见表1最后列），但对不同地区而言，获得诺奖已经接近于零和游戏，此消彼长成为不可避免。这也显示了另一个不可忽略的原则：一个地区的诺奖指数所代表，是相对于其他地区的科学水平，所以其下降不一定代表科学水平本身的下降，而只是表明作出重大发现的相对竞争力之减低而已。

欧洲各地区的比较

欧洲是现代科学的发源地，其中各地区都有强大深远的科学文化和传统，因此它们各自科学水平的变化也很有意思，很值得注意。从图2可见，人口在1980年超过五千万的英国、法国、德瑞奥和意大利等四个大区的表现有极大差别：意大利自始至终明显地处于劣势，这是否是"南欧现象"（在"其他地区"之中，西班牙和葡萄牙各只有一位科学诺奖得主，拉丁美洲也只有两位），亦即被经常提及的所谓"新教伦理效应"，是很值得进一步探讨的。至于其他三个地区在20世纪之初的表现大致相若，但很快就出现明显分化：英、德、法指数分为高低不同的三支，而且在不同时期下降，先后跌落到美国指数线以下：法美交叉点在1919—1939年间，德美（和欧美）在1943—1966年间，英美交叉则迟至1967—1990年间。不过，在近期法国指数显著回升到与德瑞奥以及欧洲整体的相同水

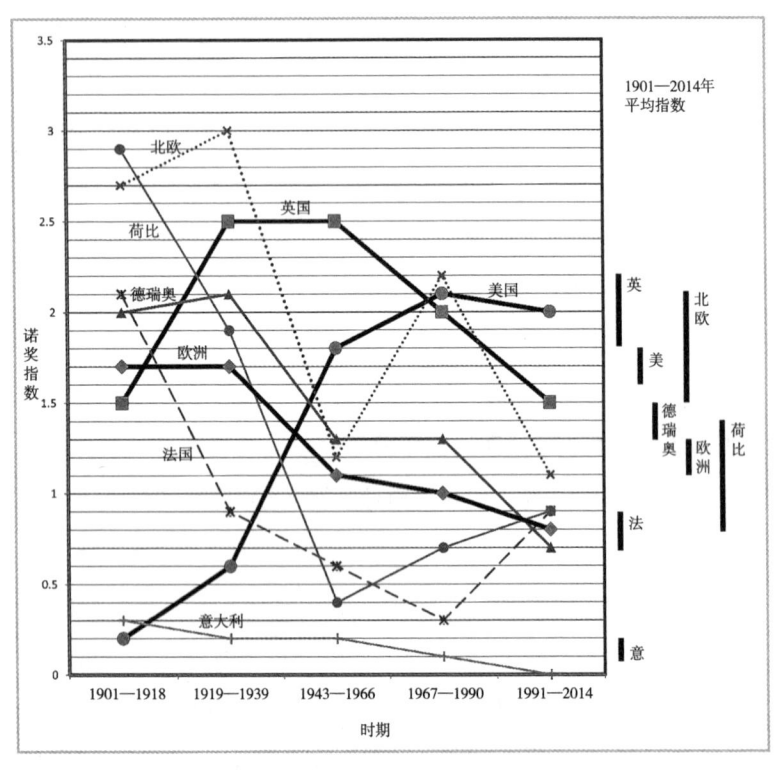

图2 欧洲各国指数与美国的比较

平。在这些变化中,最耀眼的无疑是英国的明显优势。事实上,就全时期而言,只有英国的指数仍然比美国高。但揆诸美国在过去大半个世纪的凌厉升势以及英国的持续下降,目前英国的微弱优势今后还能够维持多久就很难说了。

在图2中十分引人注目的还有两个人口各不及三千万的地区,即荷兰-比利时尼德兰地区和北欧。它们在二战前指数极高,在2.0或者以上,二战之后则显著分化,荷比地区与法国相若,指数跌到

1.0以下，北欧仍然能够维持在1.0以上，全时期合计达到1.8，低于英国却仍然稍胜美国。但此区人口还不足2500万，指数的统计误差高达30%—50%，所以这结果的意义并非那么清晰。无论如何，我们不可忘记，这两个地区同样有久远和强大的科学传统：只要想起第谷（Tycho Brahe）、摄尔西乌斯（Celsius，即摄氏）、笛卡儿、惠更斯这些名字，就不难明白洛兰兹（Lorentz）、塞曼（Zeeman）、玻尔（Bohr）这些诺奖得主的背景和来历了。

四、结论

本文是以诺贝尔科学奖来衡量地区科学发展水平的一个尝试，从其中可以得出的结论大致有以下几点。最重要的是：经过适当的资料搜集和准备工作，以及简单的分析，诺贝尔科学奖得主的地区和时期分布的确可以成为一个衡量和观察科学发展的有用指标。凭此指标，我们可以证实一些经常被提到而为人熟知的发展趋势，还能够对它们作出更准确和细致的描述，和观察到一些尚未为人注意的现象。因此诺奖分布的研究价值是不容低估的。至于我们的分析框架和所得结果是否有当，以及还有多少发展空间，那自有待见教于高明。我们的感觉是，这方面的进一步研究方向，当在于对诺奖得主生平，以及他们彼此之间关系，还有与主要科学机构之间关系等数者的深入考察。只有在这些文献考察的基础上，更精细可靠的量化数据才有可能出现。

另一方面，我们亦必须指出，诺奖得主研究对科学发展所能够作出的启示并不全面，事实上有颇大限制。这可以分几个方面看，其中最重要也最微妙的是，科学是个庞大事业，甚至应该说是一种渗透整个社会的文化，而诺奖所代表的，却只是它最尖端、最有创意的部分。它虽然对整体水平有某种指示作用，却不是个平衡、全面的指标，因为它特别注重科学基础和理论，而对于与应用技术的相关部分较少顾及——虽然这也有例外，例如无线电通信、半导体、光纤通信和高效蓝光二极管的发明者就都曾得奖。无论如何，诺奖不可能顾及大量较次要的发明、发现（那往往又是主要突破的基础），更不要说社会对科学的了解、应用和普及。其次，诺奖所代表的，是达到某个最低水平的重大发现，但它们彼此之间的相对重要性又可以有天壤之别，因此将所有得奖者等量齐观，其实是很粗疏，甚至不合理的。最后，很吊诡的，某些最令人惊叹的科学发现很可能改变了人类对宇宙的观念和了解，但对于人类社会却未必能够产生实际影响，像近半个世纪带来大量诺奖的粒子物理学和宇宙学发现便是最显著的例子。同样，在社会上掀起翻天覆地变化的许多技术创新大都和诺奖无缘，像喷气推进机和电子计算器的发明便是两个显著的例子。这有力地说明，科学水平是个非常宽广的观念，通过诺奖能够窥见其相当重要的一面，却不可能展示其全貌，这是不可忘记的。

最后，为何本土诺奖得主在欧美和大洋洲以外虽然并非一片空白，却贫乏得可怜，也是个我们需要面对的问题。这在上文与俄国和日本相关部分已经略为触及，我们在此需要补充的，还有以下两点。首先，很显然，科学水平必然和经济发展、社会稳定、教育普及、科学机构的成立等因素息息相关。在整个20世纪，除了日俄两个早期现代化最成功的国家之外，所有其他承受古代文明的广大地区，包括中国、印度和处于西亚与中东的伊斯兰世界，都还在摸索复兴之道。因此，就上述因素而言，它们都还非常落后，不可能稳定地支撑科学发展，其学者无法在本土环境作出科学上的重大创见殊不足怪。但到了21世纪，情势已经迥然不同。最少就中国，或者还有印度而言，大部分有利科学发展的因素多少都已经具备。那么以它们人口之众，发展科学决心之强，为何近二十年来诺奖分布由欧美占据绝对优势的情况却仍然没有丝毫改变呢？在我们看来，在欧美国家有意识的规划、投资和推动下，无比强烈的竞争压力是最重要的一个因素。这竞争不但表现于科学家之间在研究和发现上的争先，更延伸到招揽科学家本身的竞争，包括欧美国家之间的内部竞争——例如，英、德两国就都曾经为它们的"人才流失"（brain drain）而敲起警钟。其实，那才是竞争的根本：上文提到过，诺奖的竞逐已经接近于零和比拼，而在相当意义上，人才竞争也同样有成为零和比拼的趋势。因此，说到底，如何能够使国家整体变得更富裕、健康、和谐、充满活力与生机，以吸引最优秀的顶尖人才，使他们能够自由自在地尽量发挥才能和创意，那可能正就是欧美在今日的诺奖竞赛中遥遥领先的关键。换而言之，在某种意义上，诺奖指标和一个社会所能够提供的生活素质指标也有密切关系。倘若这个看法不错，那么中国、印度和其他非西方国家要在诺奖指标赶上欧美，面前的路途恐怕仍自漫长。

2015年3月13日于用庐

2021年2月16日修订

第四辑

阿尔法围棋随想

三十一年前香港中文大学颁授荣誉文学博士给吴清源先生，我躬逢其盛，在当众宣读的赞辞末了这样说："电脑已经成为西洋跳棋强手和国际象棋好手，它的围棋技术虽然还幼稚，但……在飞跃科技的推动下，电脑能力的极限是无从预测的。"果不其然，二十年前名为"深蓝"的电脑就战胜了西洋象棋冠军卡斯帕罗夫。2016年阿尔法围棋（AlphaGo）横空出世，以大比数战胜李世石而震撼世界。其时我恰好在编散文集，自不免在这篇赞辞的后记中将这天大新闻和陈年往事相提并论。而且，像大多数人一样，不能不承认"人工智能的时代正迅速来临"。

刚刚过去的五月乌镇围棋大会无可置疑地证实了这个难以置信的事实。看着那个还不满二十岁的阳光小伙子发表豪言壮语，沉着拼搏三天，然后流下英雄泪，接受无可否认也无可逆转的现实，听着众人千篇一律的安慰，说什么无论结果如何都是人类的胜利等等，我莫名其妙地想到，哎呀，这个大会其实还是应该像原来计划那样，在万物更新的四月举行！为什么？诗人艾略特不有名言"四月是最残酷的月份"吗？那首《荒原》第一节题为"埋葬死者"，

第二节还是"棋戏"呢。当然,现在讲这些十分不合时宜。正如王国维所说,我们中国人总是喜爱欢乐,不愿意面对悲痛愁苦。然而,乌镇之会底子里却不折不扣是一场悲剧,而且是叔本华所说的第三种,亦即最深切的悲剧。它既不是由邪恶之人也不是由盲目命运造成,却是生于无可避免、势所必然的冲突——而且还是由人类与自己所创造出来的机器之间的冲突。倘若我们真正关切人类未来命运,那么对它是不能够视而不见的。

赫胥黎的《美丽新世界》写成于1932年,他将心目中的未来新天地放在2540年,即六百年后,殊不知书中提到的那些技术、体制、控制手段虽然好像神奇,其实在他身后短短六十年就已经逐步出现。20世纪90年代《科学美国人》对电脑发展作了一个粗略估计,认为它将在2015年左右获得人类智能的初步特征,到2050年则将全面和非常接近人类。他们的估计也许要比赫胥黎准确一些,但从乌镇所发生,而我们仅仅两年之前还完全不能够想象的巨变看来,它仍然很有可能被实际进展所大幅度超越。当然,那并不意味机器会统治世界——不,人类仍然会指挥电脑,控制机器,仍然会是主宰。真正问题是,获得了上帝般能力的人,他所必须做的工作自然大幅度减少,甚至完全消失。倘若那一天居然来临,那么不再需要工作,因此也不必再修炼和努力的人还有什么价值,还如何获得生存意义呢?人类辛勤建立的文明和文化,不是有可能变为一片荒原吗?那不也就符合了熊彼特所谓"创造性毁灭"的最深层意义吗?这个逻辑结果令人不寒而栗,因此也是我们所必须诚实面对和深思的。

2017年6月于用庐

所过者化,所存者神

——论人工智能与未来世界

"上帝死了,是我们杀死的",一百三十年前尼采如是说①。在今天,这话不再震撼,不再新鲜,只不过是老生常谈而已。但它到底有什么意义,还是值得深思,因为最近上帝又在两个地方复活了。第一个地方不奇怪:美国政治。《纽约时报》最近发表评论说,年轻、高学历的民主党人竞选失利,因为他们不讲上帝,和老辈选民缺乏宗教共鸣②。美国没有经历启蒙运动的彻底洗礼,所以上帝仍然有选票。其实,在这个最先进、科技最发达的国度,上帝从来没有被杀死,只是有点没落而已。第二个地方却意想不到:浙江乌镇。在5月,俊秀英发、不到二十岁的世界冠军柯洁在举世瞩目的三盘围棋比赛中,被谷歌的阿尔法围棋决定性击败,潸然泪下。这是个晴天霹雳:因为一年多之前,几乎所有专家都还认为,这结果不可能在十几年以内出现。因此,柯洁自己都要承认,阿尔法围棋已经

---

① "God is dead. God remains dead. And we have killed him." Nietzsche, *The Gay Science*. Transl. Walter Kaufmann.
② Daniel K. Williams, "The Democrats' Religion Problem", Opinion Pages, *New York Times*, June 23, 2017.

接近"围棋上帝"了①。旧上帝将死未死,新上帝将生未生,这就是21世纪的写照。

一、赫胥黎的美丽新世界

未死将生,说的是一个过渡时期,它至终是要过去,是要迎来新世界的,那是否就是赫胥黎的未来世界呢?他在1932年发表《美丽新世界》,将心目中的反乌托邦(Dystopia)放在公元2540年,也就是六百年之后②。他的想象力并不那么丰富,不要说互联网和智能电话,就连电视、计算机、人造卫星在他的新世界都还没有踪影。他所描绘的那些社会现象和控制手段,今天也已经司空见惯:例如性爱和婚姻、家庭脱钩,婚姻、家庭又和生儿育女脱钩,那不是从20世纪60年代开始冒头,今天已经成为很多地区的普遍社会现象,并且获得法律保障的了吗?又例如,为大众提供廉价甚至免费,但千篇一律、缺乏深刻内涵的娱乐,或者通过铺天盖地的广告来刺激消费意欲,促进经济繁荣,不早已经成为跨国公司工作的一部分了吗?至于政治和经济力量日益集中于少数精英分子手中,以及社会变为高度层级化(hierarchical),那虽然和人人挂在口边的民主平等理念背道而驰,却仍然是没法抵挡的时代趋势。和小说所想象完全不一样的,则是这些现象完全不是因为精英阶层运用了那些可笑的非常手段,例如管理胚胎发育环境,对睡梦中婴儿灌输教

---

① 2017年5月23日柯洁在第三盘比赛失败后接受采访时的发言,见当日"腾讯体育"报道。
② Aldous Huxley, *The Brave New World*, 1932.

诲，或者以条件反射方式训练幼童，等等。恰恰相反，前述现象都是科技社会不断提高效率以追求更大经济效益而产生的自然结果。小说中还提到的其他法规，例如严禁一切古典文学包括莎士比亚和《圣经》之类，虽然匪夷所思，其实早已经在柏拉图的《国家篇》出现过，更何况这些经典的地位早已经一落千丈，不待禁止已自行衰微了。所以，赫胥黎的美丽新世界并非将要出现于遥远的未来，而是已经降临于今日——虽然细节和他想象的"所以然"都不大对。

不过，在小说末了他那个"世界操控者"穆斯塔法·蒙德（Mustapha Mond）却说了一番意味深长、可圈可点的话："科学发现可能都有颠覆性；有时甚至科学也要被视为潜在敌人……科学是危险的：我们必须小心地将它捆绑和蒙上嘴巴！"[①]为什么呢？因为科学发现会带来改变，改变会威胁社会稳定，而在他的未来世界中，稳定的需要压倒一切。

二、科技的颠覆性

这个反对科学的观念虽然惊人，却绝不新鲜，两千三百年前庄子已经提出来了。他笔下的"畦圃丈人"宁愿抱了瓮坛爬上爬下舀水，也不愿意使用桔槔这种杠杆装置来灌溉，还教训子贡道："有机械者必有机事，有机事者必有机心。机心存于胸中，则纯白不备；纯白不备，则神生不定；神生不定者，道之所不载也。"这种人将"忘汝神气，堕汝形骸"，他"身之不能治"，哪里能够"治天下"呢[②]？

---

① *Brave New World*, Section 16（p. 154, http://www.idph.net）.
② 《庄子·天下篇》。

这位老农夫反对科技是因为它戕害人性,违背自然法则,那好像很抽象。一个近代例子可以更具体地说明科技的颠覆性。16世纪是日本的"战国时代",各地群雄并起,争夺霸权。西方的火绳枪恰恰在此时传入,很快就大行其道,被不断仿造和改良,甚至青出于蓝,精良程度一度超过西方。但德川家康削平群雄,建立统一政权之后,枪械的命运却出现意想不到的大逆转。幕府不但不鼓励研制枪械,反而统制和减少制造,着意令这项利器失传。这样,到19世纪佩里舰长敲开日本大门的时候,日本人竟然已经不知火枪为何物了!为何如此倒行逆施?因为对统一而封闭的政权而言,先进武器不但没有需要,反而是导致社会不稳定的因素,所以深谋远虑的幕府要消灭它于无形①。想深一层,清末那些反对变法、反对所谓"奇技淫巧"的守旧大臣和德川幕府其实并没有基本分别,分别只在于17世纪的日本充分具备闭关锁国的能力,但19世纪的中国则已经丧失这个条件了。

  今天重提这些陈年旧事好像有点食古不化,其实不然。因为从畦圃丈人到德川幕府到清末反对"用夷变夏"的倭仁大学士,甚至到美国大选中必须把上帝挂在口边的共和党人,乃至今天为了美国制造业被掏空而大声疾呼的特朗普,是有一条线索隐约贯穿其中的。那就是:科技进步会带来社会变迁,从而产生社会冲击,而社会本能地要抗拒变迁,维持稳定,所以反对科技变革的声音会不断地以各种不同面貌、形式出现。不过,自古及今,这种变迁的速度和力量已经大不相同了。两千年前只有思想敏锐的哲学家见微知著,能够意识到桔槔的深远意义;在近代,像火枪那样的利器自然成为政治家关心的

---

① Perrin Noel, *Giving Up the Gun*(Boulder: Shambala, 1980).

大事；但到了智能手机大行其道的今日，则科技创新会带来心灵异化与大规模失业已经成为普罗大众耳熟能详的问题了！

但为什么畦圃丈人和倭仁大学士注定失败，德川幕府坚持锁国两百年至终还是归于失败，而美国的"上帝政治"和它的"猴子审判"则显得同样过时和可笑呢？为什么千百年来，虽然反对力量此起彼落，科技发展的大趋势却仍然浩浩荡荡，不可阻挡呢？根本原因非常浅显，就在于世界是分裂，是邦国林立而彼此互动的。"天下"从来不曾一统，因此"锁国"无法长期实行。一个地区，一个国家，甚至整个文明，都有可能为了思想、宗教、文化、传统等各种不同原因，也就是为了保持稳定，而在相当长时间内凭借本身实力去忽略、拒绝乃至压制新科技的发展，但后果则必然是：会因此而被其他地区、国家所超越，所压倒，至终不能够立足。在备受西方压迫一两个世纪之后，全世界现在都已经学懂了这个简单却又无比重要的道理，所以都不再栈恋稳定。改革、创新、发展也就成为全球共识。这样看来，赫胥黎那个"科学颠覆社会稳定，所以要视之为敌人"的逻辑其实并不荒唐，只不过它有一个致命伤，一个阿喀琉斯的脚跟（Achilles' heel），那就是假定世界已经统一，已经有个无上睿智的全球操控者。但即使全球已经融为一体，这恐怕也仍然不可能，原因将在下文讨论。

三、智能机械人的来临

在全世界竞求创新，科技不断发展，社会剧烈变动被视为常态的大潮流下，未来世界将会是怎么一个样子的呢？我们微弱的眼光无法遥望三五百年，但想象三五十年之后也许还是可以的。当前最扣人心弦的科技突破,无疑是人工智能的发展。20世纪末《科学美国人》对人工智能做过一个预测,说它将在二十年内即2015年达到接近人类的初级阶段,在2050年前后达到接近甚至超越人类的高级阶段[①]。从阿尔法围棋在2016年横空出世看来,这个预测惊人地准确,甚至可能还有些保守。因为阿尔法围棋并非孤立事件,比它稍早出现的,已经有智力问答比赛(Jeopardy!)中击败人类冠军的Watson软件(2011),和今年初的二十天扑克牌大赛中击败四位绝顶职业高手的Libratus软件;至于自动翻译软件、自动驾驶汽车、脸孔识别软件等的面世和日渐普及,都已经不再是新闻了。刚刚出炉,但似乎还未受注意的新闻是,成都一家科技公司发展的"智能数学"AI-Maths系统已经能够"阅读"以自然语言表达的数学考卷,并且在今年高考模拟试中取得高分。人工智能能够和人一样通过数学高考,那么它通过本科毕业考试或者研究生考试的日子还远吗?有什么能够阻止它在二三十年内发展成为称职的研究助理甚至讲师呢?这种想法令人晕眩,而的确,深度学习的成功和潜能是爆炸性的,令人目瞪口呆。

二十年前,名为"深蓝"(Deep Blue)的西洋象棋计算机软件根据"编码程序"战胜卡斯帕罗夫。今日的阿尔法围棋则已经突破固定程序局限:它是应用超级计算机和神经网络技术,通过吸收海量实战棋局,和无数遍自我博弈练习,来作"深度学习",以不断改进思维能力,从而战胜柯洁。这个冲破"固定编码"壁垒而进

[①] 见Hans Moravec, "Rise of the Robots", *Scientific American*, December 1999;此文到了2008年和2009年又为同一杂志重发。作者是卡内基梅隆大学机器人研究所的研究员。大致相类似的预言并见Vincent C. Müller and Nick Bostrom, "Future Progress in Artificial Intelligence: A Survey of Expert Opinion", in Vincent C. Müller, ed., *Fundamental Issues of Artificial Intelligence*(Springer, 2016), pp. 555-572。

入"深度学习"海洋的转变，可以视为从"计算器"到"智能计算机"的突破。凭借吸收海量数据和不断自动学习以求进步的缺口一旦打开，加以"摩尔规律"（Moore's Rule）至今尚未失效，计算机的计算能力仍然在不断提升，人工智能的发展潜力可以说是无限的。它青出于蓝而胜于蓝，赶上甚至超越部分人类，已经不再是梦想或者神话。这已经是今日大多数人，极有可能在有生之年看到和经历的事情。我们活在一个不可思议的魔幻时代[①]。

当然，这只是作者个人的看法，不少学者对此持完全相反意见；在知名科学家之中，认为人工智能永远不可能接近人类的也大不乏人。我们不打算在此讨论这个问题，但要指出那些持否定意见的学者所忽略的两点。首先，学者往往以本身作为衡量人类智力的标准，很少考虑到人类智力分布极广，恐怕要跨越好几个数量级，而他们自己是处于分布曲线的顶端。其次，专家对本身专业出现突破可能性的判断往往过分保守，这可以称为"爱因斯坦情结"：爱因斯坦对于量子力学的保守态度，以及欧内斯特·卢瑟福坚决认为原子能的实际应用绝无可能，就是两个最著名的例子。对于人工智能的未来发展，许多人的估计可能也有同样问题。必须强调的另外一点是，我们以下所提出来的大部分看法并不取决于人工智能达到科学家甚至普通人的水平——它只要能够负担人类大部分工作（而这是没有争议的）就足够了。

---

① 编后注：建基于大语言模型（Large languange Model, LLM）的ChatGPT在2022年11月开放予公众使用，它储藏了海量知识，能够自动生成文本与人对话，甚至根据指令画图和撰写计算机程序，其能力震撼全球，成为人工智能的又一巨大跃进。从此趋势看来，略约相当于常人的"通用人工智能"（General Artificial Intelligence, AGI）已经露出苗头，而很可能提前二十年于2030年左右出现。

当然，人工智能即使赶上人类，也不就等于复制人类思维的全部。人不仅具有智能，还有意志、欲望、品味、感情、理想等一系列禀赋和动力。现在各式各样的机械人早已经进驻工厂了；将人工智能和机械人结合，成为智能机械人是顺理成章，必然会发生——其实已经如火如荼地在进行的事情。在未来，很可能还会发展出更复杂的，譬如说具有感情和品味的机械人——它的用途很多，例如为儿童提供良师益友，为老年人提供护理，为孤独者提供伴侣，等等。那么，是否更进一步，像在科幻小说中一样，也会出现具有独立意志、欲望和行动能力，因而可能颠覆人类存在的"全能"机械人呢？很难想象，在人类主导之下的科技，会有意识地朝这个方向发展。当然，也必须承认：智能机械人发展到极致，是否还能够完全由人类理解和控制；品味、感情和欲望、意志两者之间又是否可以截然划分，那都颇为难以回答。在我们所能够想象的未来，智能机械人始终会是人类的好伙伴和忠诚仆人。不过，即使如此，它对人类社会的颠覆性仍然会极其猛烈，远远超乎想象。

四、科技颠覆社会：过往历史

为什么呢？因为人的重要性主要体现于工作，工作彰显人的价值和尊严，也赋予人以生存的意义。人维持社会整体的运行，这使得他们成为社会不可分割、不可缺少的分子。智能机械人取代了人类的工作，就必然破坏这个紧密的反馈结构，对社会稳定造成打击。

其实，科技颠覆社会结构的过程从三百年前的工业革命就开始了。对它的激烈反应产生了捣毁纺织机的卢德运动（Luddite

Movement），此后又导致了形形色色的社会主义、共产主义、社会福利制度，以及一系列其他深远的社会和政治变化，包括资本的大规模输出和帝国主义崛起。在上两个世纪，西方社会基本上是通过两种不同方式来解决原始机械人（也就是纺织机和其他机器）取代人类劳动力所产生的社会问题。首先，是在社会内部普及教育和发展福利制度，也就是一方面提升民众智力和改变他们工作的性质，另一方面通过再分配来缓解失业问题和不断扩大的社会经济差距。其次，则是以向海外攫取殖民地、推行帝国主义、发展跨国公司等方式，将西方经济体制延伸到海外，从而将社会问题输出到全世界。

这个过程延续了两百多年，但到20世纪末它开始失效了。首先，在社会内部，大众接受高深教育的意愿和能力开始接近极限，因此大部分中学和大学被迫不断降低水准以迁就学生，大量社区学院应运而生。同时，经济上的再分配也遭遇越来越严重的挑战，因为经济再分配已经从补救措施逐渐演变为国家基本功能，而这是与资本主义的自由竞争理念矛盾的。第二，同样重要的，是外部的根本改变，也就是世界其他国家特别是整个东北亚在教育、工业、经济等多方面的迅猛发展，以及这些非西方国家同样走上输出资本的道路。这使得西方世界将科技产生的社会问题转嫁到海外的策略不可能继续延续下去。在最近一年，西方世界的两个重大政治转变是英国公投脱欧和特朗普本土主义崛起，那就是这个转嫁策略破产的最佳说明：两者所反映的，都是在科技改变产业结构和东北亚经济蓬勃发展的双重冲击下，那些受教育不足因而大量失业的英美产业工人之极端愤怒。他们再不可能如三百年前那样去捣毁机器，于是用手中选票来捣毁原有的政治格局。

五、科技对社会的冲击：在未来

没有智能的机器能够产生如此严重的后果，那么，今后三五十年间，当智能可比美甚至超越大部分人类的机械人普遍出现之时又将如何？也许，在相当长时间，譬如说半个世纪内，为了经济效益（亦即雇用工人的成本仍然相对低下），也为了缓解就业问题，智能机械人的扩散可能仍然有限。但可以预见，在制造、交通、运输、高端制造等行业中的"去人化"现象，和在工程、会计、法律、金融、建筑设计、医疗、甚至教育等专业中的"人机共存互融"现象，都将变得非常普遍；至于它在护理、餐饮、保安、搬运、普通建造等低端行业的扩散，则会相对缓慢。无论如何，智能机械人的广泛应用将无可避免进一步加剧社会两极分化，而这是再不可能用过去的方式，即提高教育程度或者将问题转嫁海外来缓解。因此它必然会导致社会结构的基本改变。

首先，可以预见，在民众巨大压力之下，目前被西方国家奉为圭臬的经济自由竞争这一基本理念将逐渐被迫放弃，某种全民入息（universal income）制度将被尊奉为人权而普遍建立起来。事实上，北欧国家的福利制度建立已久，而芬兰更已经朝着这方向发展了①。这个制度和现在不断扩展的所谓"性取向权利"（rights of sexual orientation）一样，意味着社会伦理观念的根本转变。因此自由资本

---

① 芬兰政府已经决定，从2017年1月1日开始，给予随机挑选的2000个失业者以无条件的每月560欧罗免税"基本入息"（basic income），为期两年，以作为将来实行全民入息制度（它将取代所有其他各种形式的福利补贴）的试验。此外加拿大和意大利也有个别城市实行类似政策，但瑞士则在最近一次公民投票中，以大比数否决了给予全民高水平基本入息的提议。见 *The Guardian*, January 3, 2017。

主义行将面临更多限制，它的缓慢但大幅度变形，甚至名存实亡或将不可避免。但这并不意味社会将变得更平等——正相反，一个高度科技化的社会需要更全面、更细密的调控与节制，因此权力和连带的经济利益反而会更为集中和层级化。

但经济并非一切。智能机械人的普遍应用还会有其他更深远的后果。与全民入息制度同样重要的，可能是世界人口的大幅度萎缩。经济发展导致生育率降低，那是在现代化过程中反复出现、屡试不爽的现象。这现象的最根本解释当在于，现代化使得人类的生存和延续都不再需要以子孙繁衍作为保证。具体而言，就是在现代经济环境中，以下多个相关因素将起决定性作用。第一，抚养和教育子女的代价剧增；第二，在社会观念上，性欲的满足已经与生育截然分离；第三，老有所养的需要得到缓解；最后，传宗接代的传统观念和相应社会压力消失。以上是就个人而言。从国家或者社会的角度看，人口老龄化和劳动力不足目前仍然被认为是经济发展的隐患。但在智能机械人普遍应用之后，这显然再也不会成为问题——人口数目和维持经济体系运转之间的关系将会逐步消失。在个人生育意愿自然降低，国家社会也再没有必要鼓励生育或者外来移民的状况下，人口萎缩势将成为发达国家的必然趋势，而大致相同的趋势也将随经济发展出现于落后地区，虽然速率可能不一样[①]。

---

① 以全生育率（个别妇女一生所生育的子女数目，即total fertility rate, TFR）计，在2016年世界整体是2.36，非洲和中东大部分处于3—5之间，印度是2.4；至于欧盟共同体是1.58，美国是1.87，中国是1.60（这当然有国家生育政策的影响），日本是1.41，亚洲四小龙是0.82—1.25。在过去大半个世纪，世界整体生育率一直在急速下降，从1950—1955年间的4.95降到2010—2015年间的2.36，这当然也是世界经济整体不断发展的反映。数据得自网上转引World Factbook, CIA。

对于已经负荷过重的地球来说,人口剧减自然是好事。但智能机械人的大量出现还会有其他更间接,也更微妙和深远的后果,那就是——怎么说呢?姑且称之为生命动力或者意义的失调吧。《创世记》神话说,上帝把人逐出伊甸园之时宣称,他"必劳苦终身……汗流满面才得糊口,直到归土"。这个在困厄中劳苦、奋发、努力,然后求得存活与发展的逻辑,是刻蚀在人的基因、身体构造和荷尔蒙分泌模式之中,也渗透了人类的历史与文化意识。它的失效往往是灾难性的。个人不劳而获或者社会财富过分累积而缺乏建设性出路,那就意味颓废、放纵、萎靡、堕落,乃至灭亡,对个人,对国家,对整个文明都如是。"痛饮狂歌空度日,飞扬跋扈为谁雄"是杜甫对李白的写照,嘲讽中带着责备和怜惜,但移用于没落纨绔子弟或者荒淫无度的王朝、临近末日的帝国,也同样贴切。在现代,痛饮狂歌空度日的,是20世纪六七十年代出现的嬉皮士。最近二三十年他们又发展出另外一种形态,那就是大批宅男、宅女和选择失业、半就业以游荡度日的人。他们出身中等家庭,受过良好教育,却不愿意或者不敢投入社会,而宁愿终身依赖呵护备至的父母、亲人。嬉皮士抨击社会,鄙视纪律、工作、财富,歌颂自由、放纵、率性。宅男宅女则是沉默无声、缺少沟通的一群人,其内心之苦闷、无聊、闭塞、孤寂可想而知。

在智能机械人负担起社会生产大部分的功能,而所有人都在全民入息制度下满足生活需要之后,可能只剩下少数具有天赋才能和野心的人愿意竞争高位和担任挑战性工作,那么社会上大多数人对生活将采取什么样的态度呢?一种可能性是:从努力得到满足的逻辑破灭,人生态度和"工作伦理"(work ethic)彻底改变,因此纵情享受音乐、艺术、戏剧、舞蹈、旅游、珍馐百味成为人生目的。但这可能吗？赫胥黎对此表示怀疑，他笔下的世界操控者认为，人必须每天忙碌七小时才能够真正享受闲暇，过健康生活，所以有必要把机器停顿下来，把部分工作留给人做。但这在实际世界可能吗？因此我们不能不认真考虑第二种可能性，那就是大多数人对生命的意义产生疑问——事实上，宅男宅女的沉默就是对生活的无声抗议，对生命根本意义的质疑。他们会成为未来大多数人的写照吗？这个可能性令人不寒而栗。在进一步探讨这种可能性之前，让我们先考虑另一个更迫切的问题：科技对国际政治的影响。

六、天下恶乎定？

孟子对"天下恶乎定"这个问题答以"定于一"。的确，中国皇朝政治的长期稳定，是建基于大一统格局上。不过，很可惜，孟子的美好愿望"惟不杀人者能一之"[①]却完全落空——统一中国的秦国杀人最多。同样，在现代也不断有人呼吁人类和平与世界大同，从威尔逊的"十四条"到联合国的设立，以至欧盟的出现都是显例。然而，实际上也同样是事与愿违，努力与结果背道而驰：从两次世界大战、冷战、韩战、越战的爆发，以至今日中东遍地烽烟，欧洲恐袭处处，都是最好的证明。智能机械人的出现会改变这个形势吗，还是等于火上加油，在不断发展的杀人机器中又增添了犀利新元素？这是个没有人能够回答的天大问题。但和火药、原子能一

---

① 均见《孟子·梁惠王上》。

样,人工智能也是一柄双刃剑,它对于世界和平,对于消弭国际冲突,也未尝不可以成为有利因素。

最重要,但可能不那么明显的是,财富性质的根本改变。在过去,有土斯有财,人多好办事,富强的基础是地广人众,战争的目标也就是攻城略地。在今日,财富的高效率生产已经超越地区,而分布于全球,分布在以供应链和通信网络紧密联系起来的无数工厂之中。换而言之,它的基础已经是世界性的了。这个趋势显然会随着人工智能的发展而继续加剧。从这个角度看,"为利而战"的风险可能逐渐降低。但人活着不是单靠面包,而更靠文化,也就是言语、传统、习俗、历史、宗教信仰、意识形态等等所构成的认同感(Identity)。这认同感是通过生活、教育、耳濡目染,点点滴滴,长年累月积淀而成,因此是根深蒂固,绝难改变的。自从二战以来,无数国际冲突、战争都和宗教信仰与意识形态密切相关。亨廷顿的"文明冲突论"将眼光集中于西方和伊斯兰的冲突。那虽然重要,范围却过于狭窄,倘若扩大视野,那么"认同感对抗"(the clash of identities)一词当可以包罗今日绝大部分的大大小小战争与武装冲突。具有高度智能的机械人是否能够协助跨越认同感的鸿沟,消融这些对抗呢?这不是没有可能。在最低层次,它能够轻易运用不同言语沟通;在更高层次,它可以解释、比较不同文化与宗教传统,甚至可以通过教育和传媒,将更开阔的文化观念传播给不同民族、社群。更重要的是,具有跨文化能力与视野的智能机械人在国际政治、商业谈判和其他专业事务中,可以很有效地承担大量实际工作,因此他们本身就有可能成为一股跨越文化藩篱,消弭文化冲突的力量。

当然，这只不过是主观愿望而已。不须怀疑的是，人工智能的潜力和人一样，几乎是无限的，因此它的发展方向也极其宽广，可以由设计者决定。所以，它对于今日错综复杂、尔虞我诈的国际关系到底会产生何种影响虽然是个巨大问号，却仍然不妨抱以乐观态度。

七、世界融合的大趋势

我们说21世纪是个过渡世纪，不知不觉，它已经过去六分之一。那么下一个世纪又将会是怎么样的呢？赫胥黎在八十多年前想见的未来世界比之于今日，大约是正确和错误参半。但今日科技飞跃发展，世界瞬息万变的程度比之当日又已经增加不知多少倍，我们想象的误差恐怕会更大得多。然而，有些发展趋势今天已经变得非常明确，凭着它们的引导，我们也可以对22世纪看出一些端倪来。

在过去六百年间，人类活动最明显、最不可阻挡的一个大趋势就是不同国家、不同文明的扩张、碰撞与融合。这从葡萄牙人的非洲海岸探索开始，继以西方多个殖民帝国的建立，乃至今日的全球化大浪潮，都是历历可数，绝无疑惑的。它背后的基本动力，就是科技的发展与进步。事实上，这种扩张、碰撞的冲动，也屡屡出现于古代，像波斯帝国两度西征、亚历山大大帝东征、蒙古大帝国混一欧亚、伊斯兰帝国和奥斯曼帝国长期向欧洲扩张等等，都是最明显的例子。然而它们虽然成功于一时，却都不能够持续。为什么？最根本原因就在于当时的科技发展程度还不足以提供跨越广大地区所需要的组织架构、快速沟通能力和由此而产生的凝聚力。二战后科技发展跃上了新台阶，全球化这才终于成为广泛的经济、政治和文化运动，才能够掀起巨大浪潮，影响全人类。

今日的全球化和历史上的帝国征伐、扩张有三个根本差别。首先，它的确波及了全世界而不仅仅是其中一部分。其次，它是以经济而不再是以政治与军事为核心。最后，它不再由单一力量主导，而是多中心的。当然，无可讳言，从历史上看，今日所谓全球化，当初是由西方世界在二战之后所发展的全球战略演变而来。它本来具有经济文化与政治军事两个不同向度，至终目标是将西方政治与社会体制，即所谓自由民主秩序（liberal democratic order）与资本主义这两者扩展到全世界。联合国、大西洋公约、欧洲联盟、世界银行、国际货币基金组织（IMF）、世界贸易组织（WTO）都是这构想的一部分，那些国际机构实际上也就是西方心目中的世界政府雏形。这个战略发展的结果是，经济文化部分成功，政治军事部分彻底失败：前者促进了全球经济增长，后者带来了长期冲突、战争和灾难。因此，很自然地，全球化的重心和意义就完全倾向于前者。当然，经济的全球化跟着又经历了一个巨大转折，那就是东亚的强劲崛起，这彻底改变了西方战略部署的原意，使得今日的经济融合成为真正的全球性运动。

无论根源如何，全球经济与文化相互渗透，共同发展，至终融为同一整体的大趋势、大浪潮具有充分科技基础和自然诱因，不会因为局部挫折而逆转，更不可能被遏止。我们这样讲，并不是忽视反对全球化的各种力量。这包括：第一，在世纪之交所发生的，对世界贸易组织的大规模和激烈抗议[1]，它们和今年7月在德国的G20会场外发生，演变为大规模暴乱的反全球化运动其实一脉相承。第二，众多学者对"财富500"跨国巨无霸公司的严厉批判[2]。第三，激烈的绿色和平运动。最后，还有最近一年在西方传统领袖英美两国中，强烈本土主义的意想不到崛起。这形形色色的反应充分说明，全球化不是和风细雨、请客吃饭的温和有序进程，它对许多既得利益群体，对许多本来富强的国家都产生猛烈冲击，从而引起激烈反应和斗争，在过去一二十年如此，在未来更将如此——我们只要想象，当印度或者非洲真正崛起的时候会发生什么事情就够了。这些反应将会对全球化的进程和形态，例如跨国大财团的法律地位和监管模式，产生持续的深远影响，也就是模塑未来世界的结构。但即使如此，这一切却不可能阻挡全球化本身，绝不可能使它的步伐停顿下来。为什么？道理很简单：最有效率的经济体系必然是全球性的，全球化对世界上绝大多数人所带来的利益委实太巨大，因此绝不是局部反应所能够阻挡的。

当然，也不能够否认，还是有一种力量足以摧毁全球化进程，那就是大国之间的灾难性战争。人类早已经发展出毁灭自己的力量，而无论一个国家的政治制度如何，国际政治始终是掌握在极少数人手里，因此由某个意外事件、某种情绪性反应，和各方错误判断所

---

[1] 世界贸易组织是全球化的象征，在世纪之交群众对它曾经有过三次大规模的激烈抗争，即1999年底在西雅图，2001年6月在瑞典歌德堡，和同年7月在意大利热那亚，后两次都酿成流血冲突。见当年媒体报道。
[2] 这种批判的一个显著例子是哈佛大学工商管理学院教授柯尔顿对整个资本主义文明的无情暴露与严厉批判。见 David C. Korten, *When Corporations Rule the World*（San Francisco: Brett-Koehler and Bloomfield, 2001）.

导致的连串不幸巧合,是永远无法排除的。这在混沌理论和蝴蝶效应被发现和了解之后的今天,我们是知道得太清楚了。对此,我们只能够希望,人类还有足够智慧和幸运来避过如此可怕的劫难吧。

八、遥望22世纪

倘若人类足够幸运,那么一个高度融合的世界很可能在下个世纪上半叶出现。它将会是什么样子的呢?从上述讨论看来,它可能有以下几个特征。首先,全球人口将大幅度减少,也许回到七八十年代水平,即四十亿左右。其次,大部分工作转为由智能机械人在少数监管人员控制下承担,专业人员全面依赖智能网络,因此人数也大幅度减少;一般民众则在公共固定入息的保障下过安稳生活,有大量时间用于休闲、娱乐、旅游、兴趣学习和进修,倘若愿意争取工作,也会很轻松愉快,但额外报酬未必特别丰厚,因为多数人无法与智能机械人的效率和能力竞争。当然,有不少人会对这种温室生活感到烦厌和失落,他们可能选择到荒山野岭、丛林沼泽、偏远岛礁上,甚或就在大城市中组成小区,过原始、自然、自食其力、显得更有意义的生活。只要不占据大量土地或者资源,这完全可以和主流世界共存,但显然会受到控制而不容许大事发展或者影响后者——赫胥黎笔下的新世界虽然容忍科学家,但不是要把他们流放到偏远海岛上去吗?

至于他心目中那个睿智的"世界操控者"则很难想象会在真实世界出现。世界太大太复杂,即使在大量信息瞬间传播的未来,能够稳定地操控它的,必然是分布在全世界,分别负责政治、经济、金融、社会、保安、能源、环保等许多不同职能部门的精英共同体，他们的组织高度阶层化，成员是从社会整体吸收，然后通过长期教育和在职历练而发展出共同理念。民主选举当然会继续举行，但总统、议员会变为"社会沟通者"，他们的实际权力将被分摊和虚化，因为重要政策将越来越取决于冷静的专业分析和意见，而不再是没有足够信息、兴趣和能力的选民之一时情绪，或者必须取悦于选民的"社会沟通者"。事实上，这只不过是当今趋势的延续而已：由于现代社会的复杂性，政府中专业体系与政治家之间的力量对比已经不断向前者倾斜。更何况，对于一个能够长期保持廉洁和效率的政府而言，民众通过选举而产生的"制衡"也逐渐失去实质意义。日本和法国官僚体系力量之独立、庞大久已为人熟知；英国更是如此，电视连续剧《是，大臣》（Yes, Minister）就是它的真切写照。至于新加坡政府已经成为高效率的自我延续政治体系也是公认的了。美国的特朗普则从反面提供了例证。在坚决拥护的大批选民支持下，他誓言改变奥巴马医疗保险法案，与俄国改善关系，和阻止多个伊斯兰国家人民入境，却分别遭到国会预算局、情治部门与国会，以及各级法院各种不同形式的阻挠，始终无法畅行所欲。所以，到了下一世纪，实际决策权力将会大幅度下移到散布在各地区的专业行政体系，政治家的功能则蜕变为在不同专业、地区之间协调资源分配，以及向民众解释政策。

九、所过者化，所存者神

我们所想象的这个未来世界好像很欢愉、安稳、和平，但有个大问题：它太有秩序、条理和节制，简直就是一部机器，恐怕不是有血有肉，有野心、梦想和权力欲，喜爱争辩、冲突、战斗、征服，如生龙活虎般的自然人所能够忍受的。诚然如此，但梦想家、野心家能够做什么呢？他们绝大多数已经被吸纳到精英专业阶层中去，可以终身享受远较常人更为优裕的生活，同时发挥他们在科学、工程、经济、文学、演艺、运动、探险等各方面的才华或者冒险精神，夫复何求？至于那些在经济上企图攫取暴利或者在政治上梦想掌握独裁权力的人，当然很可能在一时一地获得成功，却绝不可能长期瞒骗或者压制、宰制一个分布于全球的广大精英联合体。更重要的是，在智能机械人普遍化以后，物质财富不再匮乏，所以它的无限累积已经失去心理吸引力和实用意义——将财产绝大部分捐出来以建立公益基金会的当今巨富如盖茨（Bill Gates）和巴菲特（Warren Buffett）显然已经看穿这个问题了。因此财富尊荣将与政治权力脱钩，后者的神秘光环将会褪色，不再能够吸引无数英雄竞折腰。

换而言之，在世界融合为一个依据理性原则运行的有序整合体之后，个人的野心、梦想、理想、才华就再也无从叱咤风云，任才使气，而将很自然，无可抗拒地整合于人类整体之中，届时生命的价值、意义都只能够求之于人类整体。这个前景好像很黯淡乏味，很可怕。但不能够不承认，是大势所趋。我们不能够不看到，即使在今日，大部分人的感情、兴趣、价值、自豪感，不是都已经无可抗拒地逐渐依附寄托于铺天盖地的社交媒体之上，与社会大众同流了吗？只不过在未来，这种依托行将变本加厉，使人更无可遁逃于由紧密电信构成的天罗地网以外而已。

当然，这也就凸出了一个天大悖论：科技发展的动力本来是为解决个别自然人的好奇和实际需要,为什么它发展到极致,却会反过来颠覆自然人的原本状态,将人贬抑为人类整体的一个细胞,而非复那个有血肉有野心梦想、顶天立地的好汉呢?所以,庄子讲的那个畦圃丈人并不是没有道理,坚持亲自用手摇木轮来纺纱的圣雄甘地也不仅仅是抱残守缺。他们看到了机械发明虽然带来效率和便利,却必然同时改变生活方式,侵蚀原有文化意识,潜移默化人的精神。换而言之,科技的颠覆性并不是如上面所讨论的那么简单,止于影响社会的稳定——它还会进一步扰乱心神,颠覆人的本质和自身。

在不久的将来,人就可能创造出真正的智能机械人,那是接近甚至超过一般人类智能的个体,也就是有思想、有头脑的"通灵"之物。当初把生命吹入泥土,使它活起来成为第一个人——亚当的是上帝。那么今日创造智能机械人的人类,等于是获得了上帝般的能力——围棋上帝虽然还没有出现,但人类自己似乎已经从"万物之灵"进一步"超凡入圣",离上帝宝座不远了。文艺复兴时代意气风发的才子米兰多拉(Pico della Mirandola)宣称,有尊严的人应该直趋天庭,到达上帝宝座之前,与最高贵的天使争一席之高下[①]。我们开头所讲的,新上帝将生未生,意思大抵也就是这样吧!

从洪荒世界走出来的人是血气方刚,有野心梦想、成败得失、喜怒哀乐的,他和希腊的奥林匹克诸神或者以色列人心目中那个有爱心也会大发雷霆的耶和华何其相似——因为当初人就是依照自己的形象来造上帝的。但倘若上帝的真谛如基督教神学家所讲,是全知、全能、无所不在,那么他却绝不可能如此之类似凡人,而必然

---

① Pico della Mirandola, *On the Dignity of Man*. Charles Glenn Wallis, transl. (Indianapolis: Hackett Publishing, 1988), p. 7.

更接近于17世纪斯宾诺莎（Baruch Spinoza）所论证的那个与天地万物无分彼此、浑然为一体的泛自然神①，它和我们上面所描述的未来人类社会之整体并不相同，但亦有不少共通之处。从传统文化孕育出来的"旧人类"看来，那当然是可敬可畏而绝不可亲可爱，是过分理性有序而全然乏味了。

孟子说过一段意味深长的话："所过者化，所存者神，上下与天地同流。"②他讲的是君子即政治家在理想中所能达到的最高境界。在今天，我们可以把这句话移用于形容人类整体的进化。人，其实无所谓本质：他本来自尘土，经亿万年进化而成为灵长类动物，再经十几万年进化而成为具有言语、思想、文化的万物之灵。他现在又来到一个新的转折点或曰奇点（singularity）了，个体行将消融于具有犹如神灵般力量的人类整体之中。至于他的未来还将有何种变化，则是开放、不可知的。不过，宗教境界至少可以给我们一些提示。基督教期盼人可以"在主内合而为一"，佛教向往涅槃，儒家追求大同世界，表面上境界各异，底子里其实不也相通，不也可以形容为"所过者化，所存者神，上下与天地同流"吗？从此看来，未来世界虽然将与熟悉的传统人文世界大不相同，我们也仍然可以对它抱乐观态度吧。

2017年7月2日于用庐
2020年12月27日修订

---

① 斯宾诺莎的泛自然神论是阐发于其巨著《伦理学》（*Ethics*），有关此书的介绍及讨论见 Richard H. Popkin, *Spinoza*（Oxford: One World Publications, 2008），Ch. 7.
② 《孟子·尽心上》。

论人文精神与未来世界

现代科技进步迅速，令环境不断变异，熟悉的事物不断消失，以致人有如永远置身异乡，心境无时安宁。因此寻找人的本性、本质，重新发扬"人文精神"的呼声此起彼落，不绝于耳。但到底何谓"人文精神"？它为何会失落？当如何重建，又是否能够重新发扬？那却是人人言殊，从无定论。本文所要尝试的，是撇开"重建人文精神"的目标，仅视之为历史上重复出现的文化现象，来探讨它的意义和处境。从此立场出发，我们很自然地会想到：宋代新儒学是一个对应佛教挑战，恢复与发扬以人为本理念的运动；欧洲文艺复兴运动中"文"的部分正是"人文主义"（humanism）；法国哲学家萨特曾经宣称"存在主义是一种人文主义"；而当代新儒家唐君毅则著有《人文精神之重建》；等等。这几个运动分别属于东西两大文明，时间前后相隔千年，彼此似乎绝不相干。那么，它们是否有共通之处呢？除此之外是否还有其他相类似的运动呢？它们与现代世界的变迁又有何关系？

这些问题的探索将引领我们面对另一个大问题，即人在未来世界将面临何种变化。在过去，这问题并不存在。在"天"抑或

"神"主宰世界的时代,"人"的本质被认为是固定不变的——例如,是生来就具有仁心,或者不灭灵魂。但在今日,这观念已不再被普遍接受。主要问题已经不再是人的本质如何,而是人类在未来世界中将会变得如何,亦即将处于何等地位,具有何等心态了。不少人可能仍然认为,未来世界既然是由人所建构,那么它也必然是根据人的意志设计,因此不可能违背人的"需要"或者"本性"。但这也可能是对人,对世界的重大误解。无论如何,"人文精神"与"人性"不可分割,因此它与人在未来世界的命运亦息息相关,讨论人文精神的前景必然要牵涉到未来世界,原因在此。

本文共分四节,前两节回顾和分析在东西方具有代表性的五个人文主义运动,即文艺复兴中的人文主义、宋代新儒家、欧陆存在主义、美国的社会批判思潮,以及中国当代新儒家。后两节则分别讨论人文领域与科技的互动关系,以及人类文明演化的展望,从而为人文主义在未来世界的前景勾勒一个轮廓。这个讨论牵涉许多似乎渺不相干的领域,因而将显得十分庞杂和头绪纷繁。至于它是否有意义,则只有留待读者判断了。

一、文艺复兴与宋代新儒学

在现代以前,人文精神重建的两个最佳例子是欧洲文艺复兴(Renaissance)和中国宋代新儒学,它们的具体发展过程与所带来的结果大不一样,但背后的精神却十分相似。我们在下面先简单描述其梗概,然后再作比较。

文艺复兴中的人文主义

文艺复兴发源于意大利北部[①]，包括"文""艺"两个不同部分[②]，前者就是人文主义（humanism）[③]。在其初，人文主义仅指学习拉丁文法，发扬拉丁文学，有点像唐代的古文运动，随后则扩大到搜集、考证古希腊罗马典籍，以至研究古代思想，追求古典文明的"复兴"（renaissance）。这个运动的大背景是：欧洲的希腊和罗马古典文明在4—10世纪这七百年间遭受两个沉重的打击：先是基督教成为罗马帝国的国教，有意识地压制异端学术；继而蛮族入侵，罗马帝国灭亡，文化火炬熄灭。

对罗马帝国来说，基督教是起源于巴勒斯坦的外来宗教，它取代原有学术文化经过三个阶段：首先，吸收希腊和罗马文明的精华；

[①] 指14—15世纪的"意大利文艺复兴"，简称"文艺复兴"。欧洲在大混乱时期之后的连串文化振兴运动都称为"复兴"，它包括9世纪的"加洛林文艺复兴"（Carolingian Renaissance）、10世纪的"奥托文艺复兴"（Ottonian Renaissance），以及12世纪的"早期复兴"，这三者是欧洲文化复兴的初阶，也是此处所讨论的"意大利文艺复兴"之基础。
[②] "文艺复兴"的"艺"指大家熟悉的艺术，它开始于14世纪初的写实风格绘画，后来产生了达·芬奇、米开朗琪罗、拉斐尔等众所周知的伟大艺术家。
[③] 讨论文艺复兴的经典之作是Jacob Burckhardt, *The Civilization of the Renaissance in Italy*（New York: Random House, 1954 [1860]）。有关其中的人文主义有以下大量论述：Paul O. Kristeller, *Renaissance Thought: The Classic, Scholastic, and Humanist Strains*（New York: Harper, 1961）; Denys Hay, *The Italian Renaissance in Its Historical Background*（Cambridge: Cambridge University Press, 1961）; Eugenio Garin, *Italian Humanism: Philosophy and Civic Life in the Renaissance*（Oxford: Blackwell, 1965）; Charles G. Nauert, Jr.（Peter Munz, transl.）, *Humanism and the Culture of Renaissance Europe*（Cambridge: Cambridge University Press, 1995）; 有关其对日后欧洲影响则见Wallace K. Ferguson, *The Renaissance in Historical Thought: Five Centuries of Interpretation*（Cambridge: Riverside Press, 1948）。

其次，通过论争贬抑俗世文学和学术[1]；最后，推广修道院文化，把俗世学术从当时有识之士即教士的心中驱除出去[2]。这整个过程经历了六个世纪（约400—1000）方才大功告成。然而，到了12世纪，由于三方面的契机，希罗古典文明却有复苏之势。首先，在10—13世纪间，由于罗马教皇和神圣罗马皇帝之间的斗争，意大利北部城市乘势崛起，互相兼并，最后只剩下十几个独立城邦。它们不再依靠农业，而致力于商品生产和国际贸易，发展成富裕和多元社会，不再受教会、君主或贵族控制[3]。其次，古代希腊罗马典籍在黑暗时期失传，但被翻译成阿拉伯文，而得以保存在伊斯兰文明中。从12世纪开始，许多欧洲学者将它们翻译成拉丁文，使欧洲得以重新接触古代文明。最后，即使在黑暗时期古罗马法律体系也没有完全断绝，而是通过意大利北部的公证人（notary）制度延续下来。在公证人的教育中，拉丁文极受重视，那就是人文主义出现的温床[4]。

人文主义在13世纪萌芽，其时在北意大利出现了仿效古代文学体裁的拉丁文作品，它们受古罗马作家影响，主导观念从基督

---

[1] 奥古斯丁的《上帝之都》便是此类论争的最重要典籍之一，其中对新柏拉图主义有详细论述。
[2] 此为关键阶段，其完成经过见下列巨著：Pierre Riché, *Education and Culture in the Barbarian West, Sixth through Eighth Centuries*. John J. Contreni, transl.（Columbus: University of South Carolina Press, 1976）.
[3] 有关北意大利城邦的兴起见下列著作：J. K. Hyde, *Society and Politics in Medieval Italy: the Evolution of the Civil Life, 1000—1350*; Daniel Waley and Trevor Dean, *The Italian City-Republics*（Harlow: Longman, 2010）.
[4] 有关公证人体系与人文主义的密切关系分别见下列论文集及巨著，后者对人文主义的兴起有极详细论述：Ronald G. Witt, *Italian Humanism and Medieval Rhetoric*（Aldershot: Ashgate, 2001）；*The Two Latin Cultures and the Foundation of Renaissance Humanism in Medieval Italy*（Cambridge: Cambridge University Press, 2012）.

教转向个人意识和追求[1]。人文主义第一位大师彼特拉克（Petrarch, 1304—1374）就是因此而崛起[2]。他出身佛罗伦萨公证人世家，虽然当了教士，却不屑处理教会事务，更不愿进修道院，一生追求柏拉图式爱情，以写作为终身志业。他崇拜古罗马雄辩家、政治家、哲学家西塞罗（Cicero），文体仿效古代的传记、史诗、爱情诗歌、凯旋颂歌、颂扬辞章、忏悔录等等，由是得成大名，王侯争相罗致，其后更被加冕为桂冠诗人。这样，在罗马帝国灭亡近千年之后，拉丁文学终于重现光芒。

彼特拉克对同时代学者影响极大，最重要的是萨卢塔蒂（Coluccio Salutati, 1331—1406）。他是著名文人和政治家，有能力和地位搜购古代书籍、文献，于1397年从君士坦丁堡延聘名宿赫里索洛拉斯（Manuel Chrysoloras）到佛罗伦萨教授希腊文，奖励后进，由是掀起人文主义风气，培育再下一代学者。其中罗西（Roberto de' Rossi, 1355—1417）是希腊原典翻译家；尼科利（Niccolò de' Niccoli, 1364—1437）是藏书家；布鲁尼（Leonardo Bruni, 1370—1444）是萨卢塔蒂的学生和政治继承者，翻译了大量古籍，撰写了佛罗伦萨史以及西塞罗、但丁、彼特拉克等人的传记，又鼓吹佛罗伦萨公民意识和共和体制，影响日后民主政治的发展；波吉奥（Poggio Bracciolini, 1380—1459）则孜孜不倦搜求和发现了大量古代手卷，

---

[1] 有关的作家例如阿尔伯塔努斯（Albertanus of Brescia, c. 1200—1270）、拉蒂尼（Brunetto Latini, c. 1220—1294）、穆萨托（Albertino Mussato, 1261—1325）等均出身于公证人世家，见上引Witt的两部著作。

[2] 有关彼特拉克，见Ernest H. Wilkins, *Life of Petrarch*（Chicago: The University of Chicago Press, 1961）。受早期拉丁文作者影响的，还有伟大诗人但丁，但他的《神曲》以意大利方言撰写，观念、情怀则以基督教理念为依归，所以与人文主义无涉。

包括失传已久的卢克莱修（Lucretius）长诗《自然之本质》①。

到15世纪下半叶，人文主义开始散播到佛罗伦萨以外，这时期最重要的两位学者是那不勒斯的瓦拉和荷兰的伊拉斯谟②。瓦拉（Lorenzo Valla, 1407—1457）推崇伊壁鸠鲁哲学，专门研究拉丁文体和修辞，以证明教廷视为至宝的《君士坦丁赠书》为伪造成大名。伊拉斯谟（Desiderius Erasmus, 1466—1536）凭自学成才，他多次访问英国，和《乌托邦》（Utopia）的作者莫尔（Thomas More, 1478—1535）惺惺相惜，最后定居巴塞尔。本来人文学者绝少讨论基督教，他却起而反对经院哲学，提倡人性与宽容，又出版经过详细考证的《新约圣经》希腊文-拉丁文对照本，这在宗教改革中成为新教的重要依据③。到16世纪，人文主义传统还有一位殿军，即法国散文家蒙田（Michel Montaigne, 1533—1592），他厌倦宗教冲突，思想倾向于怀疑论，被奉为现代哲学前驱④。

---

① 有关14—15世纪人文主义发展的专论见George Holmes, *The Florentine Enlightenment, 1400–1450*（London: Clarendon Press, 1992）；讨论布鲁尼共和思想的专书有Hans Baron, *The Crisis of the Early Italian Renaissance*（Princeton: Princeton University Press, 1966）；有关人文主义学者的家世、事迹、关系、交游见Lauro Martines, *The Social World of the Florentine Humanists 1390–1460*（London: Routledge & Kegan Paul, 1963）。有关波吉奥的大发现见Stephen Greenblatt, *The Swerve: How the World became Modern*（NewYork: Norton, 1992）。
② 有关人文主义如何散播到阿尔卑斯山以北即英法德荷诸国见Charles G. Nauert, Jr., *Humanism and the Culture of Renaissance Europe*（Cambridge: Cambridge University Press, 1995）, Ch. 3.
③ 有关伊拉斯谟见下列传记：Léon-E. Halkin, *Erasmus, A Critical Biography*（Oxford: Blackwell, 1987）；讨论人文主义与宗教改革关系有下列论文集：Donald Weinstein, ed. *The Renaissance and the Reformation 1300–1600*（New York: The Free Press, 1965）。
④ 有关蒙田见Marvin Lowenthal, ed. & transl., *The Autobiography of Michel de Montaigne*（New York: Vintage Books, 1956）。此书是编译者辑录和翻译大量有关其生平的蒙田文献与书信而成，书前的导言亦是一小传。

人文主义兴起是欧洲思想史上戏剧性的巨大转变。它毫无挑战基督教的意图，实际上却使得古代文明在罗马教会赞助甚至鼓励下复活。也就是说，人文主义者操戈入室，以最微妙、最平和与不经意的方式颠覆基督教理念，无形中瓦解了教会占据欧洲心灵殿堂的千年之功[①]。这可以说是人文精神重建的最成功例子，它显示欧洲古典文明是如何丰富、强大和坚韧，虽然经过千年沉睡，仍然能够破土而出，焕发新生命。

宋代新儒家

宋代新儒学出现的背景和文艺复兴中的人文主义表面上有些相似，但底子里则大不相同。相似之处是，从东汉末年开始佛、道两教在中国蓬勃发展，到宋代已经有七百年历史，它们在思想、社会和政治等三方面都对儒家构成极大挑战。首先，佛、道各有一套形而上结构和玄妙理念，那是原始儒学所缺乏的，因为它向来不谈"性与天道"，而专注于人间秩序，故此"儒门澹泊，豪杰多为方外收尽"。其次，儒学以君子亦即社会精英为教诲对象，因此无法在民间与佛道等普世性信仰抗衡。最后，自隋唐开始，历代君主都一面倒崇奉佛道，韩愈发起古文运动，却因为谏迎佛骨而被"夕贬潮州路八千"，正好说明当时儒学地位之严峻。

[①] 见前引 Burckhardt, *The Civilization of the Renaissance*，其主要论点便是文艺复兴运动对于基督教思想造成沉重甚至致命打击，例如它断言（见该书 p. 370）："这样，获得拯救的需要在意识中就越来越淡薄，同时现世的进取心和思想或则全然排除有关来世的一切观念，或则将之转变为诗意而非信条的形式。"这观点引起极大反响和争论，百年不息，但只是被弱化和修订，而始终没有被否定。见 Philip Lee Ralph, *The Renaissance in Perspective*（London: Bell & Sons, 1974），Ch. 1.

两个运动大不同之处在于，新儒学自始至终都不是纯粹的文化运动：它的兴起和发展都有极其强烈的政治和宗教背景①。就政治而言，宋代自开国便处于军事弱势，但为了扭转前代骄兵悍将的格局，君主却要崇文抑武，士大夫由是生出以天下为己任的自觉与承担，以及与君主"共治天下"的期待与自信。这自信的基础是儒家的"内圣外王"观念，即深湛、完善的内心修养是舒展政治抱负，安排合理人间秩序的必要条件，而后者又是前者的最终目标，两者浑然一体，不可分割②。这观念发微于韩愈，在王安石变法时颁行的《三经新义》中正式提出来，最终为二程和朱熹所接受。由是新儒家得以通过"道体""道统"和"治统"的论述，将他们修养心性那一套自省功夫来作为政治改革的基础③。

另一方面，宋代新儒学与佛、道二教也有千丝万缕的关系。就道教而言，新儒学的最早起源可以追溯到陈抟老祖（？—989）④，那是一位时代跨越唐宋，通过《易经》象数和《老子》来讨论宇宙生化原理的道士，他的"河图洛书"之说影响了邵雍（1011—1077）和周敦颐（1017—1073）。陈抟是山林隐逸；邵雍大隐于市，却与司马光交厚；至于周敦颐则与王安石有交谊，亦曾开导二程，他就是将易、道思想与儒学结合的关键人物。

---

① 以下概述主要是根据余英时以下两部著作：《朱熹的历史世界》上下篇（台北：允晨文化出版公司，2003）；《宋明理学与政治文化》（台北：允晨文化出版公司，2004）。
② 分别见上引《朱熹的历史世界》第三章与第八章。
③ 根据余英时，新儒家的发展经过了韩愈的"古文运动"、王安石的"新学"，以至二程的"道学"等三个阶段。但王安石并不排斥佛教，对此二程深为不满，认为是大害。见上引《宋明理学与政治文化》第三章，特别是第73—87页。
④ 相传陈抟生于唐末，活了118岁，这似乎难以置信。倘若以他在后唐长兴三年（932）到洛阳应试时最多50岁来推算，则生年当为882年，也活到107岁。

就佛教而言，则众所周知，韩愈排佛，宋初的柳开（947—1000）、欧阳修（1007—1072）承接其古文运动反对佛教，而宋初三先生孙复（992—1057）、胡瑗（993—1059）和石介（1005—1045）虽然曾经在寺庙借读，也同样从传统儒学角度辟佛。然而，宋初的高僧如智圆（976—1002）和契嵩（1007—1072）禅师高瞻远瞩：他们精研韩文，一方面反击韩愈和柳开等的辟佛，另一方面则承认儒学在治国方面的功能，更经常与士大夫交接谈论，影响极大极深，像王安石、张载、程颐等都难免受其思想渗透，以至程颐发出"此说天下已成风，其何能救……便有数孟子，亦无如之何"的感叹。甚至《中庸》从《礼记》被抽出来成为朝廷特别重视的独立篇章，也很可能是出于有佛教背景的士大夫之推动[①]。因此新儒学虽然竭力脱离佛教的笼罩，却始终无法割断两者的深层内在联系。

综括而言，新儒学是通过吸收《易经》和佛、道思想，来深化和扩充原始儒学的内涵。它在北宋兴起，至南宋发扬光大，到明代更由于王阳明提出"致良知"之说，而从士大夫扩散到民间下层。然而，它缺乏超越此生的论述与应许，所以无从蜕变为大众宗教，也无法扭转佛、道盛行不衰的大趋势。至于在政治上，它亦只成败参半。朱注《四书》成为科举考试的核心内容，无疑再度确立了儒学在国家体制中的独尊地位。但司马光的新政和王安石的变法同以失败告终，明朝更转向君主独裁，由是书院被禁毁，以廷杖凌辱大臣屡见不鲜，"得君行道"和"共治天下"的理想完全幻灭。王阳

---

① 有关当时禅师影响之大与新儒家之无可奈何，见上引《宋明理学与政治文化》第四章，文中转引程颐（其实是二程其中一位）的话见该书第103页；佛教徒重视《中庸》，则是因为其与佛教的"中道"观念接近，智圆禅师即自号"中庸子"，见该书第124—137页。

明之从"内圣外王"转向以内省为中心的"致良知"说,缘故实在于此[1]。

两个人文主义运动的比较

文艺复兴中的人文主义和宋代新儒家有惊人相似之处。它们都代表以"人"为中心的古代文明精神(在中国是儒家,在西方是希腊和罗马文化)被外来宗教(在中国是佛教[2],在西方是基督教)渗透、掩盖甚至征服之后,由于具有古代文化意识和自觉的学者之努力,古代文明得以重新振兴,并且发展出更丰富和深刻的内涵。所以,两个运动都不折不扣是"人文主义之重建",也就是在已经被宗教主宰的世界中,重新彰显人本价值和精神。这显示,全面感染中国和西方的高等宗教虽然力量庞大,但具有深厚底蕴的古代文明仍然蛰伏于集体意识之中,时机成熟就能够破土而出,焕发新生命。它们另一个相似之处是,文艺复兴中的人文主义学者皆为虔诚的基督徒,而且几乎全部任职于罗马教会或受其供养;至于推动新儒学的士大夫则大多与禅师、佛徒、道士密切交往,思想亦交互渗透影响。这反映新旧两种文化虽然在理念上并不一致,甚至大相径庭,事实上却仍然不无相通之处,可以和平共存。

但从其产生的后果看来,则这两个运动相去甚远,可谓背道而驰。在社会上,新儒家并未对佛道二教产生强大冲击,更谈不上颠

---

[1] 见上引《宋明理学与政治文化》,第297—332页。
[2] 当然,全面影响中国的不止佛教,而还有起源于本土的道教。但道教本是众多本土崇拜的合称,并无精深教义或者成体系的组织,它是佛教传入中国之后,受其刺激方才多方模仿佛教并且采用老庄哲学为其内核,从而发展成为高等宗教的。因此我们在此不再分别论述道教。

覆它。在政治上，它虽然巩固了本身的正统地位，却仍然未能打破儒、释、道三者原有的势力平衡。而在思想上，则它不但未能驳倒外来的佛教，反而是和它融会结合，混为一体了。另一方面，文艺复兴特别是人文主义则无异于掀开了潘多拉盒子，古代希罗文明尚未发挥的潜力由是得以充分释放。其最重要的三个后果是：首先，16世纪发生宗教改革和随之而来的宗教战争，罗马教会定于一尊的格局崩溃；其次，它间接促成了17世纪科学革命，由是完全改变人对大自然的观念；最后，以上两者转而导致18世纪启蒙运动，那带来了理性主义、世俗化思潮以及法国大革命，当今所谓"现代世界"就是从这些翻天覆地的巨变中产生出来。换而言之，中国新儒家所造成的，是儒、佛、道思想之进一步融合，欧洲"人文主义"至终导致的，却是希腊与希伯来精神的分道扬镳。

二、存在主义、社会批判思潮与当代新儒家

启蒙运动不但强烈冲击基督教，而且改变世界，导致了以科学、理性和宗教被"解魅"（disenchantment）为特征的现代世界之出现。无可避免地，现代世界又产生了对本身理念的各种反应，那大致上可以归为欧洲的存在主义、美国的社会批判思潮，以及中国的当代新儒家运动等三类，每一类之中又可能包含若干不同思想。

存在主义

文艺复兴触发了欧洲思想的滔天洪水，此后宗教改革、科学革命、启蒙运动、法国大革命接踵而至，一发不可收拾，彻底摧毁了

基督教的主宰地位，改变了欧洲的精神面貌。自此上帝被"解魅"，"理性"取代"信仰"，重新占据西方心灵的中心。如此天崩地裂，沧海桑田巨变自然要引起许多不同的强烈反应，其最早、最直接的就是开始于18世纪末的浪漫主义（romanticism）运动。它反对理性桎梏，强调个人感情的抒发，向往孤独与大自然，其影响非常广泛，诸如歌德、拜伦、济慈、华兹华斯、布莱克、柯勒律治等的小说、诗歌，贝多芬、舒曼、李斯特、肖邦等的音乐，德拉克罗瓦的绘画等都是其代表。

对于上述巨变的俗世化思潮之反应则来自存在主义（existentialism）[1]。它的出现稍晚于浪漫主义，影响之广泛和声势之浩大也有所不及，但深入和持久则过之。这一运动可以丹麦的克尔凯郭尔（Soren Kierkegaard, 1813—1855）、德国的尼采、法国的萨特等三人为代表，他们时代不同，倾向各异，其间的分别正好反映了这个运动在19—20世纪百余年间的演变[2]。

存在主义的先驱是克尔凯郭尔。他自幼孤僻、瘦弱、为严父权威阴影所笼罩，而立之年出版《非此即彼》（*Either/Or*）和《畏惧与战栗》（*Fear and Trembling*），其后创造力持续近十年。他的思想以

---

[1] 有关存在主义的论述和著作浩如烟海，简单介绍见Steven Crowell, ed., *The Cambridge Companion to Existentialism*（Cambridge: Cambridge University Press, 2012）；Walter Kaufmann, *From Shakespeare to Existentialism*（Boston: Beacon Press, 1959），Ch. 10–11；文献摘录见Walter Kaufmann, ed., *Existentialsim from Dostoevsky to Sartre*（New York: Meridian, 1956）。

[2] 存在主义有许多不同向度，例如其现象学（phenomenology）传统，那以黑格尔、海德格尔、萨特的著作为骨干，或者其对生命态度的论述，特别是承担（commitment）、真实性（authenticity）、面对死亡等观念，这以加缪（Albert Camus）为中心。我们在此的讨论仅以存在主义有关宗教方面者为限，而并非对其整体作一均衡论述，读者鉴之。

上帝和个人为中心，联系两者的，是人对上帝的彻底、绝对、无保留服从——正如《创世记》中亚伯拉罕服从耶和华的命令，准备把老年所得爱子杀死献祭一样。他鄙视丹麦讲究理性的新教教会，认为基督教教义里面那些荒诞、不合逻辑、不可解之处正为其可信之处，企图用理性来解释它们是可笑、无用的。换而言之，他是以复古来对抗理性精神，认为真理必须主观信服，而不是拿来讨论的。在强大的世俗化思潮面前，这无异于堂吉诃德攻击风车。西班牙存在主义哲学家乌纳穆诺（Miguel de Unamuno, 1864—1936）比他更愤激，其所歌颂的就正是堂吉诃德精神[1]。

但愤激无济于事，到了20世纪，存在主义神学家、社会学家诸如蒂利希（Paul Tillich, 1886—1965）、马塞尔（Gabriel Marcel, 1889—1973）、弗洛姆（Erich Fromm, 1900—1980）等就都已经和现代世界妥协，他们只不过是要从哲学、心理学、社会学等角度，来为基督教在现代社会寻求意义和立足点，而再没有如克尔凯郭尔或者乌纳穆诺那样以基督精神重新征服世界的气概了。不过，对大众而言，田力克等的努力其实并没有必要，也没有意义，因为在现代，各种基督教派仍然具有巨大吸引力，哲学家、神学家所看到的严重教义问题，一般人根本不关心——他们所在意，所需要的，是福音、慰藉、团契、永生盼望，而并不是自洽的真理。

晚一代的尼采（Friedrich Nietzsche, 1844—1900）比克尔凯郭尔名气更大，思想更复杂，著作更丰富，诸如《查拉图斯特拉如是说》（Thus Spoke Zarathustra）、《善恶的彼岸》（Beyond Good and

---

[1] 见Miguel Unamuno, The Tragic Sense of Life, J. E. Crawford Flitch, transl.（New York: Dover, 1954）, pp. 305-306。

Evil)、《道德的谱系》(On the Genealogy of Morals)、《瞧，这个人》(Ecce Homo)等等都脍炙人口。和克尔凯郭尔相反，他看不起基督教，而尊崇古希腊理念，认为他们提倡的是"主人道德"，以高贵、勇敢、慷慨为尚；罗马帝国下层民众亦即基督徒所宣扬的是"奴隶道德"，所以讲求谦卑、柔弱、节制、压抑天性和欲望。他自己的理想类型则是能力强大，能够自我节制，而不须听从外来道德指令的"人上人"或曰"超人"(übermensch)，因此干脆抛弃普世性道德观念，代之以适合不同个人的文化理念。他看到了基督教的没落，故而喊出"上帝死了，是我们杀死他的"[①]，一语道破天机。

尼采证实和接受基督教的没落，因此回到其前的古希腊理想，重拾赫拉克利特(Heraclitus)和巴门尼德精神，把只宜于少数智力高超者冷静研究的问题，用谜样、悖论式语言写出来，挑战一般读者头脑。不幸的是，这不但没有能够为知识分子指点出路，反而（应该说是无可避免地）引起巨大误会，从而为纳粹所利用，那是其哲学和他个人的悲剧。

至于20世纪的萨特(Jean-Paul Sartre, 1905—1980)，则一生丰富传奇，多姿多彩，既是学院派现象学家，以巨著《存在与虚无》(Being and Nothingness)知名，又是小说家、二战时抵抗德军的地下战士，反阿尔及利亚战争和反越战的左派政治活动家、社会运动家，更以与波伏娃(Simone de Beauvoir)的爱情和拒绝接受诺贝尔文学奖知名。对我们而言，他最重要的自然还是1945那篇以《存在

[①] "God is dead! God remains dead! And we have killed him!" 见Friedrich Nietzsche, *The Gay Science*. Josefine Nauckhoff, transl. (Cambridge: Cambridge University Press, 2001), Section 125.

主义是一种人道主义》为题的演讲①;他"存在先于本质"的论断;以及他的道德观,那就是人生于世,是无依无靠,无可依凭,也绝不可推诿责任的,所以必须完全依靠自己的判断,来选择一生道路,并且为此和所有行动的后果负责——那就是人的基本存在状况,也是他焦虑的根源。

萨特深受沦陷法国的地下抗争世界影响,"每个人在世界上都是孤独存在,要完全为自己的选择负责"的哲学和那个严酷处境不无关系,但也不能说就是由之决定。无论如何,那正好代表西方人在失去已经延续一千五百年的基督教精神家园之后,所面临的孤寂和彷徨。不像克尔凯郭尔、乌纳穆诺或者尼采,他并不在困境中莽撞、呼喊,或者提供貌似可能的出路,而只是冷静和无情地指出和刻画现代人的困境,亦即其"存在状况"。那也就是他为人熟知的小说《死无葬身之地》(*No Way Out*)和贝克特(Samuel Beckett)的荒谬剧《等待戈多》(*Waiting for Godot*)之由来。

克尔凯郭尔、尼采和萨特的呼唤各不相同,却都是以人为中心,而且,和笛卡儿的名言"我思故我在"恰恰相反,他们所讲所关注,并不是单纯有思想的、一个由哲学或者宗教观念所设定的人,而是活生生、有七情六欲、在现实中行动生活,不受任何前设观念拘束的人。在基督教理念破灭,理性与科学观念入主西方文明之后,这是哲学家对它的全面抗议和根本反叛。萨特比克尔凯郭尔和尼采更为客观和成熟,他不啻宣称:是的,自然被解读了,它隐

---

① 该演讲后来翻译成英文出版,见例如Jean Paul Sartre, *Existentialism and Humanism*, Philip Mairet, transl.(London: Methuen, 1948);中译本见萨特著,周煦良、汤永宽译《存在主义是一种人道主义》(上海:上海译文出版社,1988)。

藏在现象背后的本质、规律都被科学家发现了，但人和其他自然现象不一样，因为他没有本质，他的存在高于一切，因此是完全自由，不可能被解读、发现、限定的。所谓"存在先于本质"，"存在主义是一种人文主义"，就是这个意思。这一点很重要，下面还要深入讨论。

社会批判思潮

存在主义是由启蒙运动，也就是基督教之被"解魅"所引起的反应，所以表现为哲学运动。但宗教"解魅"只是开端，科学革命和启蒙运动还有一连串其他后果：民主政治、工业革命、资本主义发展、现代科技等等。统而言之，那就是以资本主义和自由民主体制（liberal democratic order）为基础的现代大众消费社会之出现，第二次世界大战后的美国社会正是其典范。这个社会表面上富裕、松散、自由，其实背后有强大组织和严密控制，它所激起的反抗就是我们所谓的社会批判思潮，其中突出人物有三位：马尔库塞、乔姆斯基和布鲁姆。

马尔库塞（Herbert Marcuse, 1898—1979）和萨特一样，也出身德国现象学派。纳粹兴起后他跟随法兰克福学派的"社会研究所"流亡美国，二战期间成为情报专家，最后回归学界，在1964年以《单向度的人》[①]一书倾倒年轻学子，那正当民权运动、反越战、伍德斯托克（Woodstock）音乐节、法国学生和工人掀起革命的火红年代。此书主旨很简单：资本主义与科技结合之后，其力量是如

---

① Herbert Marcuse, *One-Dimensional Man*（Boston: Beacon Press, 1964）.

此巨大,物质回报是如此吸引,以致社会体制能够"入侵"和"碾平"个人内心,使得它失去独立向度或者意志,再也无法抗拒资本主义意识形态,或思考其他不同社会体制——例如工时限制、公共医疗体制等等①。换言之,在此社会中,人已经从意识上被彻底压扁和"物化",成为科技所建构的巨大生产机器的一部分,再无独立思考的能力了。他十分悲观,承认本学派的"社会批判理论"虽然正确,却"缺乏能够跨越当前与未来之间鸿沟的概念,没有成效更无展望,因此只能够消极"②。

乔姆斯基(Noam Chomsky, 1928—)集激进社会评论家与语言学大宗师于一身③。他出生于大萧条和西班牙内战年代,在纽约左翼分子影响下成长,于20世纪60年代受民权运动和越战刺激,成为反建制斗士,以虎虎生气与锐利笔锋全面攻击美国政治、经济、社会体制,包括学术界和传媒。他的政治与文化观点简单而直白,即美国是由垄断性企业控制的社会,对外政策纯粹是为了扩张势力,知识分子和传媒表面上监督政府,实际上沆瀣一气,制造多元假象,企商政学传媒各界实际上已经形成牢不可破的利益共同体,唯有唤起民众的普遍觉醒方才有改变此状况的可能。

最后,是耶鲁大学英文系教授布鲁姆(Harold Bloom, 1930—

---

① 当然,这些也就是从20世纪70年代开始,在欧洲发展起来的社会主义体制。像全民医疗保险制度,美国要到最近才经过艰苦政治斗争而建立起来,但至今仍然争论不休,实际上悬而未决。
② 这等于是前引 *One-Dimensional Man* 的结语,见 p. 257。
③ 无论在政治评论抑或语言学,乔姆斯基都著作等身,有关评论也浩如烟海。从《二十一世纪》(香港)双月刊所刊乔姆斯基专辑,包括访问、介绍、评论和短传,可以对他得到初步了解。见该刊第28期(1995年4月),第4—27页。

2019）和他的《西方正典》①。那是一部讨论西方文学名著的大书，从但丁、乔叟一直谈到惠特曼和贝克特，它在学界轰动一时，关键在于它第一章"经典悲歌"，以及最后一章"哀伤的结语"的这几句话："在……性别和性取向理论家，还有数不清的多元文化拥护者环绕之中，我意识到文学研究之四分五裂是无可挽回的了……西方文学的研究也会继续，不过规模将小得多，像现在的古典语文系一样。现在所谓'英文系'将会改称'文化研究系'，那里超人漫画、摩门主题公园、电视、电影和摇滚乐将取代乔叟、莎士比亚、弥尔顿、华兹华斯和斯蒂芬斯……这变化没有什么可惋惜的；现在耶鲁的新生对阅读有真正热情的已经寥寥可数了。"②换而言之，西方学术殿堂中的建制派虽然和马尔库塞和乔姆斯基大异其趣，但对当代文化发展的大趋势却也同样痛心疾首③。

存在主义哲学家所关心的是基督教没落后人类面临的精神困境，而美国社会评论家所关心的，则是资本主义和消费主义宰制社会之后，个人在其中的愤懑、困惑与无奈。这种困惑有社会、经济、文化等各种不同向度，但归根究底，则都是来自一个高度理性化、工业化，具有高度层级化结构（hierarchical structure）的大众社会对于个人的控制、压迫与侵蚀。这社会以提供层出不穷的各种消费品来换取一般民众的支持；以较优越的经济地位和精巧建构的

---

① Harold Bloom, *Western Canon: the Books and School of the Ages*（New York: Harcourt, 1994）.
② 见上引 *Western Canon*, pp. 517–519。
③ 这部巨著随即引起一场有关文化传承与开放社会的理念（也就是各种新兴社会力量与新兴学术观念进军学院所产生的冲击）之间的大辩论，其各种观点从以下论文集可见一斑：Jan Gorak, ed., *Canon versus Culture: Reflections on the Current Debate*（New York: Garland, 2001）.

理论来保证精英阶层对资本主义的认同；而将所有阶层都联系起来的，则是资本主义和自由民主秩序，它保证了社会在多元要求冲击之下的稳定。马尔库塞慨叹的，是在此强大意识形态宰制下，个人独立思考能力之迷失；乔姆斯基所希望打破的，是这社会的精英阶层所协力维护的稳定层级结构；而布鲁姆所感到无奈的，是消费主义所必然带来的低俗文化。整体而言，他们都是在批判、抗议以美国为代表的现代大众社会的某些面相。但他们所正面追求的到底是什么呢？那却不清楚，只可以笼统地描述为，个人相对自由、独立、松散，思想上能够享受更大自主空间的那种状况——也就是在结构上接近于前现代社会的状况。至于这是否能够与大规模工业生产的要求兼容，则非所顾及了。

当代新儒家

中国受西方冲击开始于鸦片战争，重大危机感出现于八国联军之役，其后的反应在政治上导致了辛亥革命，在文化上则分为两途：接受西方理念者发起新文化运动，仍然倾向或者立足于传统文化者流派繁多，当代新儒家是其中比较保守而具有明晰哲学观点的一支[①]。

新儒家第一代以号称"三圣"的梁漱溟、熊十力和马一浮为代表，他们在"文化大革命"前活跃于中国大陆；第二代以唐君毅、牟宗三、徐复观等三位熊门弟子为代表，他们从20世纪50年代开始活跃于香港和台湾。第一代新儒家深受佛学影响。这和康有

---

① 其他流派尚包括：刘师培、黄侃、辜鸿铭等守旧派，受哈佛大学白璧德（Irving Babbit）影响的梅光迪、吴宓等学衡派，纯粹的传统文化发扬者钱穆，以及致力于振兴佛教的杨文会、欧阳竟无、太虚法师等。

为、谭嗣同、章太炎等在世纪之交从儒学转向诸子学和佛学以寻求与西方抗衡的思想资源颇为相似①,其渊源可追溯到杨文会(1837—1911):他在1866—1874年间筹办"金陵刻经处",1879年跟随曾纪泽出使英国,在彼与日本东本愿寺的南条文雄交往,得到他协助搜求散落在日本的佛经,1907年成立"祇洹精舍";他的弟子欧阳竟无(1871—1943)在1922年创办"南京支那内学院",那成为振兴中国佛教的中心之一②。

马一浮(1883—1967)祖籍绍兴,曾学习数种外文,并逗留美国一年,对西学一度深感兴趣,但在辛亥革命前后受了刺激而隐居西湖三十多年(1905—1938),为学转向老庄和佛学,最后回到儒学,以"六艺"为依归③。他往来的人除了梁漱溟、熊十力之外以佛门弟子为主。七七抗战是一转机,他受激发为浙江大学作"国学讲座",又在四川乐山办"复性书院"④。熊十力(1884—1968)则

---

① 康有为《孔子改制考》和《大同书》、谭嗣同《仁学》、章太炎《訄书》等皆出版于1897—1901年间。
② 关于杨文会、南条文雄以及日本与中国佛教在近代的复兴,见葛兆光以下论文:《西潮却自东瀛来——日本东本愿寺与中国近代佛学的因缘》,《二十一世纪》第33期(1996年2月),第29—41页;《"从无住本,立一切法"——戊戌前后知识人的佛学兴趣及其思想意义》,《二十一世纪》第45期(1998年2月),第39—46页;和以下专著:张华《杨文会与中国近代佛教思想转型》(北京:宗教文化出版社,2004); Chan Sin-wai, *Buddhism in Late Ch'ing Political Thought* (Hong Kong: The Chinese University Press, 1985), pp. 69–72,此书主要讨论谭嗣同,但也涉及杨文会、康有为、梁启超和章太炎。除了欧阳竟无以外,另一位振兴中国佛教的重要人物太虚法师(俗名吕沛林,1890—1947)亦曾短暂师从杨文会。
③ 关于马一浮,见滕复《一代儒宗——马一浮传》(杭州:杭州出版社,2004)以及吴光主编《马一浮研究》(上海:上海古籍出版社,2008)。
④ 马一浮颇有意在此书院恢复古代理念,但抗战时期经费短绌,人才不济,熊十力应邀来讲学,又因办学方针相左而离去,所以书院开办后其实只有一年半时光就陷于停顿。

出身湖北黄冈农家，不到二十岁参加武汉新军，辛亥革命之后发愤读书，也曾为护法运动奔走①。他在壮年出版崇佛抑儒的《心书》（1918），因此结识梁漱溟，经他介绍到南京跟随欧阳竟无研究唯识学（1920—1922），从而得以进入北大等高校讲学。他起初深入研究佛学（1920—1925），写成《唯识学概论》②；旋由佛归儒，否定轮回说，对人生采取积极态度，出版《新唯识论》（1932），更和佛门中人展开论战③。他在晚年（1956—1961）有《原儒》《体用论》《乾坤衍》等多部著作，从而完成了以《易经》为儒学中心的思想体系。

梁漱溟（1893—1988）出身官宦之家，自幼得父亲的开明教育，不到二十岁参加同盟会，辛亥之后理想破灭而转向佛学，作《究元决疑论》获蔡元培赏识，得以任教北大（1917—1924）。其间他赴南京向欧阳竟无请教唯识学，旋出版《东西文化及其哲学》（1922），比较中国、印度、西方等三个文明，宣称中国文化行将复兴，因而成名④。此后他辞职开展乡村建设理论和运动，抗战期间积极参政，但都没有成果；1947—1950年间在北碚勉仁国专讲学，1941—1949年间写成《中国文化要义》。

---

① 景海峰的《熊十力》（台北：东大，1991）是一部深入的学术传记，对熊的思想发展有详细阐述和扼要分析。
② 此书有三个不同版本，其内容观点一直有变化，分别出版于1923年、1926年和1930年，最后一版名为《唯识论》。
③ 此书激起了佛学界特别是欧阳竟无、太虚法师及其弟子们的一再反驳，以及熊十力一方的辩护，争论持续十数年，至约20世纪50年代后方才逐渐消息。该书的语体文版在1944年出版。
④ 梁漱溟有下列传记：马勇《梁漱溟评传》（安徽：安徽人民出版社，1992）；马东玉《梁漱溟传》（北京：东方出版社，1993）；Guy S. Alitto, *The Last Confucian: Liang Shu-ming and the Chinese Dilemma of Modernity*（Berkeley: University of California Press, 1979）。

新儒家的第二代唐君毅（1909—1978）和牟宗三（1909—1995）经历相似，都就读北大，有机会亲炙熊十力和梁漱溟，成为熊的弟子，同时接触到西方哲学。抗战时他们各自发展哲学思想，1949年后活跃于港台两地，最后都在香港中文大学任教，彼此交谊深厚，相互欣赏[1]。但他们路数不同：牟致力于形而上建构，通过所谓"良知的坎陷"来跨越中西文明的鸿沟，唐则试图通过宗教、道德、科学、艺术等文化意识的阐述来消融中西隔阂，《人文精神之重建》（1954）即为其成果[2]。徐复观（1903—1982）也是生于湖北黄冈，出身于没落耕读之家，曾就读湖北第一师范、省立国学馆，并留学日本（1928—1931），其后投身军旅（1931—1946），曾赴延安，其后一度成为蒋介石幕僚，又曾到勉仁书院拜见熊十力[3]。他到台湾后到东海大学教书（1955—1969），自此投身学术工作，致力于两汉思想史的整理，以及对中国传统政治与现代自由民主理念关系的反思。1958年他联同唐、牟、张君劢四人共同发表《为中国文化敬告世界人士宣言》，1961年为文痛斥胡适诋毁中国文化，再次掀起激烈的中西文化论战，当代新儒家的理念由是得以广为阐扬[4]。

相对于西方自19世纪以来的各种人文精神重建运动，现代新儒

---

[1] 有关唐君毅见张祥浩《唐君毅思想研究》（天津：天津人民出版社，1994），第一章"唐君毅的生平"，并参见牟宗三、徐迂等著《唐君毅怀念集》（台北：牧童出版社，1978）；有关牟宗三见颜炳罡《牟宗三学术思想评传》（北京：北京图书馆出版社，1998）。
[2] 见唐君毅《人文精神之重建》上下册（香港：新亚研究所，1954）。
[3] 见李维武《徐复观学术思想评传》（北京：北京图书馆出版社，2001）。
[4] 四人《宣言》发表于《民主评论》1958年元旦号，钱穆受邀联署但拒绝参加。徐复观驳斥胡适的文章"中国人的耻辱，东方人的耻辱"，载《民主评论》12卷24期（1961年12月20日），此文发表后仅两个月胡适就因心脏病发作去世。《民主评论》由徐复观等于1949年在香港创刊，1966年停办。

家在理念上的要求简单和直接得多。它是站在中国人立场，对于西方文明在政治、经济和文化上的巨大冲击作出反应，也就是申明：中国文化在现代世界仍然有其作用和价值，甚至比西方所赖以建立其庞大优势的科学与技术更为重要。这价值何在呢？说到底，便在于对宇宙运行和发展原理的形而上学了解，以及"仁心"在其中所能够发挥的巨大作用。现代新儒家坚持"仁心"亦即传统道德理念的无上地位与重要性，但并不否定现代科学与社会建构原则（特别是民主理念）的实际价值。所以他们和对抗启蒙运动"解魅"作用的克尔凯郭尔或者回到古希腊理念的尼采并不一样，倒是与采取折中态度的马尔库塞、弗洛姆、蒂利希等存在主义神学家、社会学家有几分相似[①]。

三、人文领域与科技的互动关系

以上五种人文主义运动时代不同，要求各异，共同点则在于对于当时主流文化意识或者社会状况不表认同，甚或感觉强烈不满，故而转向较传统的理念，所以整体上表现为文化"保守主义"——至于其为宗教性与否反而无关紧要。佛教在宋代无异于新儒家的对立面，到近代则变为其精神资源；基督教在14世纪是人文主义所要放在一旁甚至超越的，但到了19—20世纪则被许多存在主义者视为其一部分。倘若这看法不错，那么它立刻就会引出三个问题来。首

[①] 要从"仁心"来建构复杂的现代世界，特别是产生科学体系与民主意识，显然非常困难。为此牟宗三提出"良知的自我坎陷"这个特殊观念。姑无论其是否能够成立，这样的尝试也洵足令人惊佩了。

先，人文主义与文化上的保守有何种内在关系？其次，由于科技飞跃发展，现代世界随之迅速改变，那么在未来人文主义将会变成何种形态，还能够发挥何等功能？最后，萨特的存在主义显然不能够归为"文化保守主义"，那么它又应当如何理解呢？以下我们就循这三个方向来展开讨论。

人文主义与文化保守的关系

为何人文主义表现为文化上的保守主义？答案在前现代（17世纪之前）与现代其实大不一样：宋代新儒家和文艺复兴中之"人文主义"的"保守"都和历史发展有关。东西方的古典文明基本上都以"人"为中心，其后也都遭遇了以"神"或者其他理念如"涅槃"为中心的外来高等宗教的挑战，而至终为其掩盖甚至征服。这样，原来的古典文明由于种种机缘再度勃兴之际，就很自然地表现为"复古"亦即"保守"了。因此其"保守性"是来自古典文明出现早于外来高等宗教这一事实[①]。当然，这是仅就其开端而言，它们后来的发展则是另一回事，这在上文已经详细讨论过了。

至于近现代的人文主义之表现为文化上的保守则有不同根源：它们是由现代科学之出现及其发展迅速改变世界造成的。我们在上文有关存在主义、美国现代社会批判，以及现代新儒家的讨论中已经很清楚地指出，所有这些不同方向、不同性质的人文主义，都是由启蒙运动与理性主义，特别是其"解魅"作用而引起的反应——

[①] 另一方面，颇堪注意的是：有大量研究和证据显示，无论在东西方，古典文明却又都是从更原始的宗教生长出来，见余英时《论天人之际：中国古代思想起源试探》（台北：联经，2014）以及 Eric R. Dodds, *The Greeks and the Irrational* (Boston: Beacon Press, 1957)。

尼采"上帝死了"的惊呼最能够说明这种强烈感触，而这两者背后的基本推动力量，就是不断发展的现代科学。因此，在底子里，近代人文精神之"保守"是源于新兴科学与人文领域之间的鸿沟。这早就已经为人注意到了，最著名的，自然无过于斯诺（C. P. Snow）所谓"两个文化"之说①。但他只是将此作为特殊社会现象来讨论，而没有追究其背后成因。

科技与人文领域间的鸿沟

那么，人文与科学领域之间究竟有何基本分别以至形成鸿沟呢？从它们的外延范围来看，问题并不复杂：人文领域几乎包括了人类传统文化的全部——只有作为现代科学前身的自然哲学是显著例外②。现代科学本来起源于传统学术中的这个特殊分支，它在17世纪发生革命性突变，此后蓬勃发展，最后形成今日的庞大体系。至于没有发生突变的传统学术和文化，则大部分被归入人文领域，甚至本来与古代人文精神对立的宗教也不例外③。

其次，从它们的内涵看，这个区分也同样可以成立。传统文化的关注全部以"人"为中心，为根本。儒家讲"仁者人也"，亚里

---

① 斯诺于1959年在剑桥大学的The Rede Lecture系列讲座中提出此说，见C. P. Snow, *The Two Cultures and the Scientific Revolution*（Cambridge: Cambridge University Press, 1961）。
② 当然，传统文化中的法律、建筑、工艺、医学等属于实用范畴的学问也是显著的例外，它们在前现代可以视为广义的"技术"，到了现代则成为实用科技的一部分，这将在下文论及。
③ 在今日看来这很自然，因为宗教是应人的需要而生，因此"人照着自己的形象造神"；甚至入世的儒家也同样可以有宗教性，见余英时《钱穆与新儒家》一文，载所著《犹记风吹水上鳞：钱穆与中国现代学术》（台北：三民书局，1991）第31—98页。

士多德以"目的论"(teleology)来建立他的宇宙观,基督教以人的堕落、拯救和追求永生为核心教义,佛家追求涅槃以超脱此生乃至来生的限制,底子里都是从人本位出发,都离不开"人"的最高渴望和追求。所以就内涵而言,传统文化与"人文精神"实有不可分割的相同根源。

最后,从"人文精神"的对立面即"科学精神"来看更是如此。科学的大部分理论(特别是基础理论)都要以数学亦即量化关系为基础,而不能够单纯用自然言语表达,因此它和传统思维方式有根本差别。人文学者和科学工作者之间所谓"两种文化"的隔膜,在很大程度上就是由此而生。更重要,也更根本的是:现代科学力求"客观",即完全消除以人为中心的偏见、目的、意向(此所以亚里士多德的"目的论"不容于现代科学),乃至从习惯生出的固有观念[①]。所以,它是以大自然而非人为中心的。因此,现代科学虽然是从西方传统之中生长出来,但已经脱胎换骨,和原来的人文精神迥然不同,两者间的鸿沟不仅是社会现象,更是其不同本质的深层反映。

所以,不容否认,人文领域的确与现代科学有巨大分别,后者的飞跃发展完全改变世界,使得前者大受冲击,人文精神既然要伸张前者,它显得保守是必然的。

[①] 在相对论和量子力学出现之后,人类许多固有观念例如时间、长度、因果、物质本性(例如质点和波动的分别)等都已经被完全颠覆,而不复为一般人所能够充分了解了,主要原因就在于这些物理学理论的精确意义必须通过数学才能够表达出来。

传统宗教在现代

人文与科学领域的基本分野既已厘清，就可以讨论以上第二个问题了，即今日世界既然是由科技主导而不断变化，那么在过去五千年间逐步累积起来的传统文化，以及由之而产生的人文精神，今后还将占据何等位置，发挥何种作用呢？在启蒙运动所产生的现代化浪潮中，受冲击最猛烈的无疑是传统宗教，它们的地位之转变最富戏剧性，因此今日的处境也最堪注意，而西欧、中国、土耳其是三个有代表性的例子。

法国大革命是政治巨变，也是推翻教会法定地位，没收其庞大财产，和取缔众多修道院的宗教和社会革命。这些激烈措施后来部分被逆转，但数度反复斗争之后，天主教至终丧失了它在国家体制中的权力与独特地位，虽然在民间的影响力历久不衰。它不但仍然是社会道德规范的来源，是滋润大众心灵的信仰，而且其众多宏伟教堂和艺术品也被视为国宝而得以妥善保存。基督教在其他西方国家的命运各异，但至终境况则大致相同，即教会大都经历了"退出建制"（de-establishment）的过程，蜕变为具有巨大影响力的民间组织[1]。

在中国，儒家是无形的宗教，它的巨大力量在于其经典被钦定为科举准则，亦即入仕门径。因此之故，它的理念和教训能够通过各级学校和民间教育，广泛渗透整个政治体和社会。从此角度看来，清朝在1905年颁令废除科举和开办新式学校，也等同于使得儒

---

[1] 英格兰教会（Church of England）是显著的例外，它仍然是英国建制不可分割的一部分，在议会的贵族院享有法定议席，在国家大典中也继续发挥重要功能。

家"退出建制",其重要性与六年后的辛亥革命差可比拟。至于随后的五四运动则更进一步,公开举起反对儒家伦理的大纛,那无异于中国的启蒙运动了。但和基督教在西方一样,儒家学说并没有就此被打倒。不但当时就出现了现代新儒家、学衡派,以及钱穆等起而维护传统的学者,而且在过去一个世纪间,继起的各种传统主义不绝如缕,到了最近二三十年,从国家以至民间,弘扬儒学、提倡读经、恢复古礼的呼声、运动和组织更日益增加。所以,中国儒学和西方基督教的现代命运并无二致,即丧失权力和国家体制中的特殊地位之后,仍然在文明内部发挥巨大的影响力。所谓"旧时王谢堂前燕,飞入寻常百姓家"可为其写照。

至于伊斯兰教和土耳其的关系却复杂得多。在20世纪初,奥斯曼帝国中的有识之士已经清楚看到宗教和现代化的巨大冲突,结果发展出两种不同思路。革命党思想家居卡尔(Ziya Gölkalp)认为,帝国现代化之后,在体制上需要接受西方所建立,以科学与代议政制为标志的普世性现代文明,伊斯兰教则行将从普世文明退为土耳其独有的传统文化而被保存下来。但他这个长远的构想并没有得到充分实施的机会。土耳其的国父凯末尔(Ataturk Kemal)战胜希腊入侵军队,挽救国家于灭亡之后大权在握:他对伊斯兰教的政策是不作讨论,径直以政治力量强行取消与伊斯兰教有关的一切政治、社会、文化体制,以求将国家彻底世俗化。这种策略在当时的确十分成功,但只是依靠军队作为激进世俗化意识形态的保证,而没有广泛民众基础。所以它虽然维持七八十年之久,但以伊斯兰教为号召的"正义与发展党"(AKP)终于在21世纪崛起,并数度敉平军队叛乱,浸浸然有废除俗世宪法之势,将来发展如何,尚未可知[①]。这比之大部分其他伊斯兰国家摇摆于原始教义与现代体制之间而莫所适从,处境自然远为优胜,但其面临的两难基本上相同。

从西方和中国的发展看来,传统宗教让位于以世俗化(secularization)为标志的现代政治体制,因此丧失其在国家体制内的权力之后,其影响力自不免大幅消减,但在民间却仍然能够维持相当部分的原有功能。东正教之于俄国、神道教之于日本、印度教之于印度,情况也大抵类似。目前仍然拒绝接受俗世化理念和相关政治体制的,主要就剩下许多伊斯兰国家了。它们未来的发展无法预测,但随着经济起飞、贸易和旅游增加、科学知识普遍化,以及互联网影响的日益强大,其政治体制之至终俗世化也将不可避免,问题只在于时间而已[②]。换而言之,在现代世界中宗教退出政治体制和权力结构,转变成民族传统一部分,继续通过其民间影响力而提供人生价值与道德规范,那在伊斯兰世界(可能还有印度)以外几乎已经成为普世性趋势,居卡尔还是很有远见的。

人文领域在现代

在传统文化中,除了宗教还有广大的人文领域,它们在以科技

[①] 有关这段历史及相关讨论见本文作者的三篇论文,收入陈方正《现代世界的建构》(广州:广东人民出版社,2018),第113—194页。
[②] 如所周知,在印度多年来奉行的俗世化理念目前有逆转迹象,由于政治原因,印度教颇有进入建制的趋势,那和21世纪初伊斯兰势力在土耳其重新崛起十分相似。至于其他东南亚佛教国家如缅甸、柬埔寨、老挝、越南等都经历了激进政治革命,其宗教与政治的关系十分复杂,但大体上也类似土耳其的情况。另一方面,佛教在泰国历来是建制的一部分,这关系至今未曾有根本改变,佛教地位仍然相当稳固。这种独特现象当与泰国历史及其政治形态密切相关。

为主导的现代社会中也同样受到冲击,但程度和性质不一,变化各异。这大致上可以分为文艺、学术和哲学等三方面看。

此处所谓文艺,是泛指文学、戏剧、美术、音乐等以创作为手段,以满足人类感情上各种不同需要的所有领域。科技对它们的冲击首先是突破传统媒介和技术限制,由是戏剧演变为电影、电视、虚拟世界;摄影刺激了印象派、抽象派和波普艺术的兴起,传统美术观念由是被颠覆。其次是改变了人的眼光、感情和生活节奏,诗歌和长篇小说由是让位于悬疑、侦探、科幻小说;民歌、爵士乐、摇滚乐、流行歌曲将民族音乐、古典音乐挤出舞台中央。最后则是文艺和音乐作品的商品化、大众化和随之而来的低俗化,它们的独特、庄严与神圣气质由是被侵蚀消融,其移情力量亦随之日趋淡薄。当然,累积在传统中的伟大作品不会被遗忘,它们仍然在学校课本、博物馆、艺术节、国家剧院中保存下来,继续流淌在文化血脉中。但布鲁姆的愤慨与叹息不是没有道理,因为无论国家和有关团体如何努力,它们的影响力和重要性正在日渐衰减,取而代之的,是更能够虚拟真实和直接刺激官能,因而疯魔青少年甚至成年人的电竞游戏和科幻电影,它们与传统的关系正日趋淡薄以至于消失。

至于人文领域中的学术部分,诸如历史学、文献学、考古、考证、乐理等,则受到后果相反的两种不同影响。它一方面随着崭新技术的出现(例如在海量文献的检索和分析,以及在年代和物质的精确鉴定等方面)而得以不断进步,另一方面却由于众多新兴学科的出现而不再能够独占学术领域的中心位置,和吸引最优秀的人才。两者合起来的结果是,这些领域变为仅由少数学者负责的高度专业化工作，其水平不断提高，在学术文化整体中的影响力却反而缓慢下降。

最后，哲学家是人文学者之中最特殊的人物。他们自认为其所关注的是人类最根本问题，故此历古常新。但其实，许多哲学问题早已经被学术的进步所跨越。例如，物理世界的基本规律已经在很大程度上为现代科学发现，而尚未了解的部分，也绝非可以单纯通过哲学思考来解决。又例如，从20世纪物理学和实验心理学的角度看来，洛克、休谟、康德等有关人类认知的讨论其实已经完全过时。至于分析哲学和现象学虽然声势浩大，但它们至终对人类文明产生重大影响的可能性，则恐怕并不乐观。基本问题在于，现代哲学正逐渐蜕变为一个封闭的自足专业系统，因此其冲击力和古代哲学无从相比[1]。在古代，哲学不啻一切学术的泉源。在现代，这泉源之逐渐枯竭到底是由于哲学家对过往问题之执着，还是由于两千多年来学术上的进步已经大致穷尽了单纯凭借思虑（而不借助于数学、观察、实验等其他方法）所能解决的问题，所能达到的境界？这非我们所能够判断。庄子说"道术将为天下裂"，那么传统哲学是否也已经完成了它的使命呢？这是值得深思的。

整体看来，日益加速发展的高科技正在迅速改变世界，在其中传统文化并没被抛弃或者消失之虞，而是以各种不同方式被保存下来，成为人类文明的积淀。在此过程中它们无可避免会碎片化，也就是失去了整体的内在联系（例如宗教、艺术、大自然与文学之间

---

[1] 唯一例外也许是在哲学边缘的数理逻辑，那对于计算器科学有相当重要的影响。除此之外，科学哲学、环保哲学、医疗哲学等的兴起也是个新趋势，但它们深度不足，并不能够融入正统哲学主流，而往往变为对个别社会问题的批判和讨论。

的精神相通），而它们的活力与影响力亦在缓慢减退。这其实是文明发展中一个无可避免而重复出现的现象，不独以今日为然。在"轴心时代"哲学思辨逐渐取代原始宗教崇拜（例如颛顼时代的巫觋系统和古希腊的萨满系统）正就是同样性质的转变，虽然其过程如今只能够通过考证而得窥一斑了。

人的自由与孤独

"杀死上帝"解放了心灵束缚，同时也消解了人的自我认同与生命意义。因为人之所以为人，为有尊严、有目标与理想的"万物之灵"，而非浑噩蒙昧与草木同朽的禽兽，是建立在一套传统学说和观念的基础之上，其整体便是所谓的"人文精神"。它们在不同文明中有不同表现，但都是经过漫长岁月，千锤百炼，点点滴滴累积而成。科学与启蒙杀死了上帝，冲垮了这精神，使它化为零碎片段积淀在文化血脉中，那不啻也摧毁了人的自我形象与认同，亦即人之所以为人的传统基础。因此，正如萨特所宣称，现代人一方面完全自由，另一方面则变为孤独孑立，无依无靠，必须重新寻找他自己的定位与生命意义，也就是要完全为自己的个人选择负责。很显然，这完全自由的选择将使得家庭、社会、国家乃至不同世代都产生破裂，也都碎片化。所以他讲的虽然只是个人，其实全人类也一样，因为从传统发展出来的个别道德理念，已经不足以承担所有国家，亦即全世界再整合之重担。过去半个世纪以来，世界的纷争与财富之所以同步增加，其根源实在于此。事实上，人类文明的演化已经来到一个巨大转折点，人类今后将走向何方已经是迫在眉睫的问题了。

四、人类文明演化的展望

为什么我们认定人类文明现在是处于转折点上？这有许多迹象，例如人类所能够控制和消耗的人均能量之历史性变化，或者地球人口之增长，或者人类寿命不断延长的普遍趋势，等等。但回顾人类进化历史的整体则会带来最开阔的视野，也最能够突显人类文明今日所处的独特历史位置，而这位置与人文精神的前景是很有关系的。

人类进化的回顾

人对本身进化历史获得较为确切的了解是相当晚近的事，至今尚不足百年。人类是由进化而来的这观念由达尔文在1871年提出，但过了半个世纪方才出现这方面的证据。非洲"南方古猿"（Australopithecus）和周口店"北京人"的骸骨化石发现于1920年代；最接近人类先祖的阿法南猿和湖畔南猿则发现于1970—1990年代；但现代人即"智人"（Homo sapiens）的起源和扩散，却要到1990年代方才由于分子遗传学的兴起而为人所知。现在大致可以确定，人类每一个阶段的进化都是和某些重大发明密切相关的。在下表中我们列出这些发明及其所导致变革的估计距今年代，其根据见注释中的说明。

表1　人类进化的主要阶段与重大发明

人类进化中的重大发明	人类进化的主要阶段	距今略约年数	占人类历史比例
	（人猿分支的开始）①	4000000	——
（1）早期石器技术的发明②	能人Homo habilis出现	2500000	0.63
（2）第一次石器技术革命③	直立人H. erectus出现	1760000	0.44
（3）用火知识的发明④	直立人H. erectus扩散	1000000	0.25
（4）言语的发明⑤	智人H. sapiens扩散	100000	2.5×10^{-2}

---

① 原则上人类起源是以人和猿的分支为准，那是个尚未完全厘清的复杂问题。我们姑且以1990年代发现于肯尼亚的湖畔南方古猿（Australopithecus ananmensis）为标志，它大约出现于4 Mya（百万年前），早于1970年代发现于埃塞俄比亚的阿法南方古猿（A. afarensis）。湖畔南猿的形态接近能人（Homo habilis），但是否为其直系先祖尚未确定。

② 最早的旧石器出现于2.6—1.8 Mya的奥杜威（Oldowan）石器技术，其标志是粗制的石核与石片，能人的出现大约与之同时，这被视为从南方古猿（Australopithecus）进化到人类（Homo）的转折点。见李浩《阿舍利技术与史前人类演化》，《科学》（上海）第71卷第3期（2019年5月25日）第10—14页。

③ 早期阿舍利（Achulean）石器技术以剥取大型薄石片来制造灵巧工具为标志，它出现于1.76Mya，直立人（Homo erectus）的起源稍早，大约为2.0Mya，后者的特点为身高已经与现代人相若。见上引李浩文。

④ 人类最早控制用火年代约为1.2—0.7Mya，那是从南非岩洞遗址中烧焦兽骨和经煅烧石器的年代推断，见Francesco Berna et al, *PNAS*（*US*）May 15, 2012 109（20）E1215—E1220。具有阿舍利石器技术的直立人从非洲向世界各地扩散最早是在1.5—1.4Mya，但规模很小，第二趟大规模扩散则是在0.8—0.6Mya左右，见上引李浩文。此外陕西公王岭蓝田人的年代已经被重新定为1.63Mya，"北京人"（周口店直立人）的年代被复定为0.75Mya，不过他们到底是从非洲扩散抑或是从本地进化而来则未有定论。见朱照宇等"中国黄土高原最早的古人类活动记录"以及吴秀杰"中国发现的重要直立人头骨化石"，分别载《科学》（上海）第71卷第3期（2019年5月25日）第15—19页及20—24页。

⑤ 乔姆斯基认为言语的发明是人类进化中一个突变过程，出现于0.20—0.08Mya之间。见Robert C. Berwick and Noam Chomsky, *Why Only Us: Language and Evolution*（Cambridge: MIT Press, 2016），pp. 149-150。至于智人（Homo sapiens）大约在0.3—0.2Mya出现于非洲，大约在0.10—0.08Mya向全世界扩散，则经过最近大量基因遗传学的研究，已经是公认事实，而这与言语发明的关系显然非常密切。

续 表

人类进化中的重大发明	人类进化的主要阶段	距今略约年数	占人类历史比例
（5）农牧和宫室的发明	农业社会的开始	10000	2.5×10^{-3}
（6）文字的发明	人类文明的出现	5000	1.3×10^{-3}
（7）科学和工业革命	现代世界的开端	300	7.5×10^{-5}
（8）计算器与网络的普及	人工智能的开端	30	7.5×10^{-6}

这个表清楚显示了两点。首先，人类的进化基本上是由技术发明（指广义的技术）推动，每一项重大发明都导致了人本身及其精神面貌的改变，其中最关键的有三项：石器的发明导致早期人类出现，言语的发明导致现代智人出现，农业和文字的发明导致人类文明出现。在中国人观念中，人之所以为人是因为能够通过文字来发展复杂观念，并借此相互感染，从而产生"文化"和"文明"，两者都是以文字为根基。西方观念稍有不同，culture 和 civilization 的语根分别是农耕（cultus）和城邦（civitas），其技术和政治意含更重。无论如何，近数千年来的人类文明是建立在文字、农业、宫室、城邦这几个主要发明之上是没有疑问的。表中同样引人注目的是最后一栏所清楚显示的大趋势：从大约一百万年前开始，人类科技的进步开始不断加速，这表现为每项重大发明出现的距今时间大致上以十的倍数递减；到了21世纪，间隔时段已经递减到数十年左右。这趋势倘若持续下去（从今日种种迹象例如5G互联网的发展看来，它的确在持续），那么可以预期，今后改变社会结构的重大发明将不断涌现，也就是说，人类文明正面临整体性的突变

（mutation）①。它今后到底会发展成何种形态，已经无法预测了。

21世纪的新发展

科技的"突变"可以从它在21世纪最初二十年的重大发展看出来，那大致上有三个不同方向的突破：人类基因库、高端智能手机，和阿尔法围棋。1996年多莉羊诞生是人类复制自然生命的第一步②，2003年人类基因库（human genome）计划的完成则意味人开始能够解读自身（以及越来越多其他生物）结构之由来，并究诘一切生命的具体运作过程，所谓"生命的奥秘"于焉揭开。2016年面世的阿尔法围棋软件出乎意料，打败了所有人类高手，这人工智能研究上的突破，意味某些被认为极高妙的人类思维能力可以被超越，因此人类智能在将来也有可能被复制甚至超越，至于智能机械人逐步取代人类工作则早已经是大势所趋了。当然，这所谓的"将来"到底是何时难以确定，大部分人认为当在短短数十年后例如2050年，但坚持即使一两个世纪之后此事也不见得会发生的也颇不乏

---

① 这大趋势以数学形式表达是 $T_n = T_0 \, 10^{-n}$，其中 T_n 是用火知识发明之后的第 n 个重大发明的距今时间，T_0 是百万年。从此可以推断，倘若以百万年前为起点，那么在其后重大发明出现的频率将循下列形式爆炸性上升：$\rho = 1/(T_0-t)$，其中 t 是自百万年前起计算的时间。因此当 t 接近 T_0（即目前）时 ρ 将趋于无穷。当然，这只是个归纳出来的现象规律，不完全准确，但它的确显示，人类当前已经处于技术变革的所谓"奇点"（singularity）。
② 这个突破当时导致了一位这方面的专家详细探讨和热心推动克隆人体以及创造"超级人类"的可能性。见 Lee M. Silver, *Remaking Eden: Cloning and Beyond in a Brave New World* (New York: Avon Books, 1997) 以及笔者的下列书评：陈方正《伊甸园能重整吗？论现代人焦虑的根源》，收入《站在美妙新世纪的门槛上》（沈阳：辽宁教育出版社，2002），第450—466页。

人①。至于2009年出现的第四代（4G）智能手机及其组成的网络所改变的，则是整个人类社会的联系性（connectivity）。它使得个人的自主性、独立性大幅度被侵蚀，由是群体意识日益笼罩、左右个人（在政治、道德、品味等各方面）的判断和选择，商业运作和政治竞争方式亦随之而迅速改变。英美及越来越多西方国家的政治急速转向两极分化和激烈对抗，就是其最明显的征兆之一。合起来看，以上三个突破所意味的是：科技的飞跃进步正在全面影响和改变人和人类本身。这种影响、改变并非出于有意识的设计，甚至也不是人所能够完全控制或者了解的。

诚然，不少人天真地认为，科技既然是由人自己研究、发明、推动，其目的就必然是为人类的福祉，倘若它带来意想不到的恶劣甚至灾难性后果，那仅仅是因为思虑不够周详，未能"善用"科技而已，因此当人真正了解这些恶果之后，就必然能够正确驾驭科技，以供自己驱策。例如：能源和资源危机、大自然的污染、碳排放所导致的气候变化等等，都可以通过政策的制定和相关科技的进步来解决。相关的另一个观念是：人有足够智慧来拒绝发展或者使用那些可能导致不可预测后果的科技，例如对物种基因的改造，等等。

这种看法似乎顺理成章，但其实并未曾碰触到问题核心，那就是科技发展必然影响和改变人的本身，包括其欲望、观念和意志。所以科技无所谓善恶，随着人本身的改变，判断善恶以及可欲与否

---

① 有不少资深科学家持此等意见，他们或则以本身的超卓智力来考虑此问题，或则因为专业造诣很深而对突破性进展的可能性持过分保守态度。这令人想起爱因斯坦对量子力学始终不以为然，或者卢瑟福坚决认为原子能的应用为虚妄。但科学进步的界限和步伐不可能从先例来判断或预测，因此这些资深科学家对于人工智能的看法是否正确，也只能够留待后人回顾了。

的标准也将随而改变,因此科技发展的长远后果是微妙而无法预见或者控制的,过去如此,今日和未来更将如此。一个最明显不过的事实是,在人类历史上,科技发展一直不可遏止。这是因为它的发展会带来强大能力,在一个分裂的世界中,拒绝或者推迟发展科技的国家、社会必将面临淘汰或者边缘化的命运。曾经对欧洲咄咄进逼数百年的奥斯曼帝国从18世纪开始沦为"近东病夫"就是最佳例子[1]。而且,即使在世界充分融合为一之后,它的步伐是否可以被控制,其实也仍是未知之数[2]。无论如何,科技持续发展以及它之深刻影响人类本身是有其必然性,而不是可以由个人甚至个别社会的主观愿望、意志所能够改变的[3]。

科技对于人文领域的渗透

但这样说,似乎有个根本矛盾:我们既然已经论证了,科学与人文领域两者是截然分割的,那么上文所谓"科技的飞跃进步正在全面影响和改变人和人类本身"又从何说起?科技怎么可能改变人的本身,包括其欲望、观念和意志呢?关键在于,科学和人文领域的分割虽然极其深刻,却也并非绝对,事实上,其间的鸿沟是可以跨越的。这可以从科技的影响以及科学对人本身的研究两个不同方面来看。

---

[1] 见前引笔者在《现代世界的建构》中的三篇论文。另一个绝佳例子是德川幕府在统一日本之后为了保持社会稳定而刻意令本来在16世纪就已经蓬勃发展的先进枪械制造工业萎缩以至消失,因此当美国海军在19世纪闯开其国门时,日本人已经不知火枪为何物,以致完全无法抵抗。见 Perrin Noel, *Giving Up the Gun* (Boulder: Shambala, 1980)。

[2] 将近百年前,赫胥黎在其著名科幻小说《美丽新世界》中就已经预言,未来人类社会将为了保持社会稳定禁止科学研究。见该书第16章。

[3] 有关此问题的讨论参见本辑前一篇论文《所过者化,所存者神——论人工智能与未来世界》。

首先，在传统文化中，技术主要依赖经验，与自然哲学关系不大，所以科学与技术泾渭分明，不相牵涉。但现代科学令人能够掌握大自然的根本规律，从而利用这些规律来控制和改变自然；同时，这种能力又会反过来，促进科学本身的进步。因此现代科学和技术是互相促进，无从分割的，它们已经融合成为"现代科技"了。而技术的发展与应用是和人的需要、期望密切相关的，因此通过"现代科技"的纽带，科学与人文两个领域之间的互动已经变得非常强烈。更根本的则是，现代科学本来仅以大自然为研究对象，而不及于高度复杂并具有自主意志的人，所以称为"自然科学"（natural science），以与"人文学科"（humanities）相对。但今日我们已经普遍接受，人同样是大自然的一部分，所以这界线其实是模糊而且不断移动的。通过生理学、医学、心理学、脑神经科学、分子生物学、人工智能等各方面的深入研究，现代科技对于"人"本身（包括其生理与心理）的了解正在不断扩张和加深，对人体本身的干预也不断扩展和加强，而衔接人脑和计算机之间界面的技术更在不断推进。

那么，自然科学至终是否能够了解和解释人的整体，包括其思想、欲望和意志呢？生物科技至终是否将超越单纯医疗目的而改变人的体质、遗传乃至思维能力[1]？人和智能机器是否至终将融为一体？这在目前虽然还不清楚，但从发展趋势看来，则科技对于人和人类整体的了解和影响程度之全面和深刻，恐怕将远远超越我们的想象。我们在本节开头提出，人类文明正面临整体性的突变，就是基于前面所指出的21世纪三大新发展的重要性，以及科学对于人本

---

[1] 见前引 *Remaking Eden* 一书的预言与呼吁。

身的理解和干预之不断加深加剧而言。但这个所谓"突变"到底是属于什么样性质的变异呢？这自然无人能够预知，下面我们也只能够作一些没有太多根据的猜测。

人文精神与世界融合

科技的进步使得人本身也能够被客观地研究、理解；人工智能的发展使得机器更接近于人，而人也更依赖机器；电子网络的发展则使得人与人、人与机器之间的联系密不可分。照此趋势继续发展下去，是否全人类连同其所发明的智能机器至终将逐渐形成一个不可分割的整体，而个人则成为其中一分子，就像生命起源于单细胞生物，它们大量增殖之后积聚、演变，经过多个阶段之后，终于进化成多细胞高等生物一样？在未来覆盖全球的"普世人机共生体"之中，是否机器将担负起其躯体的一切功能，个人则蜕变为其思维与指挥中心亦即大脑中的一个神经元呢？这有如科幻小说的场景可能令人发笑——或者悚然。但在某种意义上，它其实已经出现于今日世界。我们只要稍微想到众多犹如巨无霸的跨国公司的紧密层级组织，或者一支立体化现代军队的繁复指令系统，更不要说一个现代国家的金融、交通、保安等诸多系统的运作和协调，就不能够不感觉到，它们和有机生命体是颇为相似的。而且，不断发展的科技，特别是计算机和互联网，正是使这样高度紧密、精细、跨越全球的大规模指挥与协作系统得以建立的原因。所以，这样具有特定功能的个别系统至终发展成为"全功能"性质（亦即其在国家范围内高度整合），然后蔓延全球，至终把人类的整体网罗进去，恐怕也并非不可能。事实上，在过去二三十年间如火如荼的"全球化"浪潮不仅仅关乎制造业、贸易、金融、服务业，更连带关系到法律、环境、卫生标准，所以它就很可以视为这种由科技推动的全面整合趋势之反映。

当然，这个趋势虽然一度似乎势不可挡，实际上还是有很大阻力。其中最明显的，莫过于最近数年来出现于欧美的民粹政治浪潮，以及由是而连带爆发的全球贸易战争。它们显示，"人"具有非常强韧的个别性和保守性，那是不同文明在数千年历史中陶冶出来，因此不可能轻易被"全球化"的浪潮所消融。伊斯兰教与西方国家在中东持续不断的猛烈冲突，同样是这传统与现代，亦即人的保守性与全球化逻辑碰撞的一部分。从这个角度看，上述的人文精神"碎片化"不一定是悄无声息的渐进过程，而往往先要经过惊心动魄的惨烈斗争。例如西方的启蒙运动，其基础就是上百年的宗教战争，而它本身，又导致了一场血雨腥风的大革命。一个文明的自身蜕变如是，不同文明之间的碰撞、冲突、融合当更不例外。而到了22世纪，当科技赋予人类的力量极度膨胀之时，它是否能够转而采取较为理性、平和，不那么玉石俱焚的方式，那无疑就是对积聚数千年文明精华的人类智慧之终极考验了。

人类文明在目前的转折点上还有另一个似乎不那么迫切，但长远而言则更根本、更重大的考验。那就是在科技解决了人类几乎全部需要之后，再从何处为生命寻找意义。人类进化的根本动力是求生存，也就是求个别人的存活以及人类整体的延续和发展。事实上，所有物种的进化也莫不如此。一言以蔽之，我们所知道的生命，其终极意义就在于稳定地自我延续，自混沌初开，地球有生命以来的三十亿年皆是如此。但言语的发明和智人的出现打破了通过"自然选择"（即改变生命的基本结构——基因谱）而进化的缓慢方式。文明孕育出现代科技，人类除非愚蠢地自我毁灭，否则其稳定延续的问题在可见的未来就很有可能得以完全解决，亦即所有必要工作都将逐渐为各种机器负担。但此问题一旦彻底解决，则人的生存意义究竟何在，就要成为下一个严重问题了。

事实上，这问题的迹象目前已经初步浮现了。一方面，简易工作消失，创业致富机会大增，由是造成贫富极度不均，各种社会福利问题成为政治争论焦点，先进国家甚至考虑将普及的基本收入列为国民权利，以求此问题之根本解决。另一方面，大量受过良好教育的年轻人厌倦生活，游手好闲，沉迷网上游戏，甚而患上自闭症——根本原因就在于他们在安全舒适的环境中成长，没有求生存的压力和磨炼。贫富不均问题可以通过社会体制的重新设计而得到解决，但社会过度富裕，令生活失去意义的问题，则是人类文明所从未遭遇过的。人文精神是从传统生长出来，它是否能够对这由科技造成的崭新问题提供一些启示，一个新观点呢？倘若人文精神还有能力孕育未来，倘若哲学仍然能够焕发新生命，这应该就是它们的最重大的挑战了。

五、结语

在人类文明的五千年历史长河中，由神话、宗教、文学、哲学、艺术等交织而成的传统文化一直在进步、改变；同样，支持人类生存、活动的科技也一直在发展，两者的交互影响从未间断。在17世纪以前，科学曾经是这些文化活动中一个独特的领域，对技术、对社会整体虽然有影响，却并不那么重要。科学革命完全改变了这个形势，它首次为人类找到了解大自然森罗万象的钥匙，从而导致技术的突飞猛进，后者一方面改变社会的结构及其物质基础，另一方面又回过头来协助、刺激科学，使得它能够继续进步，将大至宇宙整体，小至物质最细微的结构，复杂如人本身的各种奥秘，都逐步揭露出来。

"人文精神"是过去五千年来人类的精神家园。它是用文字，和以文字表达的故事、诗歌、观念、理想等建筑起来的。它塑造了人类的记忆、感情和欲望，也满足了人类心灵的需求，可以说是和我们所知道的人之为人密不可分。然而，这却不能够就被当作人类的"本质"。人类的进化，包括现代科技所触发的进化，是无从遏制的，它必然会颠覆传统人文精神所孕育出来的那个"人"，也就是改变"人"的本能、个性、基本欲望。在这个意义上，萨特说人没有本质，他完全可以决定要把自己变成什么样，但要为此负责，的确是真知灼见。《创世记》说亚当夏娃因为吃了禁果，所以被逐出伊甸园，也有很深象征意义——人类正是因为吞食了现代科学之果，而失去传统人文精神的乐园，而被迫进入一个陌生的、和五千年来截然不同的崭新世界。孔夫子说"逝者如斯夫，不舍昼夜"，他讲的是流水，是时间，但移用于不断改变、不断进化的人类文明和人类自身，也同样是很贴切的。

我恐怕以上这些看法，都不很中听，更不是许多人，特别是人文学科的学者们所能够接受的。但我们的确已经进入了一个山崩海啸，天地变色的大时代。我们有足够勇气正视和迎接未来吗，还是会任由让未来淹没自己呢？萨特说得好：这是每个人都要回答，都要向自己负责的。

2018年6月修订于用庐
2021年2月重新修订

论今日中国与未来世界

——庆祝《二十一世纪》创刊三十周年

整三十年前,我和几个朋友在创办《二十一世纪》双月刊的时候这样说:"在本世纪,中国人心里曾多次燃起希望的火炬,可是,暴风雨中它并不能持久,一次又一次晃动,闪烁……"当时我们认为:"中国现代化的过程波折重重……总的来说,建立新文化的决心和努力不足,恐怕是相当重要的一个因素",因此将"建设一种多元的,有前瞻性的二十一世纪中国文化"定为本刊的信念和努力方向[1]。三十年如流水般过去,其间中国再次经历了难以想象的巨大变化。出乎意料的是,这虽然带来了前所难以想象的进步,却再一次把中国带到历史转折点上。因此,在此时刻重新审视我们当日的信念,并且对于21世纪的中国文化建设作更深入讨论,应当是再适当不过了。

---

[1] 陈方正:《为了中国的文化建设》,《二十一世纪》(香港中文大学·中国文化研究所),1990年10月号,第4—5页。

一、中国的巨大变化

在过去三十年间,中国究竟发生了些什么样的变化呢?简单地说,它创造了一个经济奇迹:国内生产总值(GDP)增长31.3倍,跃居世界第二,以购买力平价(PPP)计算,则居世界之首[①]。当然,那是由于人口庞大:中国的人均GDP现在刚刚超越1万美元,发展水平仍然略低于中等国家[②]。但这个变化仍然是极其惊人的:在同期,中国的城镇化率激增至61%[③];中产阶级占全国人口的39%,人数(5.45亿)超越美、日、德三国人口总和(5.37亿)[④];中国已经成为全球最大汽车市场和最大旅游出口国[⑤];工业生产值和贸易出口值都稳

[①] 根据中国国家统计局在1997年的修订估计,中国在1989年的GDP为0.456万亿美元;根据世界银行(World Bank)的估计,中国在2019年的GDP为14.3万亿美元,仅次于美国的21.4万亿美元。倘若以PPP估算,中国和美国在2019年的GDP分别为23.5万亿和21.4万亿国际元。参见"维基百科"(Wikipedia)及世界银行在网上提供的数据。

[②] 根据世界银行估计,在2019年中国的人均GDP以汇率计是10262美元,低于世界平均值(11429美元,美国为65118美元)约10%;倘若以PPP计算,则是16785国际元,仍低于世界平均值(17673国际元)约5%。

[③] 根据国家统计局的公布,1990年第四次人口普查数据显示,其时城镇化率为26.2%,但在2019年底则城镇人口达到60.6%。参见《经济日报》,2020年2月28日。

[④] 美国智库皮尤研究中心(Pew Research Center)所用"中产阶级"定义为每日收入10至50美元,相当于年收入3650至18250美元。参见China Power Team, "How Well-off Is China's Middle Class?", https://chinapower.csis.org/china-middle-class/。根据世界银行资料,2019年中、美、日、德四国人口分别为13.97亿、3.28亿、1.26亿以及0.831亿。

[⑤] 根据经济合作暨发展组织(OECD)属下机构国际能源总署(IEA)的报告,中、美、欧盟及全球的2019年汽车销售额分别为2500万、1700万、1700万、8800万辆,即中国占28%。参见IEA, Global Car Sales by Key Markets 2005—2020(17 May 2020),www.iea.org/data-and-statistics/charts/global-car-sales-by-key-markets-2005-2020。根据英国《每日电讯报》(*The Daily Telegraph*)转

占世界首位①。支撑如此强大生产力量的是基础建设：中国钢铁年产量现占全球总值53.3%，亦即超越所有其他国家的总和②；电力年产量现占全球总值26.7%，约相当于其次三国之总和③；高速公路和高速铁路分别建成总长15万公里和3万公里的全球最大网络，后者更占全球总里数的三分之二④。与此同时，中国人的体魄也强壮起来了，不仅在奥林匹克竞赛场上表现优异，预期寿命也从69岁提升至76.7

引世界旅游组织（UNWTO）的报道，中国外出旅游人次从2000年的0.1亿增加15倍至2018年的1.5亿，总消费额达到2773亿美元，超过排第二、三位的美德两国之和。参见Oliver Smith, "The Unstoppable Rise of the Chinese Traveller—Where Are They Going and What Does It Mean for Over-tourism?"（2 July 2019）, *The Telegraph*.

① 根据世界经济论坛引用的数据，中、美、日、德四国在2018年的工业生产值分别占全球总值的28.4%、16.6%、7.2%、5.8%，亦即中国超过美日两国之和。参见Felix Richter, "These are the Top 10 Manufacturing Countries in the World"（25 February 2020）, World Economic Forum, www.weforum.org/agenda/2020/02/countries-manufacturing-trade-exports-economics。根据世界贸易组织（WTO）的数据，在2018年世界前四名贸易出口大国是中、美、德、日，其出口额分别为2.49万亿、1.66万亿、1.56万亿、0.74万亿美元，参见Jeff Desjardins, "Mapped: The World's Largest Exporters in 2018"（3 October 2019）.

② 根据总部设于布鲁塞尔的世界钢铁协会（World steel Association）在2020年1月27日发表的 *2020 World Steel in Figures*，中国钢铁产量非常惊人：它在2019的年产量为9.96亿公吨，占世界总量（18.70亿公吨）的53.3%——当然，那主要是为了供应内需；但其出口量（63.8百万公吨）也同样占世界首位，而且超过第二、三名即日本与韩国的总和。

③ 根据美国能源信息局（EIA）数据库，在1990年全球电力产量约11304 TWh（万亿瓦时），中国仅590 TWh，占5.6%。根据2019年6月的《BP世界能源统计年鉴》（*BP Statistical Review of World Energy*），中、美、印、俄四国以及全世界在2018年的电力产量分别为7112TWh、4460TWh、1561TWh、1111TWh，以及26614TWh。

④ 有关高速公路，参见Wikipedia "List of Countries by Road Network Size" 引自Federal Highway Administration, US Department of Transportation, "Public Road Length - 2017" 以及中国交通运输部《2019年交通运输行业发展统计公报》所作比较。有关高速铁路，参见1961年创办的英国行业刊物《国际铁路杂志》（*International Railway Journal*）的下列两篇报道：Keith Barrow, "Ten Years, 27000km: China Celebrates a Decade of High-Speed"（2 August 2018）; Oscar Sinclair, "China Plans Largest-ever Railway Investment in 2019"（9 April 2019）.

岁，超越世界和许多地区的平均值①。在高科技方面，中国虽然还落后于欧美和日本，但在移动通信、超级计算机、太空技术、卫星定位等领域却已经达到前缘水平甚至领先位置了。

统而言之，和大多数人当年的预期完全相反，在这三十年间中国取得了非常迅速和全面的进步。但这个巨大变化到底是如何得来，它的意义何在，为何它反而导致了新的危机，而知识分子今后又应当如何为自己定位？这是我们要在下面讨论的一连串问题。

二、中国为何能够走向富强？

中国如此庞然大国，在列强冲击之下受贫弱困扰已经一个半世纪，但最近数十年间却陡然脱胎换骨，走向富强，那绝对不是简单的事情。它何以能够致此，是值得认真探讨的。其实，这有许多不同层次的原因。其中最切近的，当然莫过于1978年底定下的改革开放政策，亦即打开国门，转向以美国为首的西方学习，也就是改革体制，"与现代世界接轨"，2001年加入世界贸易组织（WTO）就是体现这个政策最关键、最具象征性的一步。然而，奉行类似政策甚而受西方积极提携的国家很多，为什么中国能够像日本和东亚四小龙一样大获成功，而中东、南亚、东南亚、拉丁美洲等许多其他国家却徘徊歧路，趑趄不前呢？有人将此归因于中国传统文化，亦

---

① 参见联合国开发计划署（UNDP）所发表之《人类发展报告2019》（*Human Development Report 2019*）中的2018年出生者之寿命预期值。根据该报告，全世界平均值为72.6，中国为76.7，南亚为69.7，欧洲及中亚为74.2，东亚、东南亚、太平洋岛国、拉丁美洲及加勒比诸国为75.3至75.4之间。而根据世界银行资料，在1989年中国人寿命预期值仅为69岁。

即中国人之自律、刻苦耐劳、注重教育、力求上进，以及它稳定而强有力的中央政府。那当然都不错，"东亚文化圈"优势和"具有中国特色的社会主义"大概就都是指此。

但这样从外面看仍然不足够，因为我们不能够忽略俄国这个显著的反例。它虽然历史不及中国悠久深厚，却累积了将近两百年虚心向西欧学习，而且大获成功的经验。更何况，在苏联瓦解之后，它全面和彻底地转向西方，完全接受民主选举和保障私有产权这两个制度，并且起用大批西方学者，以引进资本主义体制为国策。然而，这个破釜沉舟的"休克疗法"（Shock Therapy）不但没有带来进步和富强，更且导致了经济倒退、人口锐减的大灾难[①]。反而，中国"摸着石头过河"的办法虽然卑之无甚高论，却显示出极大的智能。说到底，巨大如中俄两国，其体制改革必然是高度复杂、史无前例的创举，因此必须谨慎缓慢地视乎实际情况来逐步尝试、探索，并且在每个重要关头作出独立判断。西方先进经验固须借鉴，却不能够简单移植，而需要缓慢吸收，也就是主动消化、选择、修订以适应实际情况。这是个艰辛、缓慢、痛苦、绝不能够省略的过程，中国成功的关键即在于此[②]。俄国自彼得大帝和叶卡捷琳娜二世

[①] 俄国人口在1991年为1.4839亿，其后持续下跌，以迄2011年的1.4296亿，即减少543万。至于经济方面，根据世界银行与OECD资料，俄罗斯在1991年的苏联GDP中所占份额为0.518万亿美元，苏联解体后，它在1992年的估值跌至0.0918万亿美元，至1999年方才回升至0.210万亿美元，亦即从1991年起计，十年间跌去六成。参见Wikipedia所引俄国官方、世界银行及OECD资料。

[②] 哥伦比亚大学的经济学教授斯蒂格利茨（Joseph Stiglitz）即持此说。他是2001年诺贝尔经济学奖得主，于2018年9月14日在BI挪威商学院接受荣誉学位时所发表的演说（www.youtube.com/watch?v=Iaw4n9IZDdc）讨论了中国和俄国的改革，其核心思想便是中国成功的主要因素在于谨慎、渐进、独立判断和注重国内实际情况，而不是盲目移植外国体制。

以至叶利钦（Boris N. Yeltsin）总统的失败，其根本原因恐怕同样是在于过分激进，也就是忽视了国内实际情况。

庞大如中国的那样一个政治体系，如何能够实现如此复杂的外来知识、体制之引进、衡量和本地化？强大和具有坚定目标的中央政府是先决条件，但那并不足够，它还需依赖广大的知识分子阶层[1]。自1980年代以来，中国知识分子在改革开放事业中一直非常活跃：他们不但在各自专业领域努力吸收国外信息和推动创新，更在许多不同层次协助政府形成明智决策。换而言之，政府与知识分子之间的全面合作与互动，是改革至终能够成功的关键。当然，在中国这并不是新生事物。如所周知，近两百年来中国的自强、维新、改革、革命、新文化等连串重大运动，就都是由当时的知识分子即士大夫推动，而毫无疑问，他们是承接了宋代士人以天下为己任的观念，而这个传统的渊源更可以一直追溯到汉代。换而言之，传统文化的重要性不仅仅在其对个人素质的熏陶，而还在于它所塑造的、深入人心的大一统政治格局与理念，即国家以知识分子为基础，知识分子承担国家命运，那是超越地域与民俗，而承载于中国文化整体之上的。在20世纪，中国的政治体制前后凡三变，这个传统理念虽然饱受冲击，甚至一度全面崩溃，却仍然蛰伏于文化意识底层，一旦如同1978年那样暴露于新的政治气候，就迅速复苏和发挥无比巨大的作用。

反过来看俄国，在历史上它相当于中国士大夫阶层的是东正教

---

[1] 我们此处所谓"知识分子阶层"兼指受过高等教育和专业训练的"知识人"（intellectuals）以及具有社会批判和文化建构意识的所谓"公共知识分子"（public intellectuals, 亦即 intelligentsia），而不作任何区分，因为他们其实属于同一谱系，而并没有清楚判分的可能或者需要。

教士。从14世纪开始,他们便由于其虔敬与诚挚为广大民众所依附和爱戴,到了17世纪初更曾经领导多次抵御外侮的运动,拯救国家于濒危,实无异于大俄罗斯魂之所系。不幸的是,从17世纪中叶开始,东正教会便成为教宗与沙皇反复斗争的牺牲品,至终被严酷压制,从而完全失去活力。俄国此后出现的新型知识分子虽然在专业上十分出色,在文化上却缺乏传统滋润而显得飘荡无根,由是政治上便只能够依托于外来意识形态,而不断地走向激进。他们与中国知识分子的根本区别,即在于丧失了植根于本土文化的国家建构意识与承担①。因此,知识分子的强烈文化意识以及对国家命运之承担,是中国能够复兴的一个最根本原因。

三、巨变为中国带来了什么?

近三十年的巨变令人振奋,但它到底为中国带来了些什么呢?就国内而言,最直接和明显的,自然是相当部分国人的生活水平大幅度提高,得以享受现代科技成果,而广大民众也"脱贫"在望,这是个举世公认的了不起成就,不容轻视。更重要的是,通过这场

---

① 这是高度简单化的说法,其实俄国东正教教士与知识分子之间关系的发展十分错综复杂,详见笔者的《再回头已百年身——〈倒转红轮〉读后感》,载《中国文化》,2013年春季号,第222—225页,以及金雁著《倒转"红轮"——俄国知识分子的心路回溯》(北京:北京大学出版社,2012)的分析。除此之外,土耳其的现代化也有类似经历:凯末尔实施激进世俗化国策的成功其实是以在他之前"联进会"发展本土文化意识的大量工作为基础,而近年伊斯兰意识在土耳其再次强势崛起亦正好说明,即使在21世纪,文化传统的生命力对于一个国家是如何重要。详见笔者的《从胡适和格卡尔普看中国和土耳其的新文化运动》,收入陈方正著《现代世界的建构》(广州:广东人民出版社,2018),第163—194页;《大逆转与新思潮——五四、启蒙与现代化探索》(香港:中华书局,2018)。

变革，中国终于从将近两百年的挫败与屈辱中站起来，重新获得尊严和自信，并且由此而摸索出一个持续发展、蜕变的模式，因此在可见的未来，譬如说今后三十年间，达到先进发展水平已经不再是空想①。然而，我们也必须认清：生产力和经济成就是发展的基础，却并不是一切。当然，许多人认为，为了快速发展，有些问题无可避免，它们将来会随着社会变得富裕而自然消解。但真就是如此吗？还是今后的进一步发展将会受到这些问题的困扰和制约呢？那样的可能性是不能够忽视的。

就国际关系而言，经济大崛起无疑令世界对中国刮目相看，为它赢得了国际上的重视和尊敬——不过，疑虑、恐惧乃至敌意也就随之而来，当今中美之间的全面激烈对抗方兴未艾，实际上已经成为无硝烟的战争了！美国的霸权行径有许多先例：它在1980年代强加于其他先进工业国家的《广场协议》(*Plaza Accord*)，以及最近不择手段试图阻止"北溪二号"(Nord Stream 2)输气管道的兴建就是两个最显著的例子②。它对于盟友尚且如此横蛮钳制，对于体制、文化、理念截然不同，而经济总量则浸浸然即将超越自己的中国，

---

① 这个看法的根据如下：据世界银行资料，以人均GDP计算，在1960年日本（479美元）只及美国（3007美元）16%，它在二十七年后（1987）达到20745美元，亦即略为超过美国，而此后十余年间两国始终在伯仲之间。在2019年中国与美国的人均GDP（分别为10262与65118美元）之比为15.8%，颇接近1960年日美的比例，因此中国在三十年后赶上美国是有可能的。
② 美国于1985年迫使英、德、法、日四国与它签订《广场协议》，从而使得美元大幅度贬值，由是严重打击日本的外贸，造成它经济停滞的"迷失十年"（1991—2001）甚至二十年。至于"北溪二号"天然气供应管道则是近年德国与俄国合作在波罗的海兴建的，由于它影响了美国能源输出的大计，美国遂于2019年12月立法制裁与该输气管道相关的众多公司以破坏整个计划，但由于德俄两国政府的积极介入，并未能令行将完成的计划停止，美国遂再于2020年7月扩大制裁范围，至终结果如何目前尚未明朗。

自然不可能坐视不理，而必然要如目前般不惜一切来全面压制。那是中国蓬勃发展的必然后果，而绝非美国何党派主政，或者中国在贸易上作何让步，所能够基本改变的。

所谓"匹夫何罪，怀璧其罪"。我们必须认清一个关键事实：中国在经济、科技、军事等各方面发展到国际先进水平的潜能现在已经充分显露出来，而中国人口远远超过整个第一世界，包括英、美、加、澳、新、欧盟、日、韩，甚至再加上俄国之总和。因此，倘若中国以目前的态势继续发展下去，至终必将能够左右甚至支配整个世界，其压倒性力量将远远超过今日之美国。对于这个前景，其他发达国家可能只是感到害怕和无奈，但自第二次世界大战结束以来即成为世界霸主的美国则绝不可能接受，而必然要如它目前所做的那样，联合一切力量，穷尽一切方法来阻挠、对抗、打压。这不折不扣可谓它的"存在之战"。

国际政治是现实的，美国当初接受中国加入WTO，也就是让它融入其所主导的世界，其实完全是基于战略考虑：一则是在越南战争大败之后需要联合另外一个大国来对抗苏联；再则是看中了中国的庞大市场[1]。它第一个盘算不错：中美建交大约十年之后美国就赢得了冷战胜利；但其余的想法则显然打错了算盘，而那正就是美国发动贸易战争，甚至不惜损害本身利益，以坚壁清野战略来与中国全面"脱钩"的原因。在它的巨大压力下，整个西方世界与中

---

[1] 哥伦比亚大学现代史教授图兹也持同一观点，见他最近一篇评论四部中美关系著作的书评：Adam Tooze, "Whose Century?", *The London Review of Books* 42, no. 15（2020），www.lrb.co.uk/the-paper/v42/n15/adam-tooze/whose-century。他特别指出，西方接纳中国加入WTO的条件非常苛刻，中国能够在外贸上打开局面是举国总动员的结果。

国的关系已经无可避免地转趋复杂多变,今后恐怕还将不断受到困扰而变得高度不稳定。在这严峻形势之下,中国一再宣示扩大与各国交流合作的决心,并且以多种实际行动来吸引外资,包括开放利润丰厚的金融业和保险业,但是否能够就此扭转局面,长远发展如何,都尚在未知之数①。统而言之,中国的大发展打破了现有国际格局:旧局既破,新局未成,其间的碰撞推移就是当今大混乱、大危机的根源。

四、改革开放的终极意义

从历史上看,必须承认,迄今为止的"现代世界"其实就是由欧洲文明造成,因此现代科学、哲学、文学、艺术、音乐、伦理观念、政治观念等等,以至各种人文、社会科学发展方向,也莫不是首先出现和发展于西方,然后扩散到全球。因此,我们别无选择,必须继续努力吸收和彻底消化他们所创造的这个现代文明,然后才能够谈得到试图发展、塑造具有中国特色的"未来世界"。其实,以中国的庞大人口和经济基础,以及中国人的勤奋才智,这肯定是可以做到而绝不需要担心丧失民族归属感或者认同感的——以日本不及中国十分之一的人口,经过了一个半世纪之久的"脱亚入欧"运动,他们的传统尚且丝毫没有丧失之虞,甚至因此更为焕发,为

---

① 西方论者对中国前景的评估一般却仍然颇为乐观。图兹上述文章预言,西方应接受和中国长期共存。参见 Adam Tooze, "Whose Century?"。此外,为美国军方服务的兰德公司(Rand Corporation)最近提出长篇报告:Andrew Scobell et al., "China's Grand Strategy: Trends, Trajectories, and Long-term Competition"(2020), www.rand.org/pubs/research_reports/RR2798.html。

何中国反而需要担心呢？国家施政或者发展策略固然需要有一定方向和目标，但就更广泛的、渗透于整个社会的文化而言，则必须依赖广大知识分子的共同努力和判断，他们在过去近两个世纪对于中国现代化的巨大贡献就是这一点的最好说明。

说到底，长期奉行改革开放政策的意义是：中国承认自己总有不足，因此需要向全世界学习，不但今日如此，日后也应当如此，所以这是长期的吸收、改进，而非短期的"恶补"。孔夫子说"三人行，必有我师焉，择其善者而从之，其不善者而改之"，把这个大道理讲得再浅白、再透彻不过了。在过去四十年间，中国把这个基本国策用于科技与经济而获得极大成功，在将来，则应该把它推广到学术、文化、艺术、音乐、习俗等所有其他层面，这才能够获得真正的突破和民族复兴。我们不可忘记，在历史上中国文化本来就是不断地吸收域外事物、哲理、观念、风尚、人才，这才得以壮大、丰富，才得以造成汉唐盛世的。"有容乃大"是我们经常挂在口边的老话，它本来仅指个人修养，但推广到中国文化乃至中国整体，意义当更为重大。

五、倏忽卅年如电抹

经过三十多年的努力，今日中国已经可算进入小康，而在下一个三十年站到世界最前列，实现民族复兴的宏愿，似乎也不再止于梦想，而是依循目前的道路稳步前进就可以抵达的了。相信所有中国人都希望，未来的确就会如此。但假如真是这样，那么还有一个大问题是不能够忽略的：在未来，当中国对全世界发展趋势产生更为重要影响的时候，我们到底将用何种建构理念、何种文化愿景来推动世界发展？届时那将不再是一种选择，而将变为一个无可推卸的责任了。而且，这种理念和愿景恐怕也正就是一个民族是否的确能够站到世界最前列的决定性因素。

让我们回顾一下16世纪初的西方吧。那是西班牙和葡萄牙的鼎盛时期，它们凭借一个多世纪的远洋探索、大无畏的勇武精神和坚定不移的宗教信仰，在新大陆和遥远东方开辟了自己的新天地，不但攫取无量黄金、白银和珍贵香料，而且在海外建立起庞大富庶的殖民帝国。在当时，如梦初醒的英法两国方才刚刚开始探索北美洲的荒凉沿岸，那里并没有金山银山，也没有大量可供奴役的土著，而只有大片荒野可供辛勤开垦，以及骁勇善战的印第安人节节抵抗他们的入侵。然而，五百年过去，将今日的美国、加拿大与拉丁美洲诸国相比，其贫富强弱之分何啻天壤。它们长期发展结果的巨大差别，并不取决于当初的起点如何，而取决于开拓者的志行、理念、愿景之高低，那是再也清楚不过了。

因此，在今日，中国各方面的进步固然可喜，但在世界上地位提高、力量增强之后，其所急切需要的，是戒慎恐惧，清楚认识到这个进步只是在经济建设而已，至于在科技、学术、艺术、音乐、文化等其他方面，需要虚心学习和努力追赶之处，其实还多得很。如我们一再指出，目前的现代世界基本上是由西方观念塑造而成，这从14世纪初的文艺复兴开始，至今已经七百年。在此漫长时期间，西方文明体系里面的十数个不同民族、不同国家、不同文化在许多不同方向呕心沥血相互竞争、激烈比拼，其所释放的能量以及获得的成就极其惊人，可谓人类历史上并无前例的。除非中国的知识分子能够将这些过往教训时刻铭记于心，继续像一个世纪之前的先辈那样夙兴夜寐，奋发有为，那么当未来三十年犹如闪电般一抹过去之后，中国到底能够站在世界上何等位置，恐怕还是难以断言的。

六、遥望未来新天地

在过去五百年间，欧洲人以大无畏精神探索海外，从而发现、征服和占领新世界，然后更进一步创造出一个无论理念、经济或政治上都由西方主导的现代世界。今日如梦初醒的中国人虽然立定脚跟，重拾信心，但心底里却总不免愤愤不平，总有先机已失，时不我与之叹。其实，这是短视而完全没有必要的。我们自诩具有五千年连续不断的文化，那就更应当把眼光放长远，而不局限于当今大国之间的角逐和竞争，因为影响人类前途深远得多的，可能是今日大家只隐约意识到，但尚未认真思考、正视的，由生物技术以及人工智能飞跃发展所带来的颠覆性变化。当2050年来临的时候，中美问题大概已经成为明日黄花，甚至消失于无形，而最令人感到焦虑乃至恐慌的，倒很可能是完全由人工设计的新生命已经在繁殖，人工智能已经接近乃至超越人类[①]。届时由人担当的大部分工作可能都已经交给机械人，人的存活价值和生命意义反倒成为迫切问题了。

---

① 对此，不少人仍然视为天方夜谭，但这方面专家认真讨论这种可能性的著作亦已不少，例如Nick Bostrom, *Superintelligence: Paths, Dangers, Strategies*（Oxford: Oxford University Press, 2014）; Ray Kurzweil, *The Singularity Is Near: When Humans Transcend Biology*（New York: Penguin, 2005）; Max Tegmark, *Life 3.0: Being Human in the Age of Artificial Intelligence*（London: Allen Lane, 2017）。

倘若这有如痴人说梦，那我们不妨回顾，四百年前开普勒在《梦：或月球天文学》(Somnium seu De Astronomia Lunari, 1621)这部小说中已经想象人类登月和月球上所见天体景象[1]；而差不多同时，一位德国修道院院长在其身后出版的《密码术》(Stenganographia, 1606)一书中，已经预见今日的互联网与智能电话技术[2]。因此，在不舍昼夜地滚滚前进的科技洪流之中，今日的异想天开变为明日之现实是完全可能的。

科技进步冲击和重构社会，改变地球环境，影响每一个人的生活，这是大家都熟知、都承认的事实。然而社会一旦发生基本改变，它无可避免也要反过来冲击人的本身，包括人对自身的观念。在今日，医学的飞跃进步使得人的躯体日益沦为名副其实的"臭皮囊"，其中各部分都可以修补乃至替换；胚胎学、遗传学的进步使得传宗接代丧失了本质性和神圣性，而变为可以通过生物技术来干预、补救，甚至选择性地优化、改进的过程；脑神经科学和微电子技术则已经入侵人的大脑，试图使它直接和计算机沟通。对人体每一部分，每一功能、作用的科学研究不会，也不可能停止下来。那么，当人被研究、分析透彻之后，他还能够是那个变化莫测、具有无上尊严的万物之灵吗？他的行动、功能、思维难道不会被大量生产的仿制品，甚至更灵巧、更高级的崭新产品，所替代乃至超越吗？如所周知，在较低层次，人类功能之被替代已经如野火般在蔓延，而在不少特定领域，人类智力之被超越也已经成为现实。

---

[1] 此书的英译本，参见 John Lear, *Kepler's Dream: With the Full Text and Notes of Somnium, Sive Astronomia Lunaris, Joannis Kepleri*, trans. Patricia F. Kirkwood (Berkeley, CA: University of California Press, 1965)。

[2] Johannes Trithemius, *Stenganographia*(Frankfurt, 1606)。

唯一剩下的问题只在于野火何时会燎原，所谓"通用人工智能"（artificial general intelligence, AGI）何时会出现而已。

对许多人来说，这前景也许并不可怕甚至很美妙。毕竟，高科技是为人服务的，在一个主要由智能机械人运转的世界中，人不正好各自享受丰盛人生，也就是极视听之娱、口腹之乐，或者遨游四海，或者从事自己喜爱的创作或者研究吗？诚然，但这有两个大问题。首先，迄今为止，人类社会结构基本上是由它各部分对于生产的相对贡献来决定的，倘若生产不再需要大部分人的投入，而可以委诸由极少数人控制的大量机械人，那么社会到底应当根据何种原则来建构，一般人又还有什么生存价值？其实，目前高科技在社会上所带来的财富分配之极度不均，正就是这个问题之反映[①]。其次，在更根本层次，倘若人人都可以不劳而获，生活只在于享受官能刺激和驰骋智力，这样的生命还有意义吗，人还能够自觉有生存于天壤之间的价值吗？自从大约五十亿年前地球形成，生物出现以来，不同物种（species）就一直在互相竞争，不断进化，人之出现好像意味这过程已经来到了终点。然而，进化果真会就此停顿下来，还是会一如既往地继续，以迄比人类更高级、更神灵的物种出现呢？这无人能够知晓或者预言，但从科技不断加速发展的趋势看来，这样一个突变在不太遥远的未来出现，也是不能完全排除的[②]。

面临如此不可知、不可测，也难以想象的前景，中国知识分子能够为人类社会的未来提出什么理念、什么构想呢？能够为未来人类生命的意义提出什么新看法呢？三百年来的科技大发展已经为人

---

① 前面提及杨安泽有关制订国民基本收入的建议，其实便是针对此大问题而发。
② 见第225页的编后注。

类开辟了一个前所不能够梦见的新天地，那比之当年哥伦布所发现的新世界已经宽广新奇得多。如何领导21世纪新人类理解、建构、经营、适应这个新天地，以及迎接也许将在半个或一两个世纪之后到来，更不可思议的另一个新天地，正就是今日中国知识分子的特有权利；当然，同时也就是他们不可推诿的责任。

2020年9月15日定稿

2021年2月18日修订

思考五四、启蒙与未来

——纪念五四运动百周年

三十年前我有幸参加社科院为纪念五四运动七十周年而召开的国际学术研讨会。在五月七日的大会总结讨论中,我很幸运获得最后一个发言机会,讲了几句很突兀的话,大意是"我们总说要发扬五四精神,但有没有想过,为了中国的现代化和进步,其实还应该探索在它以外的思想呢"①。此后我又参加了纪念五四运动八十周年和九十周年的研讨会(分别由北京大学和社科院主办),发表的论文主要讨论五四运动和法国启蒙运动的比较②。现在五四运动百周年来临,我很高兴仍然能够参加社科院召开的这个研讨会。下面我将对五四和启蒙这两个运动的异同作更深入的探讨,并且回到应当如

---

① 此会在1989年5月5日开幕,总结讨论在5月7日下午举行,随即闭幕。这个讨论的正式记录目前无法找到,此处所述是凭个人当时的笔记。
② 见笔者在北京大学纪念五四运动八十周年学术研讨会上宣读的《五四是独特的吗?——中国与欧洲思想转型比较》,嗣发表于《二十一世纪》第53期(1999年6月)第33—45页;以及在中国科学院纪念五四运动九十周年学术研讨会上宣读的《从大逆转到新思潮——五四与启蒙运动比较重探》,嗣发表于《二十一世纪》第113期(2009年6月)第29—41页;两文俱收入陈方正著《现代世界的建构》(广州:广东人民出版社,2018),第17—76页。

何看待五四精神这个三十年前曾经提出过的问题。也就是说，在回顾过去之余，也转向思考未来。

我们曾经论证，像五四运动那样，一个文明的中坚知识分子集合起来，公开、全面和猛烈地抨击本身那些根深蒂固的传统观念，同时号召国人接受迥然不同的另一套新观念，而又取得成功者，是极其罕有的文化现象。环顾世界，唯一相类似的，大概非近三百年前的法国启蒙运动莫属[1]。有人不赞同这个看法，认为启蒙运动是自发的，五四运动是在强大外力压迫下引发的，两者不可相提并论。对此我们的看法是，它们即使起因不同，但基本形态和后果大致相同，都导致了整体思想以及政治体制的剧变，所以两者的比较仍然有意义——更何况，两者的起因亦非全然不同：启蒙运动当初在法国兴起，同样是由于外来因素的刺激，即英国在学术、宗教、政治体制等方面的巨大进步所引起的震惊，以及在西班牙王位之战中对法国的强大军事冲击[2]。当然，这些刺激的严重性远不及西方在19—20世纪之交侵略中国所造成的生存危机严重。然而，倘若我们进一步深入探究启蒙运动的底蕴，则将发现，在它的根源还有来自西方文明以外的重大刺激，因此它与五四运动的可比性实际上远远超过我们至今所意识到的。这是下面所将要深入讨论的重点，厘清此点之后，我们方才能够转向如何看待五四精神的问题。

---

[1] 见上引《现代世界的建构》第47—48页，以及作者下列两篇分别讨论土耳其与日本的启蒙运动形态的文章：《论启蒙与传统的关系——日本启蒙运动的反思》，收入上引《现代世界的建构》第77—91页；《论启蒙与反传统——五四运动与凯末尔革命的比较》，收入《庆祝王元化教授八十岁论文集》（上海：华东师范大学出版社，2001），第278—286页。

[2] 见前引《现代社会的建构》第70—76页。

一、五四与启蒙的时期划分

五四与启蒙这两个运动都有狭义与广义之分。狭义的五四运动大体上可以以《新青年》的始末为界,前后延续十年左右(1915—1926),那已经把白话文运动、《科学》杂志创刊、《新潮》月刊、五四事件、玄科论战等文化界、教育界的大事都包括进去了。至于法国启蒙运动的核心,则一般以1734年伏尔泰发表《哲学书简》为起点,1789年法国大革命为终点,前后有半个多世纪,为启蒙运动的五倍。不过,这两个运动其实都是更广泛的中国与欧洲思想大转型过程的高潮部分,它们与其前的酝酿阶段不能够截然分割。就中国近代思想转型时期而言,它从鸦片战争开始,至新中国成立为止,前后一个多世纪。至于欧洲的近代思想转型,则往往要追溯到起源于14世纪的文艺复兴,因此前后延续大约五个世纪(1300—1800),同样是中国的五倍。为何这两个运动的时间跨度竟然有如此巨大差异,那是后文将会论及的。

不过,上述分期其实仍然有问题。文艺复兴中的思想变革部分是人文主义(Humanism)运动(1300—1550),那以恢复与发扬古代罗马和希腊文明为主,而并没有对自中古以来宰制欧洲的基督教文化作任何批判[1];至于其后的宗教改革(1517)虽然对罗马天主教会发动攻击,但它的正面要求却是回归原始基督教理念,亦即复古

---

[1] 胡适一再将新文化运动称为"中国的文艺复兴",而《新潮》杂志的英文名称就是Renaissance,那都可以说是美丽的误会,其实五四与文艺复兴两个运动性质相去甚远,难以相提并论,毋庸赘辩。

而非创新。所以这两个运动虽然间接为欧洲日后的思想变革翻松土壤，但都还不是变革本身的开端。欧洲思想的大变革其实应该以16世纪70年代为起点，其时的圣巴托罗缪大屠杀（1572）是震惊整个欧洲的划时代事件，它不但触发博丹撰写《国家六论》，而且使得蒙田从实际政治转向其毕生巨著《随想录》(Essays, 1570—1590)，那分别成为近代政治学和哲学的滥觞。倘若如此，那么欧洲思想转型的核心时期就缩短到两个多世纪（1570—1789），和中国思想转型所需时间较为接近了。

二、中国的近代思想变革运动

在鸦片战争之后百余年间，中国思想变革基本上是一部逐步认识和接受西方学术、思想、文化，将之移植于本土，使之与传统文化融合，从而创造现代中国文化的历史。

在其初半个世纪，这是个渐进过程，仅由少数对西方文明有了解者推动，对社会整体影响不大。甲午战争和八国联军方才彻底惊醒国人，激发大批青年人出洋留学，促成全国各地大量通俗报刊出现。它们提倡白话文和新文学理念、攻击传统体制、呼吁激进改革以光复中华，为辛亥革命和其后的新文化运动奠定了基础[1]。

辛亥之后的思想变革与其前相比，最根本的分别是参与的知识分子人数陡然大大增加，而且大部分都经历了20世纪初的留学大潮，许多更已经取得本科甚至高等学位。人数众多和与前截然不同

---

[1] 这方面的研究是最近方才受到注意的，见陈万雄《五四新文化的源流》（香港：三联书店，2018），特别是第170—193页有关此等报刊状况的详细表列。

的知识背景使他们能够发挥庞大影响力,这在许多方面都充分表现出来。其中最为突出的无疑是胡适的《文学改良刍议》,它将蓄势待发的白话文运动和新文学运动推向高潮,引发了大量新文学作品和翻译作品的出现,这对国民意识所产生的潜移默化之功可谓难以估量。在思想方面,由《新青年》《新潮》所掀起的反传统运动蔚为洪流,它严厉批判乃至猛烈攻击传统道德观念、社会习俗风尚、家庭与个人伦理,同时宣扬科学、民主、马克思主义等自西方输入的理念。这激起了各方广泛的不同反应,包括纯粹守旧派如刘师培、黄侃、辜鸿铭,受西方文学运动影响的"学衡派"梅光迪、吴宓、胡先骕、汤用彤等,以振兴佛教为己任的杨文会和欧阳竟无,还有"现代新儒家"梁漱溟、熊十力、马一浮,等等。然而限于人数和旧传统的生命力,他们始终无力与新思潮抗衡。另一方面,同样不可忽视的是,西方理念与方法对中国学术也产生了深刻影响,其中如胡适的《中国哲学史大纲》上卷,陈寅恪、陈垣、王国维等的历史、考古学著作,还有冯承钧的古史地考证都是大家熟悉的。除此之外,极为重要但很少为人提及的,则是大量归国留学生通过他们的大量科普和专业工作,包括在大学任教、发表专业著作和译作、组织学会、出版专业刊物等,使得现代科学迅速地在中国生根发芽[①],从而为中国的现代化奠定宽广和稳固的基础。

---

① 现代科学在中国的萌芽是从留学生学成归国在大学任教(最早大约在1910年前后)方才真正开始的,19世纪在国内的大量翻译和科学研习(例如李善兰的工作)虽然成绩斐然,但对日后科学发展其实并没有什么影响。很值得注意的是:数学天才华罗庚能够自学成才正是通过《科学》阅读和发表文章,他在1940年写成(但由于时局艰难,直到1953年才得发表)的《堆垒素数论》则是此时期出现的第一部重要科学原创作品。

三、欧洲的近代思想变革

16世纪欧洲和19世纪中国一样，同样面临巨大危机，但从表面看，这危机的性质却完全不一样：它是从欧洲内部衍生而非由外力导致；而且后果也不一样：它为欧洲带来了一系列具有创造性的新思想、新观念，为世界带来了一个崭新的文明。不过，倘若我们仔细分析这些思想和观念的根源，则会发现问题并不像表面看来那么简单，它们背后其实仍然有许多重要的外来因素在起作用。在讨论这些外来因素之前，我们必须先回顾一下欧洲在16—18世纪间到底产生了哪些新思想。

在哲学方面，最重大的转变就是已经统治西方思想两千年之久的大宗师亚里士多德逐渐被抛弃。16世纪的拉米斯（Peter Ramus）和帕特里齐（Francesco Patrizi）开始攻击他，17世纪的笛卡儿和培根则创立新说来取代他：前者提出"心物二元论"以及"机械世界观"，试图以科学定律解释世上一切现象；后者则宣扬真正的知识必须通过仔细观察和实验直接求之于大自然，而不能够凭空臆测。

在科学方面，则在哥白尼、第谷、开普勒、伽利略等连串大发现所奠定的基础上，牛顿提出了运动三定律和万有引力学说，证明天上行星运行以及地上重物坠落两者都服从同一规律，而这规律还可用以解释无数其他自然现象，例如潮汐和彗星，由是已经有两千年历史的亚里士多德世界观和托勒密天体系统被彻底推翻。这是个震撼人心的大革命，它显示自然万象都遵循简单规律，这些规律是可以通过观测和数学推理发现的，这个认识也就成为此后三个多世纪现代科学大发展的起点。

在宗教方面，马丁·路德发起的改革运动导致了延绵百年（1560—1648）的宗教战争，基督教因此陷入分裂与困境，使得像蒙田那样的思想家疏离于正统观念。与此同时，不断发展中的科学也对之产生震撼性冲击，这表现为具有根本颠覆性的两个思潮。荷兰的斯宾诺莎提出了泛神论（Pantheism）：他的《伦理学》以严格的几何方式论证，一个无所不在而又全知全能的上帝只能够是大自然本身，绝不可能是传统观念中的人格神；而宇宙间的一切现象也只不过是物质本身不同形态（mode）和性质（attribute）之表现，无所谓善恶可言。流亡荷兰的法国人培尔（Pierre Bayle）受其影响，通过对彗星的研究指斥基督教会实际上是在宣扬迷信。另一方面，英国的托兰德（John Toland）和廷德尔（Matthew Tindal）紧随其后提出自然神论（Deism），认为基督教义中不合理性的部分（例如神之降生为人与耶稣死后复活）并无必要，只需保留其普世性的道德伦理教训即可。这样，到了启蒙运动风起云涌的那半个世纪（约1730—1780），大批思想家诸如伏尔泰、狄德罗等站出来，以各种不同方式，或间接或直接，或委婉或激烈地攻击罗马教会乃至基督教本身，而以自然神论为更合理的替代品，也就顺理成章了。

在政治上，正如中国皇朝与儒学密切结合，欧洲各国政权的正当性也和基督教休戚相关，这是查理大帝接受罗马教宗册封（800）之后建立的大传统。因此天主教会的分崩离析以及基督教信仰之被颠覆必然会冲击传统政治信念。在其初，这表现为对于君主体制基础的重新探讨。首先，博丹在法国内战中发表《国家六论》，提出君主必须拥有绝对和不可分割的"主权"以使国家获得安定与幸福,君权由是不再建基于传统。其次,在英国清教徒革命中流亡的霍布斯发表《利维坦》(1651),论证为了保障大众生命的安全也就是防止动乱,政治权力必须是绝对的而且集中于一人身上,由是排除了"神授"作为其正当性的保证。最后,洛克发表《政府两论》(1689),它同样从理性出发,却得到了与霍布斯相反的结论,即政治权力必须以民众的接受与福祉为依归,它的基础是国家与民众之间的契约,那成为现代政治理论的雏形。到了启蒙时代,最重要的三本政治学著作当数孟德斯鸠的《论法的精神》(1748),以及卢梭的《论人类不平等的起源和基础》(1755)和《社会契约论》(1762),前者视私有财产为社会罪恶的根源,后者主张人类的完全平等,以及具有无上权威的国家体制——所以他倡导民主政体,却并不重视个人自由与权利,自由主义是后来的发展。无论如何,到此阶段促成美国独立宣言和法国大革命的思想显然都已经成熟了。

除此之外,其他崭新的哲学与社会理论也同时兴起。休谟(David Hume)倡导普遍而深刻的怀疑论,指出除了数学推论和经验知识以外,理性的运用都不可靠,其实都牵涉感情,尤以道德判断和宗教信仰为然。日后康德的批判哲学便是由此而引发。在经济思想方面,则已经统治欧洲两个世纪之久的重商主义被亚当·斯密(Adam Smith)的《国富论》(1776)消解:后者被公认为现代经济学的源头,它细密地论证了经济分工、市场机制、个人作为自由经济活动单位的巨大重要性,事实上是将有效率的社会视为一部自行运转的巨大机器。但和一般观念相反,他其实并不赞同资本主义追求最大利润的理念。

整体而言,这许多各不相同甚至互相矛盾的学说有两个共同点。首先,它们都带有高度原创性,也就是出发点和基本观念与传统学说大相径庭。其次,它们都以客观和深入分析为特征,其中一部分受《几何原本》那样的严格论证方式影响,这在笛卡儿、霍布斯和斯宾诺莎的学说尤为明显;另一部分则受培根实事求是,以观察与经验为尚的思想影响,像洛克就是最好的例子。至于牛顿的《自然哲学之数学原理》则毫无疑问是数学推理和实际观察两种方法之完美结合的最佳例证。

四、五四和启蒙的初步比较

中国在19世纪所面对的危机是遭受另一个更强大有力的文明之冲击,在濒临崩溃和灭亡的关头,应对之道别无选择,只有发愤自强,全面向对方学习,以补救本身之不足。然而,为了移植另一个文明的理念、学术、体制于本身文化土壤,则必须先对具有宰制性地位的传统文化加以批判、攻击甚至部分摧毁和廓清,这可以说就是五四运动的底蕴。至于启蒙运动的根源则在于欧洲传统理念和体制的崩坏,也就是从16世纪开始,它逐渐丧失知识分子和大众的认同,这个认同危机导致了各种具有原创性思想、学说的兴起,它们汇集成为潮流之后也同样导致对于具有宰制性地位的传统本身(即基督教与君权结合的制度)之猛烈攻击,而且至终在很大程度上取代了传统理念。

因此,必须承认,我们在本文开头所强调的——即两个运动都具有猛烈和公开地批判、否定、攻击传统理念的一面——固然不错,但两者的成因和意义的确完全不一样。但这就引出一个更重要的问题来了:为什么在战国时期之后的封建社会,中国就再也不曾出现像十七八世纪欧洲那么富于创造力的时代?难道这是因为中国的理念和体制从来未曾遭遇重大危机，故而没有创新的需要吗？要回答这问题，显然我们必须首先探究，欧洲那些在十七八世纪间出现的崭新思想到底从何而来。

五、启蒙运动的渊源

很吊诡，上述问题似乎有个非常简单的答案：它们都是从欧洲古代存在已久的思想发展出来。就科学而言，我们曾经详细论证，现代科学绝非如李约瑟（Joseph Needham）所宣称是起源于文艺复兴，而是西方自远古以来的科学大传统（那最少要追溯到公元前6世纪的泰勒斯Thales）发展两千多年之后，再经历17世纪科学革命而产生的结果。也就是说，传统的长期酝酿和最终的突变性革命这两者是现代科学出现的关键，两者同样重要，缺一不可[1]。例如，哥白尼的《天体运行论》是现代科学革命的起点，但它和2世纪托勒密的《大汇编》在数学结构上一脉相承，只不过前者改变了后者的地心说而已；而且，正如哥白尼自己强调，日心说也并非原创，而是公元前3世纪阿利斯塔克（Aristarchus）的构想。同样，整个16—17世纪的数学大发展都与古希腊典籍的翻译分不开，牛顿整部《自然哲学之数学原理》的论证方式也都是从古代《几何原本》得到启示。

同样，现代政治理念也和古代有千丝万缕的关系，将两者牢牢联系起来的是中古欧洲。首先，是意大利北部众多自治城邦在十二三世纪间兴起，它们为古代罗马共和国体制提供范例，同时促进了政

---

[1] 见作者的《继承与叛逆：现代科学为何出现于西方》（北京：生活·读书·新知三联书店，2009），特别是其导论和结论部分。

治理念的思考。其次，摩尔贝克（William of Moerbeke）在13世纪中叶将亚里士多德《政治学》翻译成拉丁文，百年后奥雷姆（Nicole Oresme）将之翻译为法文，跟着布鲁尼（Leonardo Bruni）再次翻译出另一个拉丁文新译本，可见此书影响之广泛。第三，神圣罗马皇帝与罗马教宗的激烈斗争导致但丁发表《帝制论》（1313）和马西利乌斯（Marsilius）发表《和平的保卫者》（1324），前者以罗马帝国为普世政体的圭臬，后者则以亚里士多德的理论为基础，论证政权的正当性必须建立在民意基础上。最后，文艺复兴中的人文主义不但倡导古拉丁文学，而且阐述和发扬古代政治思想。像佛罗伦萨的萨卢塔蒂和布鲁尼师徒二人鼓吹古罗马公民意识和共和体制，便是其中最突出的例子。因此他们之后数百年的卢梭在《社会契约论》最后部分同样以罗马共和国和斯巴达城邦体制为其理想是毫不奇怪的。

就宗教而言，一个最关键的问题是：为何已经牢牢掌握欧洲人心灵千年之久的罗马天主教会竟然会由于一个神学教授的攻击而分裂和濒临崩溃，由是导致后来的思想大变革？其中原因很复杂，但起决定性作用的，则除了马丁·路德的坚强神学论据以外，便是文艺复兴运动之中人文主义学者鼓吹古典学术与文明的影响：他们究心和宣扬的那些入世的古典理念与摒弃人世间思虑，全心期待天国来生的宗教心态截然相反，因此在根基上颠覆了基督教信仰[①]。人文学者伊拉

---

① 讨论文艺复兴的经典之作是 Jacob Burckhardt, *The Civilization of the Renaissance in Italy* (New York: Random House, 1954 [1860])，其主要论点是文艺复兴对于基督教思想造成沉重甚至致命打击，故而断言（该书 p. 370）："这样，获得拯救的需要在意识中就越来越淡薄，同时现世的进取心和思想或则全然排除有关来世的一切思念，或则将之转变为诗意而非信条的形式。"这观点曾经引起极大反响和争论，百年不息，但只是被弱化和修订，而始终没有被否定。见 Philip Lee Ralph, *The Renaissance in Perspective* (London: Bell & Sons, 1974), Ch. 1。

斯谟为此提供了最佳例证：他提倡人性与宽容，出版经过详细考证的《新约圣经》希腊-拉丁文对照本，那成为新教在宗教改革中的重要依据。换而言之，古典文明通过文艺复兴而复活，是罗马教会建构神权政治体系亦即"地上天国"理念破灭的一个根本原因。

最后，除了历史根源以外，科学对于同时代其他学科的带动也是促成十七八世纪各种新思潮、新理论出现的另一个重要原因。笛卡儿作为近代哲学开山鼻祖本身就是科学家自不待言，霍布斯和斯宾诺莎在各自的主要著作中仿效几何学推理方式也是众所周知。至于洛克的经验主义则与他早年研习医学有密切关系：他对于化学、植物学、生理学都有兴趣，是所谓"牛津实验圈"的活跃分子——那是皇家学会前身，而他是早期会员之一[①]。至于启蒙运动更是由科学革命所激发。它的前驱培尔深受笛卡儿和斯宾诺莎影响，它的开拓者伏尔泰是牛顿哲学最忠实也最热心的宣传家，《百科全书》是受了17世纪以来诸多科学发现刺激而出现，而这套大辞典的编辑达朗贝尔（D'Alembert）更在相当于"总序"的"初步论述"中将培根、笛卡儿、洛克和牛顿并列为17世纪以来最伟大的哲学家，牛顿更被推尊为其领袖[②]。

[①] 见 Robert G. Frank Jr, *Harvey and the Oxford Physiologists*（Berkeley: University of California Press, 1980）, pp. 49–51, 186–188, 195–196;有关"牛津实验圈"人物的表列在该书 pp. 63–89,洛克在 p. 72。

[②] 见 Jean D'Alembert, *Preliminary Discourse to the Encyclopedia of Diderot*. R. N. Schwab & W. E. Rex, trans.（New York: Bobbs-Merrill Co., 1963）, pp. 94–100。

六、外来冲击对于近代欧洲的影响

从以上的讨论看来，似乎欧洲思想在16—18世纪之间的转型都是古代各种思想自然发展和彼此交互影响的结果。其实不然，因为到启蒙运动前夕为止，欧洲承受伊斯兰文明冲击已将近千年，而蒙古帝国兴起对它的冲击表面上似乎轻微，其实后果亦至为深远。这两件大事对于欧洲的影响非常广泛和错综复杂，大致有六方面之多。下面先列表提供概观，然后再作讨论。

表1　外来冲击对近代欧洲的影响

冲击来源	时期	事件	影响
伊斯兰文明	8—14世纪	摩尔人占伊比利亚半岛，引起欧洲反击（光复运动），其成功导致拉丁翻译运动	1. 古希腊典籍传入欧洲，激发中古科学、经院哲学和中古大学出现，造成早期文艺复兴 2. 阿拉伯科学传入欧洲
	13—16世纪	葡萄牙将反击推进到北非 奥斯曼帝国攻陷君士坦丁堡	3. 葡人探索西非海岸，以迄绕过非洲直航印度 4. 希腊学者避难北意大利，激发希腊热潮
蒙古大帝国	13—14世纪	在欧亚大草原上开辟了来往东西方的畅顺通道	5.《马可·波罗行纪》出版，其后激发哥伦布西航 6. 火药、指南针、印刷术传入欧洲

在上表六项影响中，与科学发展相关者（1、2、4），与远航相关者（3、5、6），以及与整体发展相关者（1、5、6），都各有三项。

伊斯兰教徒从8世纪开始进逼欧洲，他们首先从北非渡海占领西班牙半岛（711），继而进军小亚细亚东部，在11世纪击溃东罗马军队并俘虏御驾亲征的皇帝（1071）。这激发了罗马教宗号召和策划全面军事反攻。"光复运动"的成功带来了意想不到的奇妙后果，即"拉丁翻译运动"，也就是欧洲人得到了伊斯兰教徒已经翻译为阿拉伯文的大量古希腊科学、哲学、医学典籍，以及阿拉伯人自己的科学著作，随后激发大量学者将之翻译成拉丁文。由是所吸收的大量知识带来了"早期文艺复兴"，那就是13世纪欧洲中古文明（包括早期大学、经院哲学、中古科学等）乃至两百年后意大利文艺复兴的基础。换而言之，就像近代中国一样，欧洲也曾经通过向入侵者全面学习来更新、重塑本身的文明，并且获得巨大成功。

随后不久，另一股伊斯兰势力兴起，那就是至终攻陷君士坦丁堡（1453）的奥斯曼帝国。东罗马帝国的灭亡对于欧洲来说是个大灾难，因为自此它失去东方屏障，伊斯兰军队得以通过巴尔干半岛长驱直入，以迄16世纪初兵临维也纳城下。但同样意想不到，那也是个难得的机遇，因为都城行将陷落之际，大批东罗马老师宿儒携同宝贵古希腊典籍流亡到意大利北部避难，由是掀起一个"希腊热潮"，这对于古代数学、天文学、哲学的复兴产生了无可比拟的推动力量——倘若说这个热潮开启了现代科学革命亦不为过，因为不但哥白尼的天文学探究是由此而起，日后的解析学（亦即微积分学的滥觞）也同样是发源于此[①]。甚至前面所提到的，亚里士多德之所

---

① 有关文艺复兴、希腊热潮与16世纪数学复兴的密切关系见下列专著：Paul L. Rose, *The Italian Renaissance of Mathematics: Studies on Humanists and Mathematicians from Petrarch to Galileo*（Genva: Librairie Droz, 1975）。

以在16世纪受批判然后被抛弃,也同样和这个热潮有密切关系:柏拉图的《对话录》在中古一直不受注意,它是在此热潮中方才被全部翻译成拉丁文然后大行其道,而柏拉图哲学压过其弟子所意味的,则是数学的重要性再度被确认。

当然,从影响欧洲文化的角度看来,这些都只是间接的。但伊斯兰还有非常重要的直接影响,那就是其原创科学之为欧洲吸收,包括天文学、医学、作为化学前身的炼金术、精密计算方法等等。其中最突出的,当数柯洼列兹米(Khwarizmi)开创的《代数学》,它在12世纪被翻译成拉丁文;巴塔尼(al-Battani)和阿布瓦法(Abu'l Wafa)等发展的三角学,那从12世纪开始传入欧洲,其后为拉哲蒙坦那(Regiomontanus)发扬光大;以及图西(Nasir al-Tusi)所发明的"双轮机制",它是托勒密用以计算天体运行的"本轮模型"的一个重要改进,现在已经有确切证明,是为哥白尼在其《天体运行论》中全盘袭用[1]。事实上,欧洲近代科学同时承袭了古希腊和伊斯兰这两个传统,而后两者又有承袭关系,所以三者都是西方科学大传统的一部分。

除此之外,将欧洲由中古带入近代的还有另一个重要因素,即从15世纪开始的远航探险。那为他们开辟了一个广阔的新天地,带来了无尽财富和数不清的新事物、新知识,由是强烈冲击他们的心灵和观念。这不但对于培根的实验和实证哲学有决定性影响[2],当也是传统观念从17世纪开始受到冲击的一个潜在因素。欧洲的远航探

---

[1] 有关伊斯兰原创科学见前引《继承与叛逆》第八章,有关图西"双轮机制"见该书第498—500页。
[2] 见Paolo Rossi, *The Birth of Modern Science*. Cynthia Ipsen, transl(Oxford: Blackwell, 2001)。

险到底是怎样开始的呢？虽然他们自古就有此传统，但葡萄牙的亨利亲王在15世纪初开始的西非海岸探索却又是伊斯兰因素在起作用。首先，这是伊比利亚半岛的"光复运动"：当时葡萄牙往南推进已经达到半岛南端，运动的自然延伸就是征服对岸摩洛哥的摩尔人，但弱小的葡萄牙不可能做到这点，因此在夺取休达要塞之后就转为沿西非海岸南下，以求从"背后"截取其黑奴与金沙的来源。经过六十年努力，这个目的最后也的确达到了。其次，则是在西非海岸的成功激起了葡萄牙人另一个战略构思，那就是航绕非洲大陆以直达印度，从而夺取利润极其丰厚的东方香料贸易，当时那是雄踞东地中海的伊斯兰政权与威尼斯城邦的专利。此后经过不到四十年的努力，这目的也同样达到了。

至于其后的哥伦布西航壮举，却并不能够完全视为上述探险的延续——它的动力最少有部分源于另一个外来冲击，那就是13世纪的蒙古帝国。虽然拔都西征只波及欧洲的边缘，实际影响却非常深远。首先，它在中亚大草原上开辟了畅顺的东西通道，教廷在震惊之余派遣专使往东方探听消息，建立联系，此后百年间双方外交、商旅人员往来不辍，从而有《马可·波罗行纪》之作。此书发表后风行一时，大大开阔了欧洲人的眼界，其中所描述中国与日本之广大富庶更令他们艳羡不已。哥伦布的西航、麦哲伦的环航，乃至16世纪英法两国多次在北大西洋的远航，其初衷便都是为了避开葡萄牙已经捷足先登的绕非洲大陆的航线，另外寻找直达东方的航道。同样重要的是，蒙古西征还促成了火药、指南针、印刷术等多项中国重要发明传入欧洲。它们与欧洲近代出现关系之密切毋庸细表：我们只要想到火药对于欧洲军事力量之提升，指南针之使得远航成为可能，以及印刷术对于传播新教理念的关键作用，就已经非常足够了。

总括而言，欧洲近代思想转型虽然主要来自本身文明的发展，但伊斯兰文明和蒙古帝国的冲击也有关键性的刺激和触发作用，两者缺一不可。

七、中国在历史上所受的外来文明冲击

现在我们回头来看中国文明：在19世纪之前，它是否也曾经遭遇巨大危机或者外来文明冲击，从而出现富于创造力的时期呢？在历史上中国所遭遇的第一个重大危机，自然就是汉皇朝崩溃，中原民族大规模往江南迁徙，以及佛教连同印度文化在此时大规模传入中国，为中华文明注入了崭新元素与动力。如所周知，入世的禅宗在盛唐出现，以及吸收了释道二教理念的新儒家在宋代出现，就都是外来文明在中国激发出巨大创造力的先例。

在表面上，汉帝国与罗马帝国颇为相似：它们的崩溃都起因于大量周边蛮族入侵；与此同时，它们又各自为外来高等宗教入侵。然而，它们此后的命运却完全不相同。西罗马帝国在5世纪崩溃之后，就为多个蛮族王国取代，罗马文明在欧洲遂渐次熄灭[1]。取而代

---

[1] 至于东罗马帝国虽然此后还延续近千年，但它所代表的却是希腊化的基督教文明，而且在7世纪之前就日益丧失发展活力，因此逐渐萎缩以至于灭亡，所以不需在此另作讨论了。

之的是基督教文明,它起初孕育了修道院文化①,继而产生了罗马教廷宰制下的封建体系。与此同时,虽然出现了恢复罗马帝国的多次努力,但都归于失败。中国却不然,在西晋灭亡之后,中原士族渡江南下建立新政权,并且在佛教盛行的背景下保存传统文化;而在北方建立政权的外族也都逐渐汉化,更两度以皇权断然压制日益高涨的佛教政治势力。其结果是,中国的政治大分裂只延续了三四百年,此后出现的多个一统皇朝在体制上恢复了以皇权和科举(那自宋开始即以儒学为主)为基础的大格局。在文化上,佛道信仰逐渐与儒学融合,它们虽然深刻影响个人(包括帝王与王室)信念与人生态度,但对实际政治则始终没有发生结构性的作用。换而言之,中华文明是将入侵的外来民族与信仰逐步吸收和融化了。当然,印度文明的影响绝不止于佛教,它的文学、艺术、医药、天文学、数学、占星术乃至器物、动植物、饮食、风俗习惯等也同时传入中国,而且被广泛地吸收,相关的学术典籍颇有流传至今者②,但除了高度实用性的医学之外③,其他的也都没有发生显著的重大影响。

中国遭遇的第二个重大危机是在13世纪为蒙古人所征服。但辽、金在政治上都起用汉人和仿效中国体制,蒙古人沿袭此传统,忽必烈更倚重刘秉忠为相,日后元代政治结构的某些改动也都只

---

① 对此过程的详细讨论见 Pierre Riché, *Education and Culture in the Barbarian West: Sixth through Eighth Centuries*. John J. Contreni, transl. (Columbus, SC: University of South Carolina Press, 1976)。
② 在史书中著录的包括多种婆罗门天文、婆罗门算经、多种聿斯经、太史瞿昙悉达所翻译的《九执律》,以及各种药方、医方、仙人方、养性方等,详见方豪著《中西交通史》上册第十二章,第325—335页。
③ 印度医学对于中医理论、疗法和药物学都曾发生相当大的影响,见陈明《殊方异药:出土文书与西域医学》(北京:北京大学出版社,2005)与陈明《中古医疗与外来文化》(北京:北京大学出版社,2013),第一、三、四章。

是为了方便少数民族统治而已。蒙古治下的中国与其他汗国往来密切，由是伊斯兰天文学对中国产生了深刻影响。为人熟知的是忽必烈召波斯人札马鲁丁（Jamal al-Din）来中国制造天文仪器、设立"司天台"，即回族天文台，并造《万年历》（1267），其后郭守敬参照此历改进中国原有历法成为《授时历》（1280），两者都沿用至明代。在数学方面，当时的《秘书监志》记载了该天文台所用二十三种相关书籍的音译名称。甚至有学者认为，这其中已经有《几何原本》的译本，而且对金元四大家中的李治、杨辉二人可能曾经产生影响[1]。但这不无疑问，而且，无论如何，宋元之间蓬勃发展的数学到了明代却反而逐渐失传。此外伊斯兰医学也同样在元代传入中国，其时的《回回药方》一直流传至今[2]。

　　中国遭遇的第三个重大危机是17世纪清人入关，明朝灭亡。与此同时出现，也最为人熟悉的外来文明冲击，自然是十六七世纪之交耶稣会士来华传教。为了取得国人信任与敬佩，他们有意识地将欧洲当时的前缘学术特别是数学与天文学传入中国。但这趟危机仍然没有改变中国政治的基本结构——清人沿用传统皇朝体制比之蒙元更为成熟；至于此番西方学术的输入虽然是起于罗马教廷有目的与计划的行动，又得到朝廷和一些大臣的支持，并且延续一个多世纪之久，但它始终只是由皇家推动，而未曾在民间生根发芽，更谈

---

[1] 见上引《中西交通史》下册第578—580页所引严敦杰的论文，但此说并不为一般数学史家认可，见Jean-Claude Martzloff, *A History of Chinese Mathematics*（Berlin: Springer, 1987），pp. 102—103。
[2] 详见上引《中西交通史》下册第十一章。

不到撼动中国数理科学的传统模式①。同样，天主教的传播也没有能够改变一般国人的信仰。

从以上简括的讨论看来，不能够不承认，中华文明的确具有极其坚韧的保守力量：它在历史上虽然遭遇多次重大危机和外来文明冲击，但这些都未尝使得其政治体制或者思想、文化、学术出现结构性巨变，所有外来事物都缓慢地被吸纳、消化和融合于传统之中。只是到了19世纪西方如山崩海啸般的全方位冲击方才终于在中国产生了"三千年未有之巨变"，迫使它在政治、思想、文化、学术等所有方面作出激进改变以适应新时代的来临。

八、中华文明坚韧性从何而来？

这种坚韧性和中华文明的延绵悠久互为表里，它到底从何而来是个复杂的大问题，下面将从历史、制度和哲学等三方面对此问题作初步讨论，但自不期望能够得出肯定结论。首先，从历史上看，秦汉大帝国是在同一广大区域经过长时间酝酿所形成，自殷商以至战国末年达一千四百年之久，大约为罗马从蕞尔小邦发展成为庞大帝国所需时间的三倍。数以千计的细小邦国在此漫长时光内反复冲突、争战、相互并吞、淘汰、融合，从而使得至终出现的中华帝国结构极其细致坚实，不但幅员广大，而且文化深厚凝聚，更能抵受和吸纳外来的侵扰和冲击。

---

① 韩琦的《通天之学：耶稣会士和天文学在中国的传播》（北京：生活·读书·新知三联书店，2018）是对此过程一个很细密的研究与考察，其第230—235页的结论是：康熙与雍正二帝对西方数理天文的态度是西学传播盛衰的关键，也就是说，此学说对于广大士人并未曾产生深入和根本性的影响。

其次，周初建立的传嫡制度为日后历代皇朝树立了源远流长的典范，虽然违背这典范的例外不时出现，但这相传不替的大原则却毫无疑问成为维持皇朝稳定的重要因素。相比之下，罗马帝国是从罗马共和国蜕变而来，它的皇帝原则上要得到元老院和民众接纳，实际上则没有具体规定。常见的继承方式五花八门，包括由前任皇帝指定继任人、由军士拥戴，或者通过政变篡夺甚至内战来决定等等，故此政权移交经常造成巨大混乱与危机。它灭亡后继起的蛮族王国亦有同样问题，例如加洛林王朝是最接近能够一统欧洲，恢复罗马帝国旧观者，但由于查理大帝临终时裂土分封诸子，结果不及百年便分崩离析了。

除此之外，秦汉时期发展出来的郡县制度和相应的全国性官吏体系也是维持庞大帝国稳定的关键。罗马帝国缺乏相应的常规治理体系，它覆灭之后为继起的蛮族王国填补这个严重空白的是罗马教会，各地主教实际上成为地方民事长官。因此加洛林王朝和其后的神圣罗马帝国要励精图治，要向外发展，就都必须和教会紧密合作，否则无法抚恤和管理民众。这导致了教会在11世纪的崛起，以至浸浸然与世俗君主分庭抗礼，乃至以教会法（Canon Law）号令欧洲，甚至以宗主自居，由是造成政教之间的长期紧张和冲突，那是欧洲至终无法重归一统的最根本原因。所以，从中央以至地方，稳健的政治制度无疑是中华帝国坚韧延绵的主要因素之一。

第三，古希腊自然哲学的特征是注重理性思辨和理论建构，它的精神通过柏拉图和亚里士多德而灌注于整个西方文明，那不但是其科学大传统的内核，也同样是其他人文科学例如政治学和神学的源头。像奥古斯丁的"上帝之都"理念、教宗卜尼法斯八世（Boniface VIII）的政教"双剑"教条（The Doctrine of Two Swords），以至出现于启蒙时代的大量现代政治理论都是由此而来。它们都能够为新的政治结构提供正当性，从而促进了政治体制的演化。相比之下，中国哲学传统完全不一样。孔夫子极端重视政治，但他的教训都是直观和发自肺腑，而非建立于繁复思辨之上，所谓"为政以德，譬如北辰"，"我欲仁，斯仁至矣"，"巧言令色，鲜矣仁"，便道尽其意了。孟子的名言"吾岂好辩，吾不得已也"，"我知言，我善养吾浩然之气"更反映出重视内心修养而轻视言辩的态度。至于老庄，则大多以比喻、寓言、格言的方式立说（《庄子》内篇自是显著例外），更何况政治建构是他们最反对也最鄙视的："窃钩者诛，窃国者侯"的痛斥和"小国寡民"的理想正好透露了其中消息。最后，法家虽然善于论辩，也都致力于建立体系，但他们究心的仅在于帝王治术，而非更高层次的政治哲学。统而言之，中国传统政治哲学或立足于直观的道德指令，或陷入驾驭臣下和民众的策略，而绝少理论探究与建构的兴趣。这是个中西政治哲学传统上的巨大差别，它也很可能是使得中国大一统格局稳固不变的原因之一，因为在此格局下封建政体的改变只能够是改朝换代，而并没有任何其他体制可以从观念上得到启发和支撑。从此看来，辛亥革命的根本大转变是由于西方侵略所导致的亡国危机以及其共和思想之传入两者同时作用方才能够触发，就是很自然，很容易理解的了。

最后，还需要指出，一个文明的坚韧性和它的创造能力两者之间其实隐含了对立关系，因此不可兼得，也难以划分好坏。坚韧意味着稳定不变，延绵悠久，这在中国传统观念中是美好可欲的；而真正强大的创造力自不免带来剧变，特别是对于原来模式和价值标准的冲击、摧毁。所以在历史上中国作为一个整体总是本能地抗拒剧变，而且总是能够成功——直至19世纪为止。但我们也总不免会奇怪，倘若中华文明不是那么的坚韧，而更能够从根本上接受外来事物和变化，那么耶稣会士的东来是否就可以引发像欧洲中古"拉丁翻译运动"那样的文化更新，从而令中国思想的大转型提早两百年，也就是在牛顿的年代，就开始呢？当然，中国之所以为中国，正就在于这不可能发生。不过，在已经大变的今日世界又如何？中国是坚持它的无比坚韧特征，还是着重于发挥它的创造力，这应该是个经过思考的选择。

九、余论：从启蒙和五四看未来

如今五四运动已经过去足足一个世纪，我们究竟应该如何来纪念它呢？以今日中国的成就去衡量，则必须承认它是相当成功的——当年胡适、陈独秀、蔡元培所倡导的白话文运动、对传统伦理道德的批判、注重个人独立意志和权利的新观念、自由婚姻，以至推尊德先生和赛先生，也就是发展民主体制和科学等等，都已经在不同程度上为个人所接受，成为当代中国文化和制度的一部分，其中科学、工业以及高深技术的发展，更已经获得意想不到的巨大成功。由于此运动带来的改变和信心，中国已经有力地响应了西方一个多世纪的冲击，不但仍然屹立于世界，更且能够与西方分庭抗礼，成为其畏惧的对手，那是值得国人自豪的不争事实。

我们必须记得，就在欧洲建立海上帝国于亚洲（1515）和建立海外帝国于美洲（1519—1534）之际，奥斯曼帝国对欧洲的进逼也正达顶峰：它最伟大的君主苏里曼大帝（Süleiman I, the Great）曾率领大军围困维也纳（1529）和围困马耳他要塞（1565），虽然这两趟都无功而返，但他的后任则经过一年奋战而占领塞浦路斯（1570—1571）。此时欧洲在科学和政治上的创造力刚刚开始迸发，它与伊斯兰力量的对比亦正在逆转，但他们决定性地击溃奥斯曼军队的森塔之役（Battle of Senta, 1697）却仍然在遥远的一百三十年之后。

回顾这段历史，很显然，我们纪念五四运动百周年最需要思考的是：在继续向西方乃至全世界学习的同时，如何才能够激发出中国人自己的创造力。在今日，科技创新的重要已经举国皆知，在这方面中国虽仍然落后于先进国家，但已经在竭力追赶，而且在许多领域也获得耀目成绩了。然而，无论科技如何发达，国家如何富强，倘若缺乏了能够令世人禽服的独特文化观、世界观，那么中国就难免停留在世界工厂的位置，而不可能像启蒙时代的欧洲那样，为世界缔造未来的文明。

当然，我们深切意识到，即使经过了百年摸索，中国今日仍然有一些问题，有部分知识分子对现状是不满的。有的人认为：这些缺陷的根本原因就在于中国始终没有引入英美式的民主，而只有在这方面继续向西方学习，以完成当年未竟之大业，方才是发扬五四精神的正道。在我们看来，这种想法无疑是非常自然的，但它有两个不能够忽略的基本问题。首先，尽人皆知，西方式民主当下正陷入极其深刻的政治危机，无论英美抑或欧洲诸国皆然。而且，如许多英美学者在深刻反省之后坦白承认，这并非偶然现象，而是在科技飞跃发展和经济全球化两个大趋势冲击下所暴露的民主机制之根本缺陷,即外部压力可能导致内部大分裂、剧烈党争,以及随之而来的激进民粹主义——正如魏玛共和国的命运早已经充分显示,而今日英美的政局再次印证。其次,西方的体制即所谓"自由民主体制"(liberal democratic order)有个基本假设,即自由的个人是根本,国家只不过是这些自由个体之集合,它的职能和意义只限于协调个人,为个人服务,而它本身必须建立在大多数人的意愿之上。这套观念有极大吸引力,所以很容易得到民众的认同和拥护。但它有个根本缺陷,即是对于目前通过高科技建构起来的社会而言,日益与现实脱节而失去意义。最显著的例子是,现在绝大部分人的技能和工作都不断地被边缘化乃至淘汰,因此他们的生计乃至全部生活都逐渐必须由政府全盘承担和安排,政府也因此必须掌握社会上越来越大部分的资源。又如人际交往方式,亦即电子社交媒体的控制和管理,也同样别无他法,只能够由政府和极少数媒体平台巨商来全盘决定。相类似的各种其他权力由于其本质而必须大规模集中的例子,可谓不胜枚举。那也就是说,由于社会结构的根本改变,人与国家的关系也被迫随之而改变,无论个人观感如何,科技已经使得社会整体亦即国家成为实在的、第一义的主体,而再不仅仅是个人松散集合的衍生物了。所以,西方政治体制虽然曾经在过去三个世纪获得极大的成功,但在21世纪的今日,我们是否仍然能够以之为圭臬和终极理想,还是应该凭借自己的头脑和眼光来构建中国的未来,那是每一个人都需要深思的。

 五四是个推翻传统,向西方学习的时代;启蒙则是个推翻陈旧学说,迸发创造力的时代。康德说得好:"启蒙是人从强加于自身的教导之中解放出来。受教导意味着缺乏指引就不能够运用自身的理解能力。"① 在纪念五四的百周年之际，国人是否意识到，我们已经来到必须放下五四，走向真正的启蒙，以自由地迸发自己在各方面的创造能力的时候了呢？

2019年4月4日于用庐
2021年2月20日修订

后记：此文原为提交予中国社会科学院近代史研究所于2019年4月在北京所召开的"纪念五四运动—百周年国际学术研讨会"的论文，嗣经补充和修订。

---

① "Enlightenment is man's release from his self-incurred tutelage. Tutelage is man's inability to make use of his understanding without direction from another."见 Immanuel Kant, "What is Enlightenment?", in Isaac Kramnick, ed., *The Portable Enlightenment Reader*（New York: Penguin, 1995）, p. 1. 作者译文。

来源说明

本集所收文章除两篇外俱曾刊出，嗣经不同程度之修订，其来源如下：

原题：《落日照大旗，马鸣风萧萧——冬日忆马临》/《二十一世纪》（香港）第164期（2017年12月），115—118页

原题：《唤回四十一年梦——记中国文化研究所同仁》/《二十一世纪》（香港）第162期（2017年8月）

《大地山河一担装——怀念饶公》/《财新周刊》（北京）第793期（2018年2月），104页

《十年辛苦不寻常——〈饶宗颐甲骨书札〉序》/沈建华编《饶宗颐甲骨书札》（上海：百家出版社，2017）序

原题：《因缘际会风云起，萧条异代不同时——〈八十年代的中国文化书院〉序》/陈越光著《八十年代的中国文化书院》（北京：生活·读书·新知三联书店，2018）序文，1—4页

原题：《任重道远：恂恂儒者——岁暮忆汤公》/《二十一世纪》（香港）第210期（2017年4月），101—104页

《相逢于人生拐点上——怀念元化老》/ 2020年11月26日华东师大王元化百年诞辰纪念会发言

原题：《上天所特别眷顾的——〈杨振宁论文集续集〉读后》/《科学文化评论》（北京）10卷4期（2013年8月），121—125页

原题：《革命、保守与幸运——〈晨曦集〉读后》/《明报月刊》（香港）2018年10月，17—20页

《天外有天，人外有人——记我所认识的几位数学家》/《科学》（上海）第71卷第1期（2019年1月），57—58页

《一位腼腆天才的内心世界——从狄拉克夫人的悼词谈起》/ 该文本以英文发表于 Modern Physics Letters A Vol. 34, 20200002（June 2, 2020），嗣由郭晓雯翻译，刊登于《科学文化评论》（北京）2020年第5期。本书译文系由作者重新翻出及修订。

《究天人之际，通古今之变——余英时〈论天人之际：中国古代思想起源试探〉读后》/《读书》（北京）2014年6月，17—24页

《试论两种"超越世界"观念暨其近代演变》/《中国文化》（北京）第40期（2014年秋季号）

原题：《试论西方地理大发现的渊源与动力——兼及与中国的比较》/《中国文化》（北京）第43期（2016年春季号），68—99页

原题：《科学进步的历史有规律吗？——从几个实例审视"证伪说"与"典范说"》/《科学》（上海）第66卷6期（2014年11月），5—12页

原题：《好的故事——吴以义〈从哥白尼到牛顿：日心说的确立〉读后》/《科学文化评论》（北京）第10卷4期（2013年8月），121—125页

《从诺贝尔奖看科学发展》/《科学文化评论》（北京）第12卷2期（2015年4月）5—19页

原题：《阿发围棋随想》/《财新周刊》（北京）2017年6月16日号文化栏

《所过者化，所存者神——论人工智能与未来世界》/《科学》（上海）第69卷5期（2017年9月），17—23页

《论人文精神与未来世界》/《中国文化》（北京）第50期（2019年10月秋季号），1—18页

《论今日中国与未来世界——庆祝〈二十一世纪〉创刊三十周年》/《二十一世纪》（香港）第181期（2020年10月），5—17页

《思考五四、启蒙与未来——纪念五四运动百周年》/《五四运动与民族复兴——纪念五四运动一百周年国际学术研讨会论文集》，北京：中国社会科学院近代史研究所，2022

壹卷
YE BOOK

洞 见 人 和 时 代

官 方 微 博：@壹卷YeBook
官 方 豆 瓣：壹卷YeBook
微信公众号：壹卷YeBook
媒 体 联 系：yebook2019@163.com

壹卷工作室
微信公众号